『資本論』をこえる資本論

【危機・理論・主体】

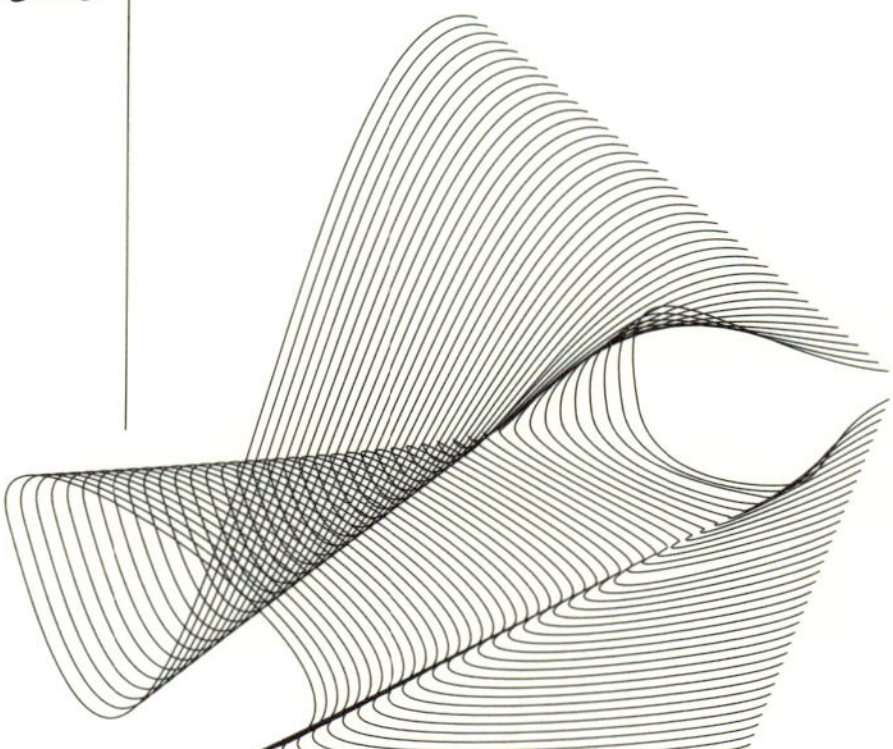

鎌倉孝夫
Kamakura Takao
【編著】

社会評論社

『資本論』を超える資本論＊目次

第Ⅱ部　変革の経済学——理論と主体

第Ⅰ部　宇野理論を超える地平

鎌倉孝夫

序　章　資本主義体制の最期的危機——いま変革のとき——

第一節　原発大震災に思う

㈠大災害・「原発震災」の中で生じていること

二〇一一年三月一一日、三陸沖を震源とする震度七（M九・〇）の大地震が発生、続いて大津波が東日本の太平洋に面した各地を襲った。大地震・大津波によって東京電力福島第一原子力発電所の原子炉一—四号機は、水素爆発、炉心溶融（メルトダウン）を起こし、大量の放射性物質が大気中、そして海洋に放出された。

一九八六年四月二六日に発生したチェルノブイリ原子力発電所の大事故は、国際的事故評価尺度（ＩＮＥＳ）最悪のレベル七とされているが、福島原発事故もレベル七とされている。大気、海洋への放射性物質の放出は、事故後すでに半年以上経つのに、なお続いている。メルトダウンを起こし格納容器下部に滞積している一～三号機の核燃料（それぞれ約一〇〇トン）は、容器を突き破って外部に出ているのではないかとみられている。

事故を起こした原発の近接・周辺市町村、さらに放射能が流れ込み滞積した市町村では、人間も動物も住めない状態が続いている。放射性物質は、福島県中通りから関東地方にまで流れ込んでいる。原発周辺地域中心に住民の避難は約七万人に及び、農畜産物、海産物は高度の放射能汚染により、出荷停止とされ、生産者は大打撃を蒙っている。地場産業も生産を行えず、大企業の部品生産工場は閉鎖され、大量の失業者が形成されている。子どもたちへの放射能体内被曝を避けるため、多くの子どもたちの避難が行われ、あるいは校庭の汚染土の除去がくり返し行われているが、汚染された大量の土の処理が困難となっている。放射性物質の放出が続いていることから、こうした状況がいつまで続くのか、どこまで状況が改善されうるのか、なお予想がつかない。

大地震、大津波で大被害を受けた地域においても、農漁業の生産は大打撃を受け、工業も大企業部品工場中心に閉鎖され、ここでも大量の失業と生活の危機が生じている。

大災害・「原発震災」（石橋克彦、①）の中で、これは〝国難〟だというキャンペーンが行われ、皆で助け合おう、負担し合おうという動きが、国・政府あるいはテレビ・マスコミから唱導され、そのキャンペーンをバックに、大衆増税による復興という政策が導入されている。民衆の自発的、自主的な助け合い・連帯ではなく、国・政府（〝上から〟）の〝国難〟キャンペーンは、この大災害・大事故の原因の追求を閉ざしたまま、国・政府の民衆統合という意図の下に進められる。それは、今日の現実政治を動かしている財界、そしてそのバックにあるアメリカ政府の意向に即したものとなる。だから大金融資本・独占体が溜め込んでいる巨額の内部留保（過剰資金）には手をつけることなく、逆にリーマンショック後続いた円高による輸出競争力低下という打撃に対処する必要ということで法人税引下げを図りながら、さらには日米同盟強化の観点から米軍基地維持・再編強化に大きな負担を負いながら、公債発行とともに大衆増税（消費税引上げ）しかないとしつつ、民衆に負担を課する、ということになる。しかも輸出産業大企業は、円高を自ら引き起こしながら（というのは輸出競争力強化—輸出増大こそ円高の一大要因である）、これへの対処が必要ということで、災害で破壊された太平洋沿岸の部品下請企業を閉鎖し、海外に移転している。大企業は、日本という国がどうなろうと、そこで住む人々がどんな状況に陥ろうと、自分たちだけが儲かればよい、という行動に走っている。しかしこの利己主義的行動を、政府は抑えようとしない（それどころか逆に促進している）。

労働者・民衆は、この大災害、原発震災によって大犠牲、生活破壊的状況に陥っている上に、さらに増税によって負担を課される。現在の体制を前提とする限り、この大災害からの復興は、労働者・民衆の犠牲と負担を加重することによってしか行われないのである。

(二)「原発震災」の意味するもの

世界戦争の過程で、国民一致協力して〝国難〟に立ち向かおうということで、侵略戦争に狩り出され、アジアの民衆を殺し、自からも殺された痛恨の歴史。ところがいま、〝平時〟でありながら、〝国難〟に向って一致協力しようというキャンペーン——一体これは何を意味するか。

世界戦争は国家・体制存亡の危機を意味するものであった。戦争によって、労働者・人民を殺さなければ、国家・

体制が維持しえないということは、この国家・体制の歴史的限界、まさに体制存続の危機を意味する。この国家・体制は、労働者・人民を搾取し、収奪することによってしか存立しえないのに、その労働者・人民を生存させえなくなったということなのだから。

原発大事故――その下でいま多くの民衆が生活・生存の危機に陥っている。しかもこの体制の存続を図る政策は、労働者・民衆を一層困窮させている。ほとんどが戦争状態と同じ状況にある。しかも戦争に勝てば生活は向上するということ（それ自体虚偽でしかなかったが）で、民衆を欺くことさえできない。

帝国主義国家（アメリカ）が、戦争に勝つ武器、大量殺りくの道具として開発・製造・使用した原子爆弾――その核分裂から生じる猛烈なエネルギーを、商業的（利潤追求目的）に使用した原子力発電が、大事故を起こして人間生存の危機が生じている。国家間の戦争が行われているわけではない。しかしそこで使われた大量殺りくの道具（技術）の使用が、危機をもたらしている。原子爆弾と同じ核分裂エネルギーを、電力供給に利用したことによって、地球自然に存在しなかった放射性物質、人間生存の自然的根拠であるＤＮＡを破壊する放射能が大量に放出された。原子核にとじ込められていたエネルギーを核分裂によって放出させること自体、地球自然の存立原則を破壊してしまうものである。これが商業的利用ということから大量に使用され、技術的制御を越え、暴発し、人間自然自体を危機に陥れているのである。

人類生存の基盤自体の破壊による人類生存の危機であるから、国家間、体制間の戦争による人間の殺りくによる危機よりも事態は深刻なのである。自然的秩序の破壊による危機は、体制のちがいを越えた危機である。戦争は、直接には人間集団間の争いであるから勝負が決着すればひとまず終る。自然的秩序の破壊による人類の危機は、すべての人間、人間集団の生存の危機をもたらす。だから自然的秩序の破壊をなくすことによるしか危機は克服しえない。どうしたら自然的秩序の破壊をなくすことができるのか――核の軍事的利用とともに、その商業的利用（いわゆる平和利用）も、人類が生存を維持し続けようとすれば、止める以外にない。どうしたらこれを止めることができるのか。

しかもいまある原発を止めただけでは、問題は片づかないのである。使用済み核燃料をどう処理するのか、原子炉の稼動を止めても、核燃料自体をどう扱うのか――核分裂を抑え続けながら、廃炉にしなければならないが、どのように処理したらよいのか、どれだけの時間、そしてコストがかかるのか。この問題だけでも大変な問題である。だからこのような処理しえない問題を増幅させないためにも原子炉の稼動は止めなければならない。原発問題はすでに電力・エネルギー供給の問題ではないのである。

㈢認識の重要性

原爆とともに原発をやめさせるのは、何よりもそれぞれの国の人民の意思であり、行動である。意思表示には、デモンストレーション、抗議行動、署名活動等々がある（私は、核産業・原発産業の労働組合のストライキが情勢を動かすもっとも大きな力になると思っているが、日本の原子力産業関係労組はそういう状況にはない。これをどう転換させうるか）。しかし原発はダメ、止めるしかないという行動が、社会的、政治的力に高まるには、多くの人々が、ダメな理由、止めるしかないことの認識を確立することにあると思う。

マルクスは、理論が大衆をつかめば、物質的な力になる、といった。そして、理論がラディカル（根本）であることによって、大衆をつかみうる、ラディカルとは「人間に即しての論証であり、人間にとっての根本は人間自身」だ、といっている（これに関しては、Ⅰ部第四章で再掲）。いまこのとらえ方を再確認したい。問題に関わって若干具体的に指摘しよう。

原発の安全性、必要性に関する虚偽の言説、様々の偽装、さらにはカネによる懐柔、そして暴力、を批判し、拒否する認識（理論）を確立しよう。

自然科学的認識に関わっていえば、自然に存在する放射能と原爆・原発から生じるそれの同一視、低レベル放射線の人体への影響に関する言説（これらの言説によれば、人体への悪影響ではなくかえっていい影響をもたらすとさえいう）、日本の原発は安全という言説（安全神話―五重の防護、完璧な耐震性等々。ついにさらに安全性を高める対策を講じると、現在の安全性に対する民衆の疑義が生じるので対策を講じない、というところにまで到った）。人間にとって、その健康・生命にとって、原爆・原発から〝人為的〟に作り出された放射能は、低レベルであっても（むしろ低レベルによる体内被曝は深刻であることは、J・W・ゴフマン『人間と放射線』一九八一年②、によって明確に実証された）害を与える――原子核を分裂させること自体、自然存在の基盤を破壊することであって、その下ではそれ自体自然的存在である人間（生物）は生きられないという認識を共有しよう。こういう殺人の物質を作ること自体が問題なのであるが、安全神話というのは、それをパンドラの箱の中に厳重にとじ込めているから大丈夫だ、という。その箱自体人為的に作ったものであり、絶対安全などありえない。まして地震大国・日本では万全を期すことは不可能なのだ（石橋克彦、①）。

このような自然科学的認識を共有しよう。自然法則（自然的秩序）は、人間（全生物）の大前提であって、これを壊してはならない。しかし一体なぜこのような自然法則を破壊するようなことを〝人間〟はやってしまったのか。果してこれは、人間そのものの仕業なのか。――そこで社会科学的認識が必要となる。

　原発維持・推進の言説の中では、次のような主張がある。①原発は電力エネルギー供給に不可欠だ、という主張。②地球温暖化防止にとって原発は有効であるという言説。③原子力産業は不況対策として有効、内需波及効果が大きい。さらに技術開発・技術立国化の要だという言説がある。④そして「平和利用」は各国の権利という主張、それが怪しくなると開き直って核抑止力保有の必要という主張へ。

　①に関しては、実証を通して明らかにされなければならない。現に明確なのは、原発は、エネルギー産出効果以上にエネルギーロスが大きいということ――それは具体的には、核燃料生産に莫大なエネルギーを要するとともに電力エネルギー供給と関係ない莫大な費用を必要とする（バックエンド費用）。すでに火力（石炭・石油）、水力その他の発電コストよりも、原発コストは高いという実証研究が出されている（大島堅一、③）。原発維持にかかるコストを他の電源に振りむけたら、電力供給効果はより大きい。

　②地球温暖化が、CO_2排出によるという説には多くの疑義が出されている。もっとも大きい要因は太陽の黒点等の状況であるとされている。たしかに異常気象が生じているが、それには複合的要因がある。ましてや原子力発電が温暖化対策になるというのは全くの虚構である。ウラン採掘、運送、製錬・濃縮に、また原子炉を作るにも、大量の石油（化石燃料）が使われ、CO_2が排出されている。原子炉で生じた熱の三分の二は使われず、海に捨てられる。熱を冷やすために海水を使う。出力一〇〇万kW原子炉で一秒間に七〇tの海水の温度が七度C上昇する、という（小出裕章、④）。温暖化防止どころではない。その上使用済核燃料（死の灰）大量生成（小出氏は、その量はすでに広島型原爆の八〇万発分を超えている、としている）。

　③原子力産業の内需波及効果はたしかに大きい。原子力産業は、核燃料輸入、再処理に関する輸出入、建設に必要な素材の輸入が不可欠であるが、需要（支出）は財政と国内電力消費者によるものであり、関連産業、事業に波及効果をもたらす。しかし需要の面では原子力産業は軍需産業（兵器生産）と同質である。それればかりか、電力供給とい

う生産効果以上のコスト、むしろこれと関係のないコストが莫大になり、その点でも（浪費そのものである）軍需産業と同質となっている。生活にも生産にも何ら効果のないものを作るのに、財政そして消費者が負担する、その下で産業に関連する資本家的企業が利潤を吸上げる。

技術立国化の要としての原子力産業に関しては、使用済核燃料再処理、高速増殖炉（プルトニウム増殖）の技術が次々に破綻することによって、もはや通用しないものとなってしまった。原子力関連技術はいまでは事故対応、そして廃棄物、廃炉処理という事後処理技術が中心となっており、このような展望のない後向きの技術を研究しようという研究者は少なくなってしまう。

④原子力「平和利用」自体虚構であることがいまや明確になった。アメリカ政府は、原子力平和利用――商業的（利潤追求目的）利用において世界的優位性を確立しようと、原子炉、核燃料等原発技術の輸出を行ってきたが、しかし不断にそれに伴う核兵器転用の可能性を考慮し（IAEAを通しながら）、核管理を続けてきた。商業的利用の拡大自体が、核兵器拡散の可能性（現実性）をもたらしてきたのである。とくに日本は原発大量導入によって、いまや原発（MOX）に使用する必要を大量に上回るプルトニウムを滞め込んでいる。アメリカ政府自身が、同盟国・日本に、プルトニウム抽出を認めてきた。そしてそれと引きかえに、アメリカ政府の核不拡散戦略（アメリカ政府に同調せず反帝国主義・自主の立場を堅持する国のウラン濃縮・プルトニウム抽出を絶対認めない）に、日本政府を縛り続けてきた（鎌倉孝夫、⑤）。

発電効果よりもプルトニウムをどう利用するか――五～六〇年の原発の〝平和利用〟によってそれが核兵器と結びついていることが現実に示された。

その下で核兵器保有の主張が台頭しているのである。原発大事故で原発の人間生存にとっての危険性が現われている中で、原発は大量殺人兵器の道具として必要だという、帝国主義者の開き直った本音が露出しているのである。

㈣人間の仕業なのか

このように、原発大事故の中で、原発維持・推進の主張は、核開発本来の原点に立ち帰った。帝国主義国の、戦争に勝つ武器としての核兵器を持とう、と。しかし、大量殺人の武器を持とうというのは、果して人間自体の要求、人間の仕業なのか。原子核の原理を研究して、核分裂の人工的開発を行ったのは、たしかに物理学者をはじめとする研究者であったが、彼らの研究を推進し、その成果を利用したのは、アメリカ帝国主義国家であった。ナチス・ドイツに対する帝国主義戦争に勝つための核兵器の開発——マンハッタン計画の下で科学者、研究者は利用されたのである。（鎌倉孝夫、⑥、森永晴彦⑦）

社会科学の研究は、人間とは何かを自然的存在としてではなく、社会的存在として追求することを目的とする。重要なのは、人間の社会的存在——社会的関係には、歴史的形態があるということである。この歴史的形態に規定された人間——それは果して人間自体なのか。そこで人間に即するということは、いかに成り立つのか。これが社会科学の問題である。

自然科学的認識は、人間・人間社会の絶対的基礎としての自然的秩序（自然法則）の解明にある。人間・人間社会が、どのような社会形態をとろうと、自然的秩序はそれが失われれば人間は存在しえない——人間自身が自然的存在であるから。原発問題に関していえば、自然法則を破壊する核分裂連鎖によるエネルギーの人為的生成は、人間生存をも破壊するという認識である。だから社会的要請によってだれが何を目的に核開発・核分裂エネルギーを利用するかに関わりなく、それは人間そのものに即していえば基本的に使用してはならない、ということになる。自然科学的認識は、自然法則の存続を損なわない限度の認識、ということになろう。人間による自然法則の認識はなお不十分である。地球自然を動かす要因のすべてをとらえることはできていない。だから人間にとってこれまでの認識の範囲をはるかに越えた（まさに〝想定外〟）動きは起こりうる。だから法則への適応とか、利用といっても、しばしば想定外の事態によって思わぬ事態をひき起こすことはありうる。適応・利用というのは、これまでの認識の下で行われるのであるから、その認識が完全ではない以上、それは起こりうる。その意味でいっても、自然科学的認識の重要性は、限度の認識（認識自体の限度、開発・利用の制限）だ、ということになる。

これに対し社会科学的認識の特徴は、人間社会は歴史的に形成・発展してきていること、一定の時期を画する歴史的社会形態をもって展開されてきているという認識である。マルクスは、資本主義をもって「人類前期の最期」と指摘しているが、資本主義社会までは、階級社会（原始共同体を除けば）であり、労働者階級（人間社会の実体の担い手）は、支配階級に支配され、現実の主体としての地位を確立していない。人間存立・発展の担い手である労働者こそ、人間を代表する存在である（マルクスは、一八四四年の『経済学・哲学草稿』以来、人間「労働」の中に人類の類的活動をとらえた）とすれば、資本主義までの社会においては、人間が社会の主人公となっていない。人間＝労働者が主体として、経済・社会・政治を動かしていない。政治的権力が支配階級の支配の根拠であった社会では、人間＝労働者は、政治権力によって支配され、動かされた。そして資本主義では、資本によって（直接にはカネによって）、人間＝労働者が支配され、動かされている。人間は人間として経済・社会・政治を動かすには到っていない。

たしかに核兵器も原発も、人間が、学者・研究者が、研究、開発、創造した。しかし彼らを動かしたのは、カネの力、資本の力であるとともに、それを代表する国家権力である。資本と国家権力によって、研究者は利用された。だから原発事故は〝人災〟といわれるが、それは正しくない。それは、資本と国家が起こしたのである。

しかし自然法則が、人類生存の根本的前提であるからこれを人類はなくすことはできないのに対し、資本主義において人間を動かし、経済を動かし、政治・国家を動かしている現実の主体である資本の支配は、これをなくすことが可能である。資本は現在現実の主体ではあるが、その本質は物的関係（商品・貨幣関係）によって成立している流通運動なのであるから、それ自身として存立根拠をもっていない。それは社会存立の根拠、人間存立の実体的根拠にとっては、なくてよい（むしろなくすべき）存在なのである。

それればかりでなく、原発大事故が示しているのは、事故の元凶である資本の徹底した利潤原理を基準とした運動をなくさなければ人間が人間として生存しえないという現実である。資本と国家の支配そのものが、人間を殺す――原発大事故を通してとらえなければならない認識の根本はここにある。

第二節　体制の最期的危機の現象と原因

(一)人間が人間として生きられない現実

体制の危機、その最期的危機は、この体制の中では人間が人間として生きられなくなっているという現実によって示される。若干指標を示しておこう。

ＩＬＯによると、世界の失業者は二〇一〇年二億五〇〇〇万人、二〇一一年には二億三三〇〇万人となっている（二〇一二年までにさらに二〇〇〇万人増えると推測されている）。米商務省の発表（二〇一一年九月一三日）によると、アメリカの貧困率（四人家族年間所得二万二三一四ドル＝約一七二万円以下、単身者一万一〇〇ドル＝約八六万円以下）は、二〇一〇年一五・一％（〇九年一四・三％）、貧困人口は四六二〇万人に達している。極貧層（年収一万一〇〇〇ドル以下）は、六・七％、二〇五〇万人である。貧困世帯で暮らす一〇才以下の子どもの割合は、二〇一〇年二二％（〇九年二〇・七％）、一六四〇万人に達している。

無保険者は四九九〇万人（〇九年比九〇万人増大）、全人口の一六・三％に達している。オバマ政権の保険制度改革は保険資本の反撃によって効果をあげえず逆に悪化している。健康保険料負担は一万三七七ドル（約八〇万円）と過去一〇年来二倍以上増大した。

住宅差押えによって住宅から住民が追出された件数は〇九年二八〇万件、一〇年には三〇〇万件超となっている（全米住宅戸数は約五六〇〇万軒）。住む所も失い、医者にもかかれない、学校にも行けない、という状況である。〇七年以降正規労働者は九四〇万人減少した。一六〜二九才の若者たちの平均就業率は五五・三％（国勢調査局）、これは戦後最低である。ほとんどまともな職に就けない状態となっている。

日本はどうか。日本の労働者の現金給与総額は、一九九七年をピークに減少を続けている（〇九年までマイナス五％）。それと合わせるかのように自殺者は年間三万人を超えている（一一年まで連続一四年間）。年収二〇〇万円以下の給与所得者は五年連続一〇〇〇万人を超えた。二〇一〇年をみると給与所得者総数四五五二万人のうち、年収二〇〇万円以下は一〇四五万人、全体の二二・九％（女性だけだと四二・七％）となっている（一年を通じて勤務した給与所得者、国税庁民間給与実態統計調査）。雇用された労働者のうち非正規雇用労働者の割合は三三・七％（一七〇〇万人）に達している。

大災害・原発震災によって失業者が増大し生産・生活破綻が増大した。その上に、財政難の中で復興のための財政支出を確保する必要から、増税（消費税引上げ）が加わる。災害によって破壊・閉鎖された大企業の下請部品工場は、折からの急激な円高への対処ということも加わって、中国、東南アジアなど海外にシフトしている。製造業に関してみると、製造業の就業者は、一九九二年をピークに減り続け、〇九年までに約五〇〇万人減少した。国外製造業現地法人の従業員数は、〇一年の一九〇万人から、一〇年（七〜九月期）には三五八万人に増えた。大災害、そして円高の中でこの傾向はさらに増大しているのである。

韓国の実情をみよう。韓国ではいま毎日平均約三五人以上の自殺者が出ている。年間一万三〇〇〇人に達する。人口比でみると、この自殺者の比率は日本を上回り、世界一である（朝鮮『労働新聞』二〇一一年三月一七日）。貧困者は増え、絶対的貧困青少年数は約一〇〇万人、青年の失業者は四五〇万人、非正規短期雇用八六〇万人、日雇い貧民一〇〇〇万人、家のない世帯は全体の五四％に及んでいる。人口の一〇％しかいない富裕特権層が、国富全体の七四％を占めている。いま頃になって新自由主義政策を導入したことによって、富益富、貧益貧が急激に進展している。所得格差は二九倍（二〇〇〇年、五・七倍）となっている。

ソブリン危機に陥ったギリシャ。国家破綻を回避するため、ギリシャはＥＣＢ、ＩＭＦから二〇一〇年五月、一一〇〇億ユーロの借入れを行なった。しかし危機は収束せず、二〇一一年七月にさらに一〇九〇億ユーロの追加支援を受けた。この借入れに対応し、ギリシャでは国家財政緊縮政策が採られている。二〇一五年までに二八四億ユーロの歳出削減を行う一方、低所得者への所得税導入、消費税引上げ（増税）を行なっている。公営企業（病院、公立学校、電力・水道公社など）の民営化、あるいは廃止、公務員削減・賃金引下げ（今後五年間で二〇％引下げ）、年金給付の一〇％削減が強行されている。このような情勢の下で、失業者は増大し、失業率は一〇年五月の一一・六％から、一一年末には二〇％へ、一八～二五才の青年層の失業率は四〇％に達すると見込まれている。

このように、資本主義の中枢から、新興国、途上国に及ぶ、まさにグローバルな労働者・民衆の失業・貧困・生活破綻が進展している。その中で、ギリシャではほとんど連日に亘る労働者・民衆のデモ、さらにストライキが起きているし、デモ、ストはＥＵ各国から、チュニジア、エジプト、イエメン、バーレーン等々北アフリカ、中東諸国に広がっている。チュニジア、エジプトでは、政権を倒壊させるまでに運動が高揚している。リビア、シリアなど一定の自主確立を追求してきた国では、右翼勢力によって民衆のデモがあおられ、親米の、資本主義をめざす運動も起きている（鎌倉孝夫、⑧）。

アメリカでは、ウォール街で前代未聞というべき泊り込みのデモが起き、全地域に拡大しつつある。高学歴でありながら職に就けない青年、そして低所得、借金に苦しめられている青年たちをはじめとする労働者・民衆の行動である。「カリフォルニア州立大学を卒業したが、残ったものは五万ドル（約四〇〇万円）の学費の借金だ！」。これに対するまさに自主的、自発的抗議行動である。デモは各地に拡大し（すでに二〇州以上、一〇〇を越える都市に広がった。二〇一一年一〇月五日現在）、ワシントンでもホワイトハウス近くのフリーダムプラザで予定されていた反戦集会に「反ウォール街」を掲げる人々が合流し、「強欲が経済を悪くする」、「アフガニスタンではなくウォール街を占拠せよ」などのプラカードを掲げ、市内をデモ行進した（『朝日新聞』二〇一一年一〇月七日夕刊)。〝反格差デモ〟は、イギリス、イタリー、スペイン、ドイツ、そして日本にも広がっている。ロンドン証券取引所、ドイツ・フランクフルトでも数千人のデモが行われている(一〇月一五日現在)。

(二)危機対策が危機を深める

リーマンショックに示される金融危機が実体経済に及び、失業・貧困による生活破綻が急増している中で、アメリカ、EU、日本等資本主義各国はじめとして、財政・金融政策を動員して、危機克服がめざされた。

主要資本主義国で危機対策として採られているのは、金融面ではゼロ金利(物価上昇が続いているアメリカ等では実質マイナス金利)、そして国債等の証券買入れによる不換銀行券発行=金融量的緩和、そして財政面では、税金収入減少の中で財政支出を増やすため、国債発行に頼ることになる。これは、明らかにインフレーション政策である。ところが、このような金融・財政面からの危機対策によってもたらされているのは、国債増発、その反面税収減少による国債償還困難・国債信用力低下、ソブリン危機である。EU小国、ギリシャのソブリン危機から、今ではアメリカ国債の格付引下げにまで及んできた。サブプライムローン証券化を基礎とする各種債権の証券化とその膨張、そして崩壊――その下で生じた金融危機、銀行・証券会社の危機を、国家が資本を投入(税金、あるいは国債発行によって)して救済した。それによって、民間金融機関は危機を脱出し、再び投機的利得獲得に走り出す中で、危機は民間金融機関から国家の債務・利子支払の、つまり国家自体の破綻の危機に転化した。これは、これまでの歴史からみると、いわゆる平時には、一九三〇年代大不況期においてもみられなかった事態であり、国家財政破綻という点では、第二次大戦期とその直後に、とくに敗戦国で現われた事態であった。金融危機―国債危機、その連鎖は、前代未聞である。

しかしなぜ危機対策が危機を、しかも国家破綻の危機をもたらすのか。そこに資本主義体制の現在の特有な、いわば最期的というべき危機をみるのである。とらえなければならない重要なポイントを指摘しよう。

①一九三〇年代大不況以降、資本主義各国は、管理通貨制度の下での財政支出拡大政策(財政インフレ政策)を採り続けなければならなくなっていること、である。一九七一年ドル・金交換停止以降は、基軸通貨ドル自体が不換銀行券化した。一九七〇年代後半~八〇年代以降新自由主義が政策基調になるが、この政策によって金本位制が復活するという論者もいたが、それはありえなかった。――国家

の支え、財政政策の介入なくしては、体制維持は不可能なのである。この点は明確に確認しておかなければならない。

②しかし一九七〇年代前半、資本主義各国がスタグフレーションに陥ったこと、その意味を確認しておかなければならない。スタグフレーションは、福祉型財政支出拡大策（ケインズ主義）の限界、労働者・民衆に対する改良政策の限界を示すものであった。アメリカのドル・金交換停止、ドル不換銀行券化と価値低下が加わって、資本主義各国の世界市場競争戦が激化している中で、各国はコスト（資源・原材料コスト、賃金コスト）切下げによって競争力を強化しなければならない。ケインズ主義による改良政策は、賃金・人件費コスト切下げを制限する。その上、原油価格の急上昇によって、資源・原材料コストが上昇する。上昇するコストを製品価格に転嫁すれば競争力は低下する。上昇するコストを製品価格に転嫁できなければ、利潤は圧迫され景気は悪化する。コスト上昇―物価上昇の中での景気悪化＝不況、これがスタグフレーションであった。

そこで資本主義各国は、省資源・省力化（雇用削減・賃金切下げ）によるコスト引下げによって利潤の確保を図らなければならなくなる。需要拡大による景気対策ではなく、供給＝生産コスト削減による利潤確保――供給の経済学といわれる所以である――が進められて行く。一九八〇年代から新自由主義思想をバックとして、供給面でコストの切下げ、競争力強化を図る新自由主義政策が推進されたのである。賃金・人件費コストを切下げるため、財政支出は抑制・削減され、労働組合の組織的抵抗力を弱体化させ、労働者に自己責任を押しつけて弱肉強食の競争の中に巻き込んで行った。資本家的企業が、需給変動に雇用を適合させるため、労働者保護法制は改悪され、日雇、派遣労働が導入されたのである。

③各種証券の膨張―証券投機とその崩壊による金融危機が、実体経済に関連する資本家的企業の経営困難、倒産に及び、経済危機が深まる中で、これが体制の危機に陥ることを回避すべく、上述のように、国家による危機対策が採られることになったが、この危機対策はもはやケインズ主義的改良政策への復帰ではありえなかった。今日の国家には、労働者民衆への改良政策を行う余裕はなくなっている。

国家財政支出は、ストレートに金融独占資本（銀行・証券資本と産業独占体）の利潤原理復活のために注ぎ込まれることになった。金融機関がかかえる不良債権、価格が崩壊した保有証券、それを国家が財政資金（税金）を投入して買取り、さらに経営再建ということからリストラ――雇用削減を強行した。投機によって莫大な利得を獲得した銀行・金融機関を、信用崩壊による危機の深刻化をさけるという口実の下で、国家的に救済したのである。経営危機に陥った製造業企業にも、救済資金を投入し、競争力強化を図るためということで、法人税引下げを実施している。

一九三〇年代ニューディール政策では、明らかに労働者民衆に対する改良・生活維持を図る政策が行われた。ストレートに個別金融独占体に国家資金を投入し救済するということは行われなかった。アメリカではアンチ・トラスト法によって逆に法人大企業の価格引上げは規制された。ファシズム国家、ドイツ・日本ではほとんどストレートに軍需産業企業に財政需要を注ぎ込んだが、同時に雇用も拡大し失業者は減少した――その反面資源・食糧を確保すべく対外進出・侵略を強行して行くことになるのであるが。

これに対し今日では、ストレートに金融独占資本に財政資金を注入する反面、労働者に対しては、改良どころか、リストラ＝首切りを強行し、賃金を切下げ（さらに福祉支出さえ削減し）ている。新自由主義思想は、国家介入をなくし、規制を撤廃して、自由競争、市場競争による経済活性化を図るといいながら、現実には巨大金融独占資本に対しては（″大きすぎてつぶせない″として）新自由主義を投げ棄てて財政資金を注ぎ込む一方、反面労働者・民衆に対しては新自由主義を徹底し、自己責任、弱肉強食に委ねる、ということになっている。これは、金融独占資本が自らの利己的利潤獲得のためにとことん国家を利用する、いわば国家を利用し尽す姿といえよう。規制撤廃により、市場の自由競争に委ねる新自由主義政策は、強大な金融独占体の行動の自由、むき出しの資本の本質を発揮させた。そしてついに彼らは、国家さえも自らの自由の実現、利潤追求・拡大のために奪い尽すまでになった。労働者のリストラ、首切りを国家によって強行させたのも、資本の本性的要求を実施させるものであった。新自由主義国家は、文字通り金融独占資本そのものの国家となった。

④しかしこのようにストレートに金融独占資本の利潤原理復活を図る危機対策は、経済の存立基礎である実体経済を回復させることにならず、逆にその回復の条件となる雇用・賃金を切捨て、引下げることによって実体経済を縮小・解体化させることになる。危機対策がさらに危機を深めるものとなってしまうのである。

何より重要なのは、株価（証券価格）至上主義である（鎌倉孝夫、⑨）。現在では株式発行は、産業企業などの現実資本の資金調達――設備投資拡大による蓄積拡大よりも、株価つり上げによる株式売買益獲得に目的がおかれるようになってしまった。株価をつり上げるには、株主の権利だとして株式を発行する産業企業等現実資本に対しあらゆる手段を使って（コスト切下げ――雇用・賃金削減、直接利潤形成に関わらない分野、例えば労働安全・公害防止設備等の切り捨て）利潤拡大をめざすよう求められる。労働者、民衆の生活にとって必要あるいは有効な事業でも、採算にあわないということだけで放棄される。さらに株価つり上げを図るために、増資制限（株式発行・供給の制限）、自社株式買取りさえ求められる。金融規制の法的規定や行政措置違反すれすれの手段を駆使して、株価（証券価格）を引上げ、売買益獲得に走っている。

しかもサブプライムローンの証券化にみられるように、不動産等の貸付けによる地代・使用料、債権保証料はじめ様々な一定の定期的収入が資本還元され一定の価格をもつ証券として発行、売買され、さらにそれを組合わせた証券が組成され、売買されている。株式・証券の売買――そこには必ず投機が入る。実体経済に関わる現実資本は、株式・証券価格のつり上げの手段とされている。

株式・証券は、それ自体価値の根拠を持っていない擬制資本である。擬制資本としての株式・証券価格の根拠は、基本的には現実資本の運動によって形成される価値・剰余価値にしかない。あるいはこの現実資本の運動を基礎に形成される所得（賃金、利潤から支払われる配当・利子・地代等の所得）にしかない。（この擬制資本の性格、特徴に関しては、本書第Ⅰ部で詳細に検討されている）。現実資本による価値・剰余価値形成によってしか支えられない株式・証券＝擬制資本が、逆にそれ自体あたかも自立的根拠をもっているかのように自己を拡大、膨張させ、現実資本の運動を左右する。

しかも現在の国家の景気対策自体も、何よりもこの株式・証券＝擬制資本価格引上げを図ることにその中心をおいている。ゼロ金利、金融量的緩和策は、明らかに株価・証券価格引上げを図る政策である。しかし擬制資本でしかない株式・証券価格が、現実資本の運動に基づかないまま上昇し続けるには、このゼロ金利・金融量的緩和策に頼るしかない。全ての投機的利得がそうであるように、株式・証券価格の投機は、それ自体投機的価格上昇を維持する根拠がない。投機的利得を獲得する者が生じても、その利得は投機自体によって生み出されたものではない。それは社会的所得の再配分（収奪）によるものでしかない。だから、株式・証券価格上昇による投機的利得獲得の過程は、それ自体として進行するとすると、株式・証券価格引上げのための資金需要の増大を必要とするが、この過程からは何らの価値・資金形成は行われないので、必ず利子率を引上げることになる。利子率引上げは、株価・証券価格を下落させる。株式・証券投機は、その盛行の虚構性を露呈し、崩壊せざるをえないのである。

だからその崩壊を避けるためにも、さらに崩壊からの回復を図るためにも、さらに一段と金融を緩和させ不換銀行券を注ぎ込み続けなければならない。あたかも原発立地自治体がその財政を維持するために原発増設を図らなければならない（原発中毒！）のと同じように、株価至上主義にふける現代資本主義経済は、ゼロ金利・金融量的緩和策中毒に陥ってしまったのである。

⑤過剰マネーが全世界的にあふれている。しかしそれは株式・証券＝擬制資本市場に吸収され、（投機先を多様化、拡大しながら）投機を再燃・膨張させるが、実体経済には回らない。なぜか。

株価至上主義経済の下で、金融独占資本は国家を、その財政・金融政策を利用し、その点では新自由主義を投げ棄てながら（しかしそれが新自由主義の特徴なのだ。それは金融独占資本の自由を徹底するものなのである）、労働者・民衆に対しては新自由主義をさらに推進し、自己責任・弱肉強食の競争を徹底するものであることは上述した（③）。だから実体経済を回復させる賃金・雇用の増大による需要を回復させない。

その上すでにアメリカ政府は実質的にドル価値ダンピングによる輸出拡大策に打って出ているし、資本主義各国も自国産業企業の競争力を政策的に高める（法人税引下げをはじめ新技術、新産業の国家的育成策の推進）とともに、ドル価値切下げに対抗して自国通貨の供給を増加させて為替切下げ競争に対処している。一九三〇年代に現われた資本主義各国の為替ダンピング―経済ブロック化と同じ傾向の現われ、といえよう。

しかし今日の資本主義は、他国を排除した経済ブロックを形成することが不可能なのである。発展途上諸国、新興国はグローバルな市場競争に巻き込まれ、さらに過剰資金の流入による投機（土地・不動産、原油、穀物、新素材等）に見舞われながら、低賃金による低コストを武器に、積極的にグローバル市場競争戦にのり出している。中国などは、資本の直接投資を展開して、市場拡大、新素材（レアメタルなど）等資源確保にのり出している（鎌倉孝夫、⑧）。

資本主義各国は、途上国、新興国との市場競争戦に対処しなければならない。資本主義各国輸出産業企業は、資本主義国内の実需縮小の下でそれだけ激しい競争戦、サバイバル競争戦に対処し、途上国・新興国を各々の産業的利害関係の下でＦＴＡを締結（ＴＰＰは究極のＦＴＡである）しながら、グローバル市場競争戦に対処せざるをえなくなっている。

このようなグローバル市場競争戦への対処のため、雇用・賃金をさらに切捨て、切下げ、労働強化を強行する。労働者・民衆の消費を中心とした実需はさらに縮小せざるをえない。いかに財政・金融政策を通して通貨供給を増やしても、実需が縮小し続ける限り、実体経済は回復しえないどころか、縮小・解体化する。

価値・剰余価値形成の根拠を持つ実体経済が縮小・解体化すれば、国の財政収入（税金収入）も増大しえず、減少する。株価至上主義経済を維持するため、株式・証券売買益（キャピタル・ゲイン）の税率を引上げることもできない。市場競争力を強めるということで、法人税はじめ法人課税は引下げられる。こうして財政危機は深まるばかりである。

EUの中の輸出産業競争力が弱体なギリシャ（さらにポルトガル、スペイン、イタリー、アイルランド等）で典型的に現われているように、国債償還困難（デフォルト）の危機に陥る中で、財政支出抑制を労働者・民衆の生活に関わる福祉、教育費支出の削減によって、さらに公的事業の民営化、雇用削減、賃金切下げによって行い、消費税等大衆課税を引上げている。アメリカ、日本など資本主義国においても同様の事態が生じている。財政危機が深まる中で、実需はさらに縮小している。悪循環は拡大し、労働者・民衆の生活は破綻させられる。実体経済の本来の主体自体の解体の危機が生じている。

第三節　理念なき国家による民衆統合の限界

㈠労働者・民衆の三重苦

現在、資本主義諸国だけではなく、そのグローバルな市場経済化の中で自らも市場経済化を進めつつある途上国、新興国を含めて、労働者・民衆は三重苦の状態におかれている。

第一に、金融・経済危機が続く中での失業・貧困・労働苦――生活破綻である。その現状については上述した。とくに若者の失業の増大、未来への展望がないことによる自殺者の激増は深刻である。

第二に、失業者、貧困者が増えている中で、生活資料の価格上昇が生じ、さらに生活を苦しめている。穀物、食肉、砂糖、棉花（織物）等生活必需品の値上がりが生じている。穀物等農産物生産は全世界的規模での異常気象（それは単純にCO_2の増大によってもたらされたものではなく、複合的要因による）によって打撃を受けている。

しかし食料品はじめ生活必需品の価格上昇をもたらしているもっとも大きな原因は、ゼロ金利、金融量的緩和策がもたらしたマネー過剰による金融機関の投機にある。銀行・証券資本は投機によって莫大な利得を獲得し、投機が失敗し経営が困難になると国の財政資金で救済され、そのたびに労働者・民衆の生活苦が深まる。

第三に、このように国家は、一にぎりの金融独占資本の経営維持、利潤獲得に財政資金を投入することによって国債発行・財政危機を自ら引きおこし深刻化させながら、そのツケを、福祉・教育費支出削減、増税によって労働者・民衆に押しつける。労働者・民衆は、国家財政の面から生活難に追い打ちをかけられる。

こうして深まる労働者・民衆の生活難は、資本の形態的発展がギリギリの極限に行きついた中で起きている。資本の究極の形態的発展——擬制資本としての株式・証券があたかもそれ自身自立的展開を示すかの如き現実を示している中で、『資本論』でいえば資本の物神性の最高形態（「それ自身に利子を生むものとしての資本」）の自己展開の中で、起きた、ということである。これは、資本主義体制の下での「生産力」の発展を生産関係が処理しえなくなった、というような理解では、全くとらえられない。

その上国家による資本主義体制維持策が行きつき、その限界が明確になる中で、さらに経済・政治を支配する金融独占資本が、国家を自らの利益のために利用し尽す中で、労働者・民衆が人間として生きられなくなっている。新自由主義の下での資本、金融独占資本の本質的展開がこの事態をもたらした。その意味で、この事態は資本主義の、直接には資本の経済、政治、社会支配の歴史的限界、その最期を示すもの、といえよう。

しかしこの労働者の三重苦に対して、北アフリカ、中東、ギリシャから始まった〝反貧困・反格差〟デモは、いまアメリカに、さらにEU各国に広がり、ターゲットは国家財政を食いものにしてきた銀行・証券大資本に向けられ、さらにそれに動かされてきた国家自体に向けられてきた。

こうして世界的規模で、国家による国民（労働者・民衆）統合の危機が生じている。現代の国家はこの統合の危機に対して、どのような対応策があるのか。

㈡国家による国民統合の危機と統合方策

この国家による国民統合の危機に対し、国民―労働者・民衆を統合させる理屈・根拠は、そのすべてが虚偽に満ちた欺瞞的なものでしかないとともに、結局国家本来の暴力性を露わすものとなる。要点を指摘しよう。

①新自由主義が政策基調となるのとほとんど同時にソビエト・東欧社会主義が崩壊したのであったが、それをふまえた日本の論壇の基調は、資本主義に代る社会はない（例えば岩井克人）というものであった。およそ人間社会の歴史的転化を、そして資本主義の歴史的発生を、完全に無視してしまうこの言説、イデオロギー的主張が、資本の担い手である資本家から出される（それは当り前のことだ）のではなく、学者から科学的装いの下に出される。それによってその考えが民衆に少しでも浸透すれば、体制維持、国家の国民統合には一定の効果を発揮する。だからマスコミは意図的にこの言説を取上げる。

しかしマルクス経済学を自らの理論の基礎としてきたはずの学者、研究者にも、ソビエト崩壊、そして論壇の傾向は、大きな影響を与えた。ソビエトを〝マルクス主義に反した〟社会主義だと主張していた理論家たちも、ソビエト崩壊＝社会主義自体の崩壊ととらえる仕末であった。いわゆる宇野派の多くの部分も、資本主義の下で生産力はこれからなお発展する、この体制はいまやっと〝中期〟を迎えたのであり、現在を〝社会主義への移行期〟ととらえた宇野の考えは、ソビエト＝社会主義ととらえたイデオロギーだと主張し、そのことによって自らの理論の軽薄さを暴露した（この点は本書第Ⅰ部第一章参照）。しかしこの傾向は、宇野派の論者を含めて学会が、ほとんど現体制という家の中に閉じ込もる――その意味で〝原子力村〟の住民と全く同じ状態に陥っていることを示すものであった。

これらの言説は、今日の金融・経済危機がなぜ国家自体の危機に及んでいるのか、そしていま労働者・民衆の叛乱が世界的規模で高まっているのはなぜかを、理論的に解明できないことによって、そのたんなる体制保守イデオロギーでしかない性格を現わしている。

②労働者・民衆に対する国家統合策は、いぜん弱肉強食の競争に勝つこと、豊かになるのも貧しくなるのも自己責任なのだという、それ自体資本の行動様式でしかない価値観を労働者・民衆に浸透させるという手法である。

さらに〝自由と民主主義〟という価値観は、最高であり、労働者・民衆にとってもこの価値観による行動の中で、自己を確立しうるし、高めうるという。これを確かなものとするため、現在も社会主義を堅持する国（朝鮮民主主義人民共和国、キューバ）に対し、一党独裁、世襲的独裁であり、自由な思想、行動は一切認められず弾圧されるという、それ自体虚偽の情報が、操作された映像等によって、流される。とくに朝鮮に対する情報は、次にみる軍事的脅威宣伝とともに、異常性をとりわけ強調する異常な状況である。しかし、労働者・民衆がそれを異常と思わず、結局自由競争に勝つしかないと思い、行動することになれば、この虚偽宣伝も効果があったことになる。

しかしこのようなイデオロギー操作もいまではほとんど無効化している。どれだけ競争をあおられても、どれだけ頑張っても、労働者の生活は、全く安定しえないどころか、労働強化、時間延長によって精神的、肉体的に破滅させられる。一時的に競争に勝ったとしても、一層激化する競争の中で自己を破滅させる。いくら頑張っても、企業だけの一方的都合で首切られ、生活を奪われる――すでに弱肉強食・自己責任の下では、労働者は全く展望がない、絶望しかない現実を、突きつけられている。――そして朝鮮、キューバが、教育費、医療費も無償、住居費も低い、失業者はいないという現実を少しでも知れば、自由と民主主義の価値観は決して労働者・民衆が持つべき価値観ではないことに気が付くことになる。その点でも、これらの国との交流を進めなければならないが、だから国家としてはそれだけ朝鮮との交流を規制することになる。

③大災害、「原発震災」を〝国難〟と叫ぶ政府・マスコミの言説が広がる中で、この国難を、民衆の〝分かち合い〟〝絆〟によって克服しようというキャンペーンが広まっている。〝分かち合い〟など、いわゆる〝新しい公共〟を唱える論調は、新自由主義がもたらした個の分裂、足を引張り合う競争の弊害への対処という点から、スウェーデンをモデルとして宮本太郎⑩、神野直彦⑪などによって唱えられてきたが、深刻な財政危機の中で見舞われた大災害の復興をめぐって、具体的政策として実施されつつある。

何で財政危機が深刻化しているのかの原因を何ら明らかにしないまま（だから原因にメスを入れることが全くできないのだが）、財政資金によって被害を補償しさらに復興させなければならない――そのためには、国民全体で負担し合い、支え合おうとして、復興増税が提起される。企業の法人税については減税を一時的に延期するとしているだけで、その増税はない。アメリカの軍事基地に関する日本政府の負担（思いやり予算）は、トモダチ作戦を通して米軍援助が復興に役立ったとして、アメリカ政府の要求をそのまま認める。ということから、復興への財政負担は全面的に民衆が負うことになる。社会保障費、教育費など、民衆の生活に関わる予算はどんどん削減されている（パイが縮小されている）中で、分かち合う、支え合う、要するに負担をさらに増やそうというのが〝新しい公共〟の現実の状況である。

たしかにこの大災害の中で、民衆の自発的、自主的支え合いが、被災者の生活を支える大きな力となっている。民衆の自主的連帯こそ生活の根本条件だ、ということを、明確にとらえなければならない。しかし政府の（あるいはマスコミや評論家たちの）いわば〝上から〟唱えられる〝分かち合い〟〝絆〟を大切に、とかいうのは、欺瞞でしかないことをとらえよう。それは財政危機の原因とともに、この大災害、原発震災の原因を隠蔽し（考えなくさせ）、国の唱導に従わせるものでしかない。

宗教家や天皇が、被災地に行ってねぎらいのことばをかける――それは心の持ちようで現状の困難を逃れさせようとするものであるが、心だけで現状の困難をのり切れるような事態ではもはやない。天皇や皇室のことばを（本心から）有難がる民衆はほとんどいない。

④結局、この危機の中での国家による国民統合の方策は、社会排外主義と暴力でしかないことが露呈する。国の内部にある貧困・生活難の原因を隠し、もっと危険な〝敵〟が身近かな外部にいる、だからそれへ国民一致した対処が必要だ、国内でいろいろ不満があっても、この外部の〝敵〟に襲われたら元も子もない、という大宣伝。戦争への国民総動員は、今日では戦争の脅威、外部の敵の脅威への対処の必要ということで、唱えられる。そして、このような脅威がある中で、国家の政策に従わず、これに異を唱え、抵抗するというのは、国家・国民の敵、〝国賊〟だという世論形成を図ろうとする。

戦前の侵略戦争への国民総動員には、勝てば国民の生活は改善されるという宣伝（虚偽の）が使われた。現在の外敵脅威への対処にはそのような宣伝で国民を欺瞞することさえできない。だから外部の敵の脅威宣伝は、交流をさせず、事実をとらえることから民衆の目をそらし続け、虚偽・偽装をつくり続けるしかないが、民衆が自主的にこの脅威とされた国と交流すれば、脅威の虚構性は明らかになるし、その国が他の国と交流を拡大し関係を正常化させて行く中で、ひたすら脅威をあおり続ける日本政府は、国際的に孤立し見離されることになる。

しかしだからこそ、虚構、偽装の侵攻の脅威を国民に押しつけるには、有無をいわさぬ暴力しか手がないことになる。虚偽による統合には暴力が伴う。虚偽に少しでも疑問を感じる者に対しては、理屈ぬきの暴力で取締る。いま東京都はじめ教師に対する日の丸・君が代の強制、司法による憲法否定の教育委員会の裁決、大阪で行われている、知事自身が教育目標を決定しこれに教職員の服従を強制する

「教育基本条例」制定の動き、北海道教委による教員の自主活動に対する監視体制等、教員の授業内容への介入、その自主活動を否定する管理統制が実施され、強まっている。虚偽のイデオロギーの強制は、人間に即した人間の自主活動を求める多くの民衆の反抗を必ずもたらすことから、その虚偽性が強まれば強まるほど、暴力による統制が不可欠となる。

虚構と虚偽の偽装による国家の国民統合は、国家自体（その担い手の政権政党、官僚、司法を含めて）による国家の基本法からの逸脱、そして統合の暴力的性格を、国家は体制維持のために国民を暴力的に従わせるものだという本質を、示すものとなる。

㈢最期的ブルジョア国家の理念は〝擬制〟

公共的性格（福祉政策、公教育）による国民生活の保障を放棄して自ら私的資本家的性格を露わにし、国家基本法＝憲法の基本理念――人権、平和保障、思想・信条の自由保障――を投げ棄て、虚偽の外敵侵攻の脅威をあおって国民統合を行ない、暴力によって管理統制を行うしかなくなった現在の国家に、どのような国家としての理念があるのか（鎌倉孝夫、⑧）。

市場の弱肉強食の競争の下で、利己的利潤追求を目的とした資本・金融資本の行動基準に即し、適合させている国家に、国民統合の理念があるとすれば、それは資本そのものの理念によるもの、ということになろう。

資本の理念（これは本書第Ⅰ部で詳細に明らかにされる）は「それ自身に利子を生むものとしての資本」という資本家的観念である。資本自体が何の制約も受けず、価値増殖（直接には利子獲得）を実現する資本、〝自由〟に自己増殖を実現する資本、これが資本の理念＝理想の姿である。しかしこの資本の理念は〝擬制〟資本（収入を利子とみなしそれを生み出す元本を資本還元 Kapitalisierung して形成される）によるしかない。これは『資本論』をベースに宇野弘蔵が明確にした。しかし「……資本主義の理念なるものは何と悲惨、皮相なものか……。ある財産・資本を持っているだけで価値を増やす――利己的利得を自らは何の行動・社会的意義のある行動をしないのに、獲得しうる、それが資本主義の、直接には資本そのものの理念なのである。そこには、社会に対する配慮も、モラルとか共同・連帯する〝友愛〟関係なども一切ない。資本という物そのものが〝神〟となる、まさに〝物神〟の支配の姿である」（鎌倉孝夫、⑫）。

この資本の理念の対極にあるのが、労働者＝人間の徹底的物化である。しかし労働者が人間であることを止めない限り、人間自身の物化（擬制資本化）は不可能である。しかも自己増殖根拠をそれ自身持たない資本は、労働者の人間的「労働」による価値・剰余価値形成なくしては存立しえない。だからこの人間的「労働」を完全に物にしてしまうこと、そして人間自体を物＝商品として売買の対象にしてしまうことは、資本自体の自己崩壊の矛盾であって、自己の崩壊を避け自己を維持しようとすれば、「資本家の狂気の観念」（『資本論』第三巻第二九章）として以外には、現実化しえない。資本家階級、そしてその下僕となった国家としては、様々な虚偽宣伝を通し、労働者階級に対しても、財産（資本）所有―収入（利子）関係の中に包摂しようとするけれども（一部はとり込まれることはあっても）現実には無理である。労働者の多くが労働せず、株式・証券所有によって収入を得て生活を実現するということは不可能であり、現実に示されているのは過酷な非人間的労働の強制とそして失業・生活破滅である。資本の理念＝財産所有による収入獲得という関係の中には、労働者階級は現実には包摂しえない。資本の理念の現実化は、差別と犠牲構造なくしてはありえないのである。

資本の理念をその理念とする現在の国家は、現実には実体の担い手＝労働者に対する差別そして犠牲の上でしか国民統合を実現しえない。だからこそ、それだけ差別、犠牲を隠蔽し、現実には実現不可能な幻想をふりまきながら、社会排外主義イデオロギーと暴力なくしては、国民統合を果せない。

「国家の暴力によって成立した資本主義は、いまやその最終局面において国家自体の暴力的本質を示すとともに、その存続は、労働者・民衆＝社会の本来の存立主体自体を暴力的に破滅させるところにまで来ている。これは明らかに、資本主義、その国家の最期を示すもの、といえよう。この国家は変革されなければならないし、変革しうる」（鎌倉孝夫、⑧）。

以上をもって〈『資本論』をこえる資本論〉という本書の序章とするが、宇野理論、その経済原論は、すでに『資本論』を超える資本の論理を基本的に確立した。本書の意図するものは、〈宇野理論を超える宇野理論〉である。

その内容は第I部の諸論稿で具体的に示されるが、あらかじめ次の三点を指摘しておく。

第一に、宇野がその論理で示したこと、その中でとくに資本の理念と擬制資本の論理が、いま現実具体的に認識しうるものとなっていること、である。新自由主義の下で、資本はその本質を露わなまでに発現するものとなった。しかもその資本の主役は、擬制資本としての株式・証券保有、そして売買による利得獲得を目的とする銀行・証券資本である。原理論の「株式資本」、擬制資本の現実の発現、その中でその本質が、したがって資本の物神的本質が、とらえられるし、とらえなければならない。その点で、私たちは宇野理論を超えうる地平にいる。

第二に、宇野はマルクス主義の歴史観＝唯物史観に強い拘《こだわ》りを持っていた。流通形態の基礎に生産的基盤、生産力の発展がある、ととらえていた。（第Ⅰ部第一章参照）。もちろん商品・貨幣・資本を流通形態として規定したことは画期的であったが、資本の形態的発展自体が、実体、生産力を担う現実資本の動きを逆規定するという点に関してはなお問題を残していると思う。唯物史観への拘りをなくし、形態的発展論の純化を図る——資本形態論を純化させることによってこそ、それは実体的根拠なくして成立しえないことも確証しうる——、宇野の提起をさらに純化させること、そのことによって現状の理論的解明の基準としての原論の意義が明確になる。これが本書の立場である。

第三に、宇野はブルジョア国家論に関して重要な示唆を与えている（鎌倉孝夫、⑫）。しかし国家論自体を展開していなかった。いま国家そのものの危機が現実化する中で、国家に関する論理と、その現実分析が可能であり、構築されなければならない。本書はこの序章で一定程度指摘したが、現在進行している国家破綻に関しては、国家の論理の確立をふまえ、追究されなければならない。

参考文献

①石橋克彦「原発震災—破滅を避けるために」『科学』一九九七年一〇月号、岩波書店
②J・W・ゴフマン『人間と放射線』一九八一年（今中哲二他訳、明石書店、二〇一一年）Jhon W. Gofman: Radiation and Human Health, 1981.
③大島堅一『再生可能エネルギーの政治経済学』第二章、二〇一〇年三月、東洋経済新報社
④小出裕章『原発のウソ』扶桑社新書、二〇一一年六月
⑤鎌倉孝夫「アメリカの核管理下の平和利用」『進歩と改革』二〇一一年一一月
⑥鎌倉孝夫「研究者の社会的責任」『社会主義』二〇一一年一〇月
⑦森永晴彦『原子炉を眠らせ、太陽を呼び覚ませ』草思社、一九九七年八月
⑧鎌倉孝夫『資本主義の国家破綻』長周新聞社、二〇一一年四月
⑨鎌倉孝夫『株価至上主義経済』御茶の水書房、二〇〇五年一二月
⑩宮本太郎『生活保障』岩波新書、二〇〇九年一一月
⑪神野直彦『「分かち合い」の経済学』岩波新書、二〇一〇年四月
⑫鎌倉孝夫「理念としての〈それ自身に利子を生むものとし

ての資本〉」桜井・山口他編『宇野理論の現在と論点』社会評論社、二〇一〇年七月

⑬鎌倉孝夫『国家論のプロブレマテック』社会評論社、一九九一年

（二〇一一年一〇月一八日）

第一章　宇野理論は『資本論』をどこで超えたか

はじめに

㈠宇野弘蔵以上に『資本論』の理論に真剣に取り組み、懸命に格闘し、論理を学び、そのエッセンスをとらえた研究者はいない、と思う。『資本論』の論理において、論理的に説明できていないところ、論理によってではなく、イデオロギー、社会主義的主張によって説明しているところを明確に批判し、正し、概念の内容を見直し、概念間の関連、すなわち論理を築いてきた。

しかし宇野がこのような研究を進めその成果を著わした時期は、なおマルクス主義〝無謬〟の主張が圧倒的に支配していた。『資本論』についても、論理の脈絡をとらえられないのは読む側の理解不足、あるいは思想（ブルジョア思想）の制約によるものであって、『資本論』の論理には絶対誤りはない、誤りだととらえてはならないという考えが支配していた。その中で宇野の『資本論』に関する論理的批判に対しても、マルクス主義に対する冒瀆である、宇野は〝背教者〟だ、近代経済学に堕するものだという非難がうずまいた。そういう状況だったから、必死の宇野の論理的成果も、頭からはねのけてしまって、真剣に読もうとしなかったり、最初から偏見を持って読むという傾向が生じて、宇野の真意は理解されなかった。しかしこのマルクス主義、そして『資本論』の論理〝無謬〟性イデオロギーが、『資本論』の論理の理解をさまたげ、マルクス経済学の発展を損うものとなった。

そして自らのイデオロギーによる〝無謬〟性信奉は、ソビエト・東欧社会主義崩壊という現実をつきつけられることによって、いとも簡単にマルクス主義を放棄して何ら恥じないという状況を招いた。明らかにこれは、イデオロギーとしてしか『資本論』を読んでいかったこと、『資本論』の論理を読み、自らのものとしていなかったことを暴露するものといえよう。

それはともかく、批判的研究に対する非難の中で、宇野は、『資本論』の論理の純化・整合性を求めて、自らの研究を確固として進めたのであった。その強靭な科学的精神力に驚かざるをえない。それは、借りものの論理と主観的観念の脆さに対する自ら獲得した論理の強靭さを示すものといえよう。私たちは、自らの課題として、この点を学ばなければならない。


㈡宇野の科学的成果に関して、宇野はイデオロギーと科学とを峻別し、前者による科学の制約を排除したことにあると、いとも簡単に指摘する者が多い。しかしそのさいどうしたら両者の峻別が可能なのか、科学的立場はいかに可能なのかを、どれだけ検討したのであろうか。いいかえれば、科学的思考だと思い込んでいる内に、自分自身のイデオロギーが無意識のうちに入り込んでいるのではないかと自省し、それをどう克服しうるかという課題を検討したのであろうか。例えば、商品経済は物神的性格をもっているとマルクスは指摘し、宇野もそうとらえている。しかし〝物神〟というとらえ方は、商品経済に対する批判的見方、つまりイデオロギーによる把握であって、科学的とらえ方ではない、という見解がある。しかし、商品という物が、他の物（商品・貨幣）と物的関係を結ぶことが、それらの所有者である人間関係を動かしている――それは商品経済の現実そのものである。これをイデオロギー的把握だとすることこそ、逆にイデオロギーにとらわれた見方なのではないか。〝物が人間を支配する〟――これを顚倒した関係ととらえずに、あたかも普遍的で、当り前の関係だととらえることこそ、実はイデオロギーなのだ。このイデオロギーによって、商品・貨幣関係、さらに資本自体を、歴史的形態として把握できず、空気のような存在に、それこそ実体的存在であるかのようにとらえてしまうことになる。形態を形態としてとらえられない――これこそイデオロギーによる科学的思考の制約である。――ソビエト社会主義が崩壊する過程で、これからは〝脱イデオロギー〟の時代だ、ということが叫ばれた。このとらえ方は、社会主義はイデオロギーであり、その時代は終った、だから資本が支配する商品経済の上で労働者も生きるしかない、という主張であった。その下で現実に生じているのは、資本の本質の露わな展開であり、そして人間、人間関係の破滅である。〝脱イデオロギー〟とは、ブルジョアイデオロギーの徹底ということであった。

宇野は、『資本論』の論理を純化・徹底させることによって、科学的論理の確立を追求してきた。そのさいたしかに社会主義イデオロギーの制約を排除しようとした。しかしその意味は、論理的に説明しえないことをイデオロギーで理解してはならない、ということであった。しかも自らの論理の展開において、イデオロギー的制約があるのではないかということを、宇野はつねに自省し、自らのイデオロギーによる論理の把握の制約からの脱却を不断に心がけたのであった。ソビエトはじめ社会主義諸国の状況や、国内外の労働運動、社会主義運動に注意を払いながら、社会主義イデオロギーの観点に立って、自らの思想のゆがみを点検し、自らの小ブルジョア的イデオロギーによる論理の歪みを検討・是正したのである。

少なくとも宇野は、マルクス主義＝社会主義イデオロギーを否定する立場には立っていない。直接社会主義イデオロギーによって主張を行なうことを避けながら、しかしマルクス主義、そのベースとしての唯物史観とその観点にもとづく社会主義イデオロギーを尊重し、自らの思想・イデオロギーを点検し、それによる論理・科学への制約の脱却を図ったのである。少なくとも社会主義イデオロギーによって、形態の実体視（実体の形態視）を克服するように心がけた、といえる。[1]

科学とイデオロギーの峻別とかいいながら、実際は自らのイデオロギーの反省・点検をしようとしない、いわゆる宇野派の多くの輩には、宇野がなぜマルクス主義を尊重し続けたのか、分かるはずがない。[2]

㈢しかし宇野によるマルクス主義の尊重、唯物史観への肯定的理解は、宇野の論理にたしかに一定の制約をもたらすものとなった。それはもちろん宇野が、社会主義イデオロギーによって論理的展開の不備を補っているということではない。直接には唯物史観の方法自体に対する肯定的態度、あるいはそれを尊重する姿勢の問題である。例えば宇野は、「むしろ経済学は、一般的な歴史的発展の法則を、一歴史的社会としての資本主義の経済的運動法則として、明らかにするというところに、その歴史の科学的解明に対する特殊の地位を与えられている」（『経済学方法論』東京大学出版会、一九六二年、一〇九ページ）といっている。この「歴史的発展の法則」は、唯物史観における「生産力の発展に適応した生産方法」（同、一六ページ）の発展である。宇野は、資本主義経済を周期的に襲う恐慌についても、これは唯物史観にいう生産力と生産関係の「縮図」あるいは「凝縮」である、ともいっている。しかしこの「発展法則」の内容自体は決して明らかではなかったし、明らかにしうるものではなかった。

この唯物史観にいわゆる生産力・生産関係の照応・対

立・変化という把握、そして経済学（原理論）はそれを直接解明するものではないとしながら、現実の歴史、資本主義の歴史においてもこの発展法則（しかも「生成・発展・没落」としてとらえている）が貫いているという把握は、何より「段階論」のとらえ方に重大な問題を引き起こすことになった。

宇野は、「マルクスが『資本論』の序文でいう、経済学研究の究極目標をなす〈近代社会の経済的運動法則〉は、私のいわゆる原理論的に解明される運動法則と段階論的に解明される資本主義の歴史的な発展過程の運動法則とが共に含蓄されているようである」（同、一五一ページ）という。ここから、原理論は、恐慌の必然性を解明する「循環法則」、段階論は資本主義の歴史過程に示される「発展法則」を解明するものという大内力流の解釈と、それに基づく展開が生じた（『大内力経済学体系　第一巻経済学方法論』東大出版会、一九八〇年）。しかもこれをベースに、原理論の〝純粋〟な循環法則論に対し、段階論はその循環法則の〝乱れ〟を解明するというとらえ方が形成され、あるいはより素朴に段階論を生産力発展に対応した生産関係（資本主義の発展形態）ととらえて、生産力が新たな展開を示せば、資本主義は限りなく新たな段階を発展させるものとなる、というような考えに堕することになった（馬場宏二、加藤栄一等。これらについては本書第Ⅰ部第二章参照）。原理論の論理は、段階論には全く活かされないものとなってしまった。

宇野は、「歴史的に商人資本、産業資本、金融資本がそれぞれ支配的な資本のタイプとしてあらわれるということは、資本主義体制自身の単なる論理的展開からは解明せられない。与えられたる歴史的前提によって、その論理が具体化したものとでもいうべきであろう」（『経済政策論』改訂版、弘文堂、一九二ページ）といいながら、例えば金融資本に関して「資本主義体制の最高の産物としての、土地とともに資本をより多くの価値を生む価値として商品化する形態、私のいわゆる『それ自身に利子を生むものとしての資本』……は、金融資本において歴史的に具体化するものといってもよいであろう。それはあたかも商人資本的形式が歴史的に商人資本としてあらわれたと同様の関係にある」（同上）といっている。金融資本自体、産業資本自体の内的発展として形成されたものとはいえないし、当然「それ自身に利子を生むものとしての資本」がそのまま現実化したものではなく、歴史的具体的条件の下で「具体化」されたものととらえなければならないが、「資本自身のかかる発展形態を基準として、金融資本の歴史的形態も解明されなければならない」というのである。

少なくとも歴史的に形成された金融資本の性格、運動解明の理論的「基準」は、原理論における「それ自身に利子を生むものとしての資本」にあること――それは資本の「最高の産物」＝最高形態であること、そしてその現実具体化は擬制資本としてしか実現されないこと――、そのことによって原理論の論理が段階論解明に生きることを明らかにすることができる。

生産力の発展によって生産関係が変わるという定式を段階論にそのまま適用することから、新たな技術（ＭＥやＩＴ）によりそれを導入する新たな産業によって生産力が高められれば、資本主義は「帝国主義」段階を超えてさらに新たな段階を展開するという論理が生じたのであったが、資本の支配的形態としては金融資本を超える新たな形態は形成されていない――具体的発現形態は多様化しながら、それらは「それ自身に利子を生むものとしての資本」の歴史的具体的形態であること、しかもこの資本は資本の最高の発展形態であることが理論的に明らかにされているのであって、金融資本が支配形態となっている時代は、資本主義の最高・最後の段階であり、段階規定としては帝国主義段階以外にはありえないことが明らかになるのである。(3)

(四)宇野が、マルクス主義による唯物史観を尊重したこと、それは段階論だけではなく、実は原理論の論理の展開にも一定の制約をもたらしている。それは何よりも冒頭商品の価値の規定に現われている。

宇野は次のようにいっている。「『商品』から始まる、商品・貨幣・資本の流通形態の展開は、『資本の生産過程』を予定する『抽象的なもの』の展開にほかならない。……いいかえれば具体的な関係から抽象されたものの復元の過程である。……商品から貨幣、貨幣から資本の発生の具体的過程は、必ず何らかの一定の生産過程を基礎とする商品経済の発展をなすわけであるが、ここでは資本の生産過程を予定しながら、資本の生産過程はもちろんのこと、如何なる生産過程をも前提としない、純粋の形態規定の展開をなすのである。そしてそれは『資本の生産過程』を予定するとき始めて可能となる。そこでは生産過程自身が根底から商品形態的に行われるからである。」（『経済学方法論』前掲、一五二ページ）。

ここにはいくつかの重大な問題がある。第一に、「具体的な関係から抽象されたものの復元の過程」とはどういうことか。「抽象」は、現実の対象に根拠があることはいうまでもないが、直接には分析者による概念形成行為である。それを通し獲得したもっとも単純で一般的な概念（ここでは商品＝冒頭商品）自体は、たしかに具体的関係の一般的・普遍的性格を示すものといえよう。しかしこの単純で一般的な概念自体が、「具体的な関係」(ここでは「資本の生産過程」)を「復元」するとどうしていえるのか。問題は、抽象して獲得した単純で一般的な概念自体の性格に関わることであって、もし概念自体の中に「資本の生産過程」をそれ自体として「復元」する性格があるとしたら、この概念は決して単純で一般的概念としてとらえていない(抽象が不徹底)ということになる。だから「資本の生産過程」を「予定」するというのは、分析者の主観(思い込みというべき)にすぎないのであって、単純で一般的な商品そのものに即した規定ではない。もし商品自体に「資本の生産過程」を「復元」する性格をもつものとすれば、商品自体の内的発展から必然的に「資本の生産過程」が展開されるという把握になってしまう。商品(さらに発展して貨幣、そして商品流通)自体にそのような性格がないことは、現実に示されている。商品が存在すれば必ず資本、さらにその生産過程が発生するなどという把握で、資本主義発生の特殊歴史的過程(本源的蓄積過程)が理解しえないことは、いうまでもなく宇野自身強調したことであった。

第二に、それにしても宇野はなぜ資本の生産過程を「予定」するとか、そこへ「復元」して行くなどといったのだろうか。そこには、流通形態が形態でしかないということは、それは実は「生産過程」(直接には「労働」)に基づいてしか存立しえないということによって示されるという宇野の把握にあった。商品・貨幣・資本が流通形態であると規定したのは宇野の画期的成果である。しかし、(この点は論理的に明確に規定されなければならないが)、商品そのものの規定において、それは自己存立の根拠を欠如した存在という意味で「形態」であることを、明らかにしうるのか——商品は他の商品との関係において存在する、だから交換関係において存在すると規定されるだけであり、発展して貨幣が形成されれば、商品の存立根拠は貨幣との交換にあると規定される。商品・貨幣・資本が、それ自体の中に存立根拠を持たないという意味で「流通形態」と規定されるのは、資本の規定をふまえ、資本の社会的成立は流通関係においてはありえないことが規定されることによってである。個々の商品、あるいは貨幣・資本についてではなく、資本存立の社会的根拠が、資本自体にはない、という論理的確定によって、交換・流通関係のそれ自体として自立は〝仮像〟(Schein)であったこと、したがって交換、流通関係における存在は〝形態〟でしかないことが、論理的に明らかにされる。

しかし宇野は上掲のように「商品から貨幣、貨幣から資本の発生の具体的過程は、必ず何らかの一定の生産過程を基礎とする商品経済の発展をなす」と、商品、貨幣、資本の交換・流通関係自体の根拠として生産過程（特定の生産関係によって規定されるものではないが）があることを、強調したのである。しかしそのことによって、商品、貨幣、あるいは資本にとっては、それらは直接には社会性を持たない〝個〟として存在するものであり、だから直接生産過程に基づいていない、むしろそれから遊離した展開がありうる（現にある）ということが、明確にされないことになっている。これも、宇野による唯物史観尊重の姿勢による論理的規定の制約――交換・流通関係自体を〝純粋〟に規定しえないという――といえるのではないか。

第三に、「資本の生産過程」を「予定」するとか、商品経済発展の「背後」に生産過程があるとしながら、しかし商品、貨幣、資本を「純粋の形態規定」ととらえなければならない、というとき、宇野が抽象の基盤としている「資本の生産過程」そのもののとらえ方に曖昧さ（二義性）が生じてしまった。

宇野は、資本の生産過程では「生産過程自身が根底から商品形態的に行われる」という。それはどういう意味であろうか。「根底から商品形態的に行われる」――文字通りとればそれは生産過程は全面的に商品関係として行われる、ということになろう（現に降旗節雄はこのようにとらえた――後述）。しかしそのような理解では、実体としての生産過程はとらえられない。ほとんどA・スミスと同様、生産過程を「労働」と生産物の交換とする理解に陥ってしまう。宇野の真意は全く逆に、流通形態はあくまで形態であって、その（社会的）存立根拠は実体としての生産過程以外にないということであった。つまり流通形態としての資本が現実の主体となったとしても、それは実体＝「労働・生産過程」に基づいているのであって、それは形態的関係には解消されるものではない。この形態的関係に解消されない実体を、資本はG―W―G′という流通運動の中に包摂しなければならない。資本による生産過程＝実体の包摂の根本条件が、労働力の商品化にあるということである。しかも労働力の商品化は、生産過程に基づいてはいない――その再生産は生産過程ではなく、生活・消費過程に基づいている。と同時に「労働者によつても本来は商品として生産されるものではない」（『経済学方法論』前掲、一一〇ページ）――だからそれが商品化するということは外的条件による。その意味で、資本が生産過程を包摂する根本条件としての労働力の商品化のうちに、商品の商品としてのもっとも純粋な性格が示されている。商品の単純で純粋な規定――それは生産過程によって生産されたかどうかには関係がなく、ただ他の商品（貨幣）との交換関係におかれるもの、という——が、資本主義確立の根本条件としての労働力の商品化によって現実に示されている。「商品関係は資本主義社会の中心基軸をなしている」(『経済原論』著作集第一巻、一五ページ)——それは直接には労働力商品化自体をとらえたものであった。資本の生産過程が「根底から商品形態的に行われる」ということは、この意味でとらえなければならない。商品経済発展の「背後」(同上、二六ページ)に生産過程の発展がある、商品・貨幣・資本は「資本の生産過程」を「予定」するという把握は、形態規定・その展開としての商品・貨幣・資本の純粋な規定、そして展開を、制約するものとなったのである。——宇野におけるこの制約は、『資本論』とマルクス主義(唯物史観)を切り離してはならないという時代の潮流による制約であった、といえよう(上掲(二)参照)。

宇野が『資本論』の論理を徹底、純化して原論の論理を築いたように、私たちの課題——科学的論理としての経済原論確立の課題は、宇野に残されている唯物史観的観点の制約を脱却し、概念そのものの規定の確立をふまえ概念間の論理的関連を整理・純化することである、といえよう。

以下、経済原論の論理にしぼり、宇野がどのように『資本論』の論理(概念内容の確立と概念間の論理的関連の明確化)を純化・発展させたかを明らかにしよう。

注

(1) 宇野は次のようにいっている。「スミスについては自由主義による重商主義の批評が、マルクスでは社会主義による資本主義の批判がその科学的正しさを保障することになっているのである。もっとも常識的になんらの特定の、特にイデオロギー的立場によるものではなく、事実を事実として把握しているというような考えは、自らの社会生活からくるイデオロギー的立場を自覚しないだけのことで、決して事実を事実としてみるという科学的規定を与えうるものではない」(『経済政策論』前掲、三七ページ)

(2) 降旗節雄は、宇野は「終生、このソヴィエト連邦を初期社会主義体制と認識する姿勢を変えたことはなかった。:これは、今となっては、宇野の対象認識におけるイデオロギー的偏りと見る以外にないだろう」(降旗節雄・伊藤誠共編『マルクス理論の再構築—宇野経済学をどう活かすか』社会評論社、二〇〇三年三月、はしがき、五ページ)といっている。むしろ宇野のこの「認識」を「イデオロギー的偏り」としかみられない降旗のイデオロギー性をとらえなければならない。降旗はさらに「われわれが、宇野弘蔵を抜きうるとすれば、宇野なきあとの社会主義圏崩壊と資本主義の現実を知っているからだ」などというのであるが、重要なのは宇野が経験しないこの現実を知っていること自体ではなく、マルクス主義絶対視という時代の制約から解放されたことであって、そのことによって科学的認識が進展しうるかどうかは、自らの小ブルジョア的イデオロギーを反省しながら、どれだけ論理的展開を徹底しうるかにかかっているのである。

（3）鎌倉孝夫「二〇世紀マルクス経済学の科学性」（降旗節雄・伊藤誠共編『マルクス理論の再構築—宇野経済学をどう活かすか』前掲所収）参照。なおこの論稿で、宇野のいわゆる「方法模写説」に対する検討を行なった。

第一節　方法上の転換

資本主義経済の運動法則、そして資本主義の歴史性の理論的解明、『資本論』の課題はここにある。マルクスはこの課題を、唯物史観の資本主義への適用という方法によって明らかにしようとした。しかし資本主義経済の論理的解明を進める中で、唯物史観の資本主義への適用という方法から、資本主義経済自体の論理の解明——資本をいわば主語とする論理へと（事実上）方法を転換させた[4]。

宇野は、この方法上の転換を徹底させて、まさに「資本」論を完成させようとしたのである。そこでまずこの方法上の転換——「資本」論の確立——ということの内容、そして意味を明らかにしておこう。

注

（4）マルクスは『資本論』「第二版の後書」（一八七三年一月二四日）において、I・I・カウフマンが『資本論』に関して「このような研究の科学的価値は、一つの与えられた社会的有機的構成体の成立、存続、発展、死滅及びこの有機体の他のヨリ高いそれによる代替等を規制する特別の法則が明確にされるところにある」としているのに対し、これは自らの「弁証法的方法」を「適切に」「好意的に」描いていると評価している。そして弁証法の方法は「現存するものの肯定的な理解の中に、同時にその否定の理解、その必然的没落の理解を含むものである」と述べている。方法論としては、『資本論』は、このような弁証法（唯物論的弁証法）の方法による資本主義の生成・発展・没落の必然性を解明したものとするマルクス自身の考えは変っていない。しかし第一巻において——後述するように——資本主義の「生成」を説く（説こうとする）方法はなくなっているし、没落の叙述も資本の蓄積の発展をふまえた論理としてではなく、それに先行する歴史（本源的蓄積）の叙述の中で、唯物史観の方法によって展望を示したもの、となっている。第二巻を含む全三巻の論理として『資本論』をとらえてみると、生成・発展・没落の論理ではなく、資本を現実の主体とした論理の展開とその限度を示す論理となっている（この意味で「事実上」の転換とした）。この点を、方法の転換として明示し、徹底させたのが宇野の方法であって、この方法の転換は歴史観から科学への転換ということができる。これによって、唯物史観は、科学的根拠を持つものとなった。

㈠論理の主体（主語）の転換・確定

唯物史観は、人間社会の歴史的発展を、人間生存の根拠としての労働・生産の発展、直接には生産力の発展に基づいて明らかにするという方法に立っている。生産力の発展を基礎にして、労働・生産過程における人間関係＝生産関係の照応、矛盾、発展をとらえる歴史観である。

人間社会は、その生存に不可欠な物質的生産物（生活資料・生産手段）の生産・再生産を根拠に生存・発展する。唯物史観は、この根拠に基づいて人間社会の生存・発展をとらえようとする点で、客観的根拠をもって主張しうる、科学的根拠をもちうる歴史観だといってよい。しかしこの歴史観の科学性は、現実の社会の、そして社会発展の理論的解明によって証明されるものであり、歴史観自体としてはなお主観的な見方――対象に対し観察者が対峙して、これを評価（肯定・否定）するという――ととらえなければならない。なお科学的理論によってその裏付けを与えられないまま、この歴史観による一般的定式を基準にして現実の人間社会の歴史とその発展をとらえようとすると、論理的には説明困難、あるいは無理といわざるをえない問題が生じることになる。

第一に、唯物史観は、生産力・生産関係という人間社会の経済構造（生産力に対応する生産関係の総体）を「土台」（下部構造）、基礎ととらえる。経済が、人間社会存立・発展の基礎であることは、経済構造によって、人間社会のいわゆる上部構造である政治、法、イデオロギー（宗教を含む）が、規定される、ということであり、経済構造の動きがこれら上部構造を動かす動因（基本要因）ととらえることを意味する。ところが、資本主義以前の社会の現実をみると、経済構造（生産力に規定された生産関係の総体）は、上部構造としての政治、法、イデオロギーと不可分離であるばかりでなく、政治的権力自体が経済構造（直接には生産力）を動かす主動因として作用していた。しかも経済構造（内容的には生産関係）によって規定された（それから自然発生的に形成された）意識形態というより、宗教的観念と結びついた政治的イデオロギーが生産力－経済構造を動かした。

資本主義が成立・発展することによって、特殊の形態（商品経済的形態）を持ってではあったが（この点が決定的に重要であるが）、経済構造が、政治、法、イデオロギー等上部構造から独立していわば自律的展開を示すものとなった。この経済構造・経済的運動の自立・自律によって、政治権力による経済への作用は消極化するとともに、法、イデオロギーは、経済構造に対応したものとして、これに規定されるものとなったのである。決定的に重要なことは、経済過程の自立・自律が、商品経済を通して実現されたことである。商品経済とは、物（人間社会存立の根拠としての物質的富も含めて）が商品として交換されるという、物的関係をとること、と同時にこの物的関係が、独特の法則作用（直接には価値法則）をもって成立し、この法則があたかも自然法則のように、個々の人間（資本主義社会の全構成員）の意識を動かし、行動を動かすものとなっていることである。ここでも個々の人間はそれぞれ何らかのイデオロギーを持って行動を行うのであるが、その行動は、資本主義的商品経済の法則によって強制されるものとなった（しかもそのイデオロギー自体もこの法則を引き起こす商品経済によって規定されるもの——決して一元的ではないが——となる）。個々の人間のイデオロギー的行動によって成立する社会の動き、直接には経済活動が、社会的には客観的法則をもたらし、これに支配されざるをえないものとなった。この法則の成立による、経済過程・経済構造の自立こそ、唯物史観の科学性を証明しうる現実の根拠なのである。なぜ経済学が、資本主義の形成・発展を基盤に政治・法律あるいは宗教等の学的研究から自立して形成・発展してきたのかを、とらえなければならない。資本主義経済の自立的発展によって、経済過程・経済構造が主観的観念から独立した客観的存在としてとらえうること——ここに経済構造を社会の土台としてとらえうる現実的根拠がある。

問題は、この唯物史観の科学性確立の現実的根拠の上に、いかにこの客観的法則が成立するのか、その論理を確立することである。『資本論』の論理はこれを基本的に確立させたのである。その論理の特徴を明らかにする上に、唯物史観の一般的定式による把握の問題点をさらに追究しよう。

すなわち、第二点として、唯物史観の一般的定式による説明で、生産力の発展をどうとらえることになるか、という問題である。つまり生産力を発展させる現実の主体はだれであり、生産力を発展させる目的は何か、をどう説明するか、という点である。

一般的には、生産力の担い手は労働者・勤労者であるといってよい。そして生産力発展の目的は、物質的富の増大による生活の向上、さらには新たな欲求とその実現にある、といえよう。しかしこのことを理論的に確定しえたのは、資本主義経済の理論的解明、まさに『資本論』の論理によってであった。しかもこの現実の根拠は、資本による生産過程の包摂を通して形成された。

どのような社会であれ、たしかに生産力の発展はその社会発展の物質的根拠であり、その担い手は労働者・勤労者であるということがいいうるであろうが、プリミティブないわゆる原始共同体を別として、資本主義にいたるいわゆる階級社会にあっては、労働者・勤労者は現実の主体となっていない。それぞれの社会の現実の主体は、その社会の支配階級である。だから階級社会における生産力の発展を、労働者・勤労者を主体として説明するというのでは、それぞれの社会の生産力発展の動因、目的は明らかにしえない。

『資本論』は、資本主義における生産力の発展の直接の担い手、現実の主体を、「資本」ととらえている。だから資本がその目的――いうまでもなく利潤の増大であり、その根拠は剰余価値生産の増大にある――を実現するために、生産力を発展させることが明確となっている。生産力の発展、社会の発展の現実の主体が、論理的にも確定している。したがって生産力発展の特有のあり方とともにその限度もこれによって明確にされるのである。

しかし『資本論』の展開の中に、なお唯物史観の一般定式による（その現実の主体を確定しえない）生産力発展の説明がある。例えば「資本主義的生産様式は……資本主義的生産がその中で行われる社会的諸関係を離れてみれば、生産力の絶対的な発展への傾向を含んでいる」（第三巻第一五章第二節）として、現実の需要の制限を超えた生産力過剰の形成（そして恐慌）をとらえようとしている。しかし資本家的生産関係を「離れ」て生産力の発展をとらえたとしても、一体その生産力はだれが何の目的で発展させるのか。少なくとも資本を現実の主体としてとらえれば、需要を超えた売れない商品を生産し続ける資本はない――資本家的生産を資本家的生産関係から「離れてみる」ことは論理として成立しない。実は、労働者の消費需要を超えた生産＝供給過剰の発展から恐慌を説くという方法は、資本の論理の展開によるものではなく、唯物史観の方法の残滓というべきものであった。

さらに重大な問題は、第三に、唯物史観の方法による生産力と生産関係の対応、対立・矛盾の説明に関してである。生産力が生産関係成立の根拠であることは明らかだといってよいが、生産力自体が特定の生産関係を規定するということは説明できないし、生産力が発展すれば既存の生産関係と矛盾することになるということも論理的に説明しうるものではない。

この点に関し従来からよく行われてきた説明に関しそれが無理であることを指摘しておこう。①分業の形成による生産力の発展－剰余生産物の生産が、商品交換・私有、さらに階級関係を形成させたという説明。分業は商品交換関係形成の根拠であるが、後者は前者の成立条件ではない（『資本論』第一巻第一章第二節）――分業は商品交換・私有と必然的に関連するものではない。しかも分業の発展によって剰余生産物（「剰余」の規定自体より明確にしなければならないが）が形成されたとしても、その剰余の取得者がだれであるか（奴隷所有者か、封建領主か、資本家か、それとも労働者自身か）はそこから全く説明できない。特定の生産関係、階級関係の形成は、分業や生産力の発展からではなく、特殊歴史的条件によって説明されなければならない。

②封建制から資本主義の発生に関し、農業における生産力だけではなく、工業的生産力の発展が根拠になっているという説明。工業的生産力（直接自然力に依存する生産手段ではなく労働によって生産される生産手段によって行われる生産）が、資本主義的生産の根拠になっていることは確かであるが、この工業的生産力自体がどのように発展したかをとらえなければならない。少なくともマニュファクチャーから機械制大工業形成の動因が、資本による労働力支配・包摂の確立による剰余価値生産拡大にあること（『資本論』第一巻第一二章）が明らかにされなければならない。つまり生産力・機械的生産力の発展から資本主義的生産の発展を説くのではなく、資本の剰余価値拡大動力こそが工業的生産力を発展させたのである。

機械的生産力自体が特定の生産関係を規定するものではないことは、同じ機械が社会主義的生産においても用いられていることをみれば明らかだろう。

③労働・生産の社会化に対応した所有・生産関係の社会化という説明。これは、資本主義的私有制（他人の労働あるいはその生産物の私的領有）の不当性を示すという観点から、『資本論』でも第一巻第七編（資本の蓄積過程）第二二章及び第二四章第七節において指摘され、後にエンゲルス（『空想より科学へ』）さらにレーニン・スターリンによって、資本主義の根本矛盾を示すものとして、指摘された。

労働の社会化、あるいは生産の社会化というのは、マルクスにおいては、直接には小経営における私的（個人的）労働に対して、大工業的生産における多くの労働者の協業（分業をふまえた）的労働のこと、である。それは生産力発展の要因といってよい（なおスターリンは「生産力の性格」などという表現を使っているが、生産力自体は量的概念であって特定の「性格」を持つものではない。スターリンがとらえているのは、生産力の発展をもたらす労働様式などの方法と解さなければならないが、彼は生産力を特定の生産関係を規定する性格をもつものととらえていたのであろう）。この生産力要因としての労働・生産の社会化は、必然的に所有の社会化と結びつくものでも、また結びつかなければならないものでもない。もし労働・生産の社会化が、その生産物の労働者による社会的所有と結びつかなければならない、とすれば、およそ資本主義的私有関係の下での労働・生産の社会化は成り立たないか、成り立ったとしてもそれは不当である、ということになる。しかし資本の支配する生産過程において現に労働・生産の社会化は実現し、発展している。たしかに労働者の共同労働・共同生産による生産物が、生産過程を私的に所有し支配する資本家に所有されている――だからこれは不当だ！　しかしこの把握は、リカーディアンソーシャリスト（例えばトマス・ホッジスキンなど）によるイデオロギッシュな資本主義的所有の批評と同じ水準の理解でしかない。不当だと非難される関係が、現実に存在し、行われている。問題はそれが現に存在し動いている根拠はどこにあるかの理解である。それはマルクス自身『資本論』で解明した労働力の商品化にある。労働力を商品として買い（雇用し）、自ら雇った労働力を生産過程で労働させて生産物を生産する――生産過程において労働者は協業（共同）労働を行っているが、それは資本による私的所有関係の下で行われているのであり、生産物は資本の所有となる。労働力の商品化の理解こそ要点なのである。[5]

もう一点つけ加えれば、労働・生産の社会化がどこまで進展すれば、それは資本主義的生産関係の枠組みを突破する（その枠組みの中では処理しきれなくなる）か、全く不確定である、という点である。資本が支配する資本の生産過程において、労働・生産の社会化は形成されている。そしてその下での生産力の発展の限界は、唯物史観の一般的観点による主体要因不明の下でではなく、現実の主体を資本ととらえることによって、資本主義における生産力発展の限度――それは、生産力発展をもたらす資本形態の発展をはじめとする技術・労働様式等生産方法の発展の限度であり、その中で決定的なのは、生産力の真の担い手である労働者の生活破壊＝労働力再生産の破綻として示されるであろう――としてとらえられるのであって、その生産関係と無関係な生産力の発展（といってもその内容は全く不明なのであるが）に生産関係が対応しきれなくなるという説明では全く明らかにされえないのである。

主体とその動因不明な生産力発展に基づいて社会発展をとらえる歴史観の適用としてではなく、資本主義経済の形成・発展を現実の根拠とし、その現実の主体としての資本自体の形成・発展をとらえる論理に転換しなければ、科学は確立しえないのである。

注

（5）『資本論』第一巻で、マルクスは「商品生産の所有法則の資本主義的取得法則への変転」（第二二章第一節）として、「商品生産と商品流通とに基づく取得の法則、または私有の法則は、この法則自身の、内的な不可避的な弁証方法によって、その正反対物に一変する」、「所有は、今では資本家の側では他人の不払労働またはその生産物を取得する権利として現われ、労働者の側では彼自身の生産物を取得することの不可能として現われる」という領有法則の転回を説明したが、実は資本家的領有法則が商品生産・交換の法則の侵害であるかのようなこの叙述に対して、再版とフランス語版で重大な補足（内容上は訂正といってもよい）を加え、前者は後者の法則の適用から生じるとし、それが可能な根本条件として、労働力の商品化を指摘しているのである。

なお、私的労働－私的所有、あるいは社会的労働－社会的所有という観点で決定的に欠如している認識は、土地・自然の所有に関してである。土地の私有の根拠は労働に基づくものではなく、商品として取得することによる。この土地の商品経済的取得は同時に労働者（農民、手工業者）からの土地の分離・疎外をもたらし、労働力商品化の社会的条件となったのである。

㈡対象に即した対象の論理――主観性の克服

資本主義経済の理論的認識方法における唯物史観の適用という方法から、資本自体の論理的展開へという方法への転換は、認識－論理の内容の変化を導く。それは、歴史観、端的にいえば特定のイデオロギーによる対象の評価から、対象自体の論理への転換といってよい。対象に即した対象の論理――これによって論理の客観性が確保されるのである。宇野は、基本的にこの論理を確立した。

唯物史観、端的にいえば社会主義イデオロギーによる対象、ここでは資本主義経済・社会に対する関係は、対象の観察者が対象に対し外的に対峙してこれを観察し、評価する――肯定、否定する、という関係であるが、それはたんに評価するだけでなく、実践と結びついている。対象の評価に従って、否定すべき関係、動きを規制し、消滅させ、肯定すべき関係をさらに自ら望む方向に発展させ、全面化させようということになる。イデオロギーというのは行動の基準となる実践における意識であるから、対象に対するイデオロギー評価は、実践と結びつく。実践と結びつかないイデオロギーはたんなる主観的観念であり、妄想にすぎない。

しかしこのようなイデオロギー的立場に立つと、対象に対して観察者としての自分は独立しえているかのようにとらえる傾向が生じる。人間社会、もちろん資本主義の中で生きるすべての個人は、（ヒットラーなどの独裁者を含めて）決して対象から独立して存在しえない。主観的には自らのイデオロギーに即して対象を操作可能であるように、つまり自らの意思によって自らの望む方向に対象を動かしうるように思い、振舞うのであるが、その行動が自らも一構成員となっている社会関係に作用を与えながら、社会関係の動き自体によって自らの行動が逆に規制されることにもなる。資本主義においては、当事者たちはそれぞれ自らの主観と思惑で対象に働きかけ、対象に対する主体であるように振舞うのであるが、そういう個々の当事者の行動が社会的には客観的な法則（価値法則、景気循環法則）を形成するものとなり、この法則的動きによって個々の当事者の行動が規制され、動かされることになる。資本主義の現実的主体としての資本家に関して宇野は、「資本家としての人間の行動は、この客観的な法則に支配されるものとして、また支配されながらこの法則を実現するものとして、いわば主体性を失って客体的な運動の主観的要因をなすにすぎない」（『経済学方法論』前掲、一一一ページ）と指摘している。「人間の行動がその主観的意図にしたがって行われながら、かかる客観的法則に支配される」（同上、一一四ページ）ことが、人間社会、その動きを客観的なものとして、唯物論的解明を可能にする根拠（「経済学の唯物論」）となる。

資本主義経済の論理的解明、すなわち対象の客観的存在の成立根拠、その構造、そして運動の理論的解明は、客観的存在と運動の中に観察者が包摂されている中で――観察者が対象に対し外的立場に立つことが不可能にされている中で――行われなければならない。主体的に振舞いうるととらえ、対象を観察し、評価し、行動を行っても、現実には「主体性を失って客体的な運動の主観的要因をなすにすぎない」ことになる。この対象自体の特徴がなぜ、いかに生じるのか、これが論理的に解明されなければならないのである。

これを可能にするのが、対象自体に即して対象をとらえるという論理である。具体的には、例えば商品の性格をとらえる場合、第三者的観察者の立場に立って商品交換が実現した（実現しなかった）要因はどこにあるのかを分析するのではなく、自分の所持する対象を交換に出し、それによって自ら欲する（しかし他人が所持する）対象と交換しようとする（直接には交換を欲する）というとらえ方である。商品にしようとする対象の所持者に即して、商品として交換に出す（価値とする）意図、交換実現の条件（その可能、不可能の要因）をとらえる、ということである。

第三者的立場で商品交換を観察するとき、例えばいまAなる者が上衣を所持していたとしてそれを商品として交換に出そうとしているかどうかはとらえられない。さらに上衣と例えばBの所持するリンネルの交換が実現したという結果をふまえないと商品交換は分析できない――AとBとが互いの商品を交換した結果を観察するとただ使用価値の異質性という分析が（せいぜい）えられるだけである。Aが自ら所持している対象を交換に出そうとしていること、それはBの所持している対象との交換を求めているからであること、要するに動機、目的、そしてなぜ交換が実現（非実現）したか——それはBがAを欲した（欲しなかった）、あるいはAが交換に出す量が適当（不適当）であったという要因がとらえられる。結果にいたるプロセス、動機と行動、しかしその行動の〝自由〟の制約がとらえられる。『資本論』の価値形態論に、商品所有者（そしてその交換動機としての欲望）をとり入れるべきか、捨象すべきかという（不毛な）論争が行われたが、『資本論』にみられる当事者間の関係に対する第三者的分析の観点に立てば、商品所有者をとらえることは消極化する。しかしそのような分析によって、商品という対象自体の性格に直接関わりのない説明が、商品そのものの規定の中に入り込むことにもなる。所有者のいない商品というとらえ方などおよそナンセンスなのであるが、問題は対象を商品として交換に出そうとしている当事者に即して商品の性格をとらえているか、どうかにある。

資本のとらえ方に関して、当事者に即してとらえるということを考えてみよう。宇野は「資本は、商品経済に特有なるものであっても、むしろ生産過程と直接には関係なく、貨幣の特殊な使用方法から発生する」（『経済原論』岩波全書、一九ページ）といっている。貨幣を見ても、貨幣で商品を買うという行為を第三者的に観察してみても、その貨幣が資本であるかどうかは分からない。せいぜいとらえられるのは、貨幣の購買、あるいは支払手段としての機能であろう。しかし貨幣所有者の立場で、貨幣を増やすために貨幣を投下（投資）するとき、その貨幣は資本となる、あるいは資本として投下された。ということは、投下された貨幣は、この貨幣所有者としては必ず自らの下に還流し、しかも量を増やして還流しなければならない（価値増殖運動）。G—W—G′という資本の運動は、この運動の担い手（資本家）に即して自己関係・自己運動としてとらえることによって、資本であることを確認できる。G—W—G′なる物的運動の担い手としての資本家はG—W—G′運動の人身化として資本運動に従って行動しなければならない。——資本の運動に即し、GをどのようにG′とするか、できるだけ早く、できるだけ多くのGとして還流させるかが、資本家の使命となる。

この資本運動を構成する諸要素が資本の具体的諸形態となる。資本が生産過程を包摂して価値増殖を目的に、生産手段（機械・装備等）を使用するとき、それは資本となる。生産手段は、それ自体をとらえても資本であるかどうかは分からない。G―W―G′という価値の運動の中で使われているとき、それは資本となる。これが、資本運動に即した資本の把握である。

このように直接には個別的な価値運動として成立・展開する資本は、その本質から必ず私的利益を追求するものであること、逆にいえばその本質としては社会の利益とか博愛の実現とかは全く無縁であることが明らかになる（これらの点は本章第三節でより具体的に述べる）。しかし、個別的運動として成立・展開する資本が、社会的に成立する（一社会を支配する）ことになるには、社会存立に不可欠な経済原則を充足・実現しなければならない。この経済原則の実現は、資本としては商品経済的関係――商品の需要・供給関係を通して行うほかない。これは、個々の資本の利潤追求運動を動力としながら、この運動自体を成立させる資本家社会的関係において必然的に生じる法則（価値法則・景気循環法則）によって規制されなければならない。個々の資本の担い手である資本家の行動自体が、この法則をひき起こし、この法則に「支配されながら、この法則を実現するものとして、……客体的な運動の主観的要因をなすにすぎない」ことが、現実の運動に即して、把握しうるものとなるのである。――この認識が、対象の現実的主体に即し、対象の動き自体に即した対象の論理の認識ということになる。

対象に即した対象の論理の把握―それは、対象に対し、考察者・分析者が外的に対峙して対象をとらえるのではない。だから対象を肯定、否定する立場に立つものではない。例えば労働者――資本によって支配され抑圧されている――の立場に立って、資本、その行動を批判し、規制し、さらに否定する、ということではない。もちろんこの立場に立って資本を批判的にとらえる場合、なぜ資本を批判し打倒しなければならないのか、それを現実の資本の行動、労働者に対する非人間的扱い、生活抑圧、搾取強化の性格から、とらえることは当然であるが、しかしなぜ資本はこのような人狼的行動を取るのかを、資本の本質によるものとしてとらえることには必ずしもならない。

資本の、あるいは資本家自体の本質に基づくその行動に即して、資本をとらえる、労働者の立場からすればいわば〝敵〟の立場に立ち、その性格、行動をとらえる、ということになる。このことによって資本の性格、そして行動そのものを、資本に内在してとらえうる。このような認識によって対象に対する主観的把握は克服される。

ところで対象に即する論理を、労働者に当てはめてみるとどうとらえられるか。資本主義の下で、労働者は労働力を持ちながら、その使用に必要な生産手段を持たない。だから自らの唯一の所有物である労働力を商品化しなければならない。もちろん労働者の労働の本質は他の社会と変らない——それは実体としての本質をもつ。労働者が労働しなければ資本は価値形成・増殖できず、資本主義も社会として存立しえない。ところが労働者の労働の成果はすべて資本の所有となる。労働者は、自ら労働して生産した生産物に対し、労働力を売って得た賃金を支払わなければ自分のものにならない。しかも労働力が商品として売れるかどうか、賃金がどう変動するかは、労働者自体によっては決定されず、資本の蓄積動向による労働力需要如何に依存するものである。実体の担い手である労働者が、なぜ、そしてどのように資本に支配され、動かされ、主体としての活動を奪われるのか——それが労働力を商品として売る賃労働者に即した把握である。それによって資本主義における労働者の現実的位置とともに、役割りがとらえられる。この認識は、資本の労働者支配の不当性を批判し、主体性の転換を主張するということではない。主体性が奪われている資本主義の現実をありのままにとらえる——なぜこういう現実が成立しているのか、その下で労働者はどのような生活を強いられるのか（さらにいかに生活を破滅させられるのか）を事態に即してとらえるのである。

資本主義の現実の主体である資本に即した論理、この論理によって、資本自体の形態的発展、そしてその発展の限度が認識される。これが宇野の「方法模写」論であった。

(三)「方法模写」論——客観性の保証

宇野は、経済学の方法に関して「方法自身が客観的に対象とともに与えられた」、「対象の模写が同時に方法の模写である」（『経済学方法論』前掲、一六四～一六五ページ）といっている。この指摘は、いわゆる宇野派においても従来ほとんど正確に理解されなかった。(6) 従来マルクス主義による現実（資本主義経済の現実）の理論的認識は、現実を基礎に、現実の機構・運動を「模写」して行われる——理論的にとらえた概念・概念間の関連は、現実に存在するものである——ということに唯物論としての客観性がある、ととらえられてきた。しかし対象の「模写」ということは決して簡単なことではない。無限というべき諸要素の諸関係から成る現実から、何をどのように抽象するか、抽象して獲得した要因・要因間の関連において何が主動因、あるいは本質であり、何が副次的、現象的要因であるかは、現実を「模写」することからだけではとらえられない。実は経済学の理論は、商品経済的関係によって自立・自律するという経済的関連・運動の純化に基づいて、この現実とそれをふまえて抽象・構成された概念と概念間の関係、すなわち論理とのつき合わせをくり返しながら、発展してきたのである。構築した概念と論理によって、現実をとらえるさいに、それでは現実を十分説明しえないという論理の不備が明らかになるとき、この不備を是正し再構成するとともに、現実の発展を基礎に新たな概念を形成しながら、論理を発展・確立させてきた、といってよい。

資本主義経済の純化・発展を根拠に構築された経済学の論理がなければ、現実の分析、論理的把握は行いえない。宇野の「方法模写」論は、経済学の論理の確立はたんなる対象の模写ではないことをふまえていると思うが、宇野はここでも「対象」の模写というマルクス主義的唯物論の観点を否定していない、というよりそれに基づく説明をしている。「方法模写」論の難解さは、ここに起因しているように思われる。「対象の模写が同時に方法の模写である」というのは、「対象」自体が示す「方法」を「模写」する、ということなのであるが、「対象」自体に依拠した説明であるために、宇野派の多くはこれをたんなる「対象」の模写説としてしか、とらえられなかったのである。

資本主義経済の純化傾向を根拠に形成された経済学は、商品経済の諸要因、それらの内的論理的関連、いわば純粋な概念とその関連を示すものとなる。と同時に商品経済の現実の主体である資本自体の形態的発展をもこの純粋な論理自体の展開として示すものとなる。そしてこれはたしかに資本主義経済の純化傾向によって現実に確認されるとともに、現実の純化された像（論理の姿）を示すものとなる。

宇野は、「資本主義の発展期における、その純化傾向の内には、すでに純粋の資本主義社会における全機構が展開される」、「金融資本の時代を特徴づける、株式資本の産業への普及も、純粋の資本主義社会において、すでに論理的には展開せられざるをえない、しかし現実的には具体化されない、いわば理念としての、資本の商品化の具体的な実現にほかならない」（『経済学方法論』前掲、三二ページ）と書いている。ここでも、資本主義の現実自体における存在として「純粋の資本主義社会」をとらえているのか、そうではなくそれは「論理」像（論理的構成体）なのか――「論理的には展開せられざるをえない」というのは、現実の資本主義自体ではなく明らかに論理的構成体をとらえている。この点も後に詳論するが、資本―実体を包摂して自立的展開を行う産業資本は、その本質を発展させて、自らの「理念」として「それ自身に利子を生むものとしての資本」を論理的に展開する。この展開は、決して現実の「模写」によるものではないし、現実の金融資本の運動から抽象して形成されるものでもない。しかも宇野は、このように論理的に展開されざるをえない資本の理念としての「それ自身に利子を生むものとしての資本」は「現実的には具体化されない」という。これも直接には論理としていわれていることである。その理由は「利潤のえられる資本を、利子をうる資本として売買されることはありえない」(同上)ということにある。純粋の資本主義社会では、資本のこの理念は「現実には具体化されない」というのは、資本としては(利子ではなく)利潤を獲得するものであるという、その本質的規定(論理)による把握である。

とすると、現実の資本主義が示す「方法」の「模写」とはどういうことか。資本主義という「対象」が「方法」を示すとしても、「方法」の「模写」は対象から直接行いうるのではなく、対象をとらえる論理があってはじめて行いうるものである。大体「対象」が「方法」を示すということ自体に関しても、「対象」自体にそういう「方法」の現実の根拠があるとしても、そういう「方法」によらなければ現実は解明できないという認識を得るには、すでに形成されている論理と「対象」のつき合わせを通さなければならない。宇野の「方法模写」論も、論理と現実との厳しいつき合わせを通し、既成の論理では現実の理論的解明が十分行いえない、とすれば既成の論理を修正するのか、そうではなくその論理と次元の異なる論理によるのかの試行を通して、形成されてきたのである。

それが、一九世紀末以降のドイツの「修正主義」論争との、そして日本における講座派、労農派による資本主義論争への積極的関わりであった[7]。課題は、『資本論』の論理を現実の理論的解明にどう活かしうるか、ということにあった。一九世紀末以降の変容した資本主義の理論的解明に関し、直接にはドイツ資本主義の現実をふまえて、この現実は『資本論』の論理の不適応を示すものとし、その論理の修正が必要とする主張(E・ベルンシュタインに代表される修正主義)と、『資本論』は適用しえないとして取上げられる現実は、資本主義の発展とともに解消されて行くものとして、副次的、攪乱的要因なのであり、捨象してよい――だから『資本論』の論理はこの変容したとされる現実においても貫徹している(K・カウツキーに代表される教条主義)という主張とのいわゆる修正主義論争が生じた。宇野はこの修正主義論争を検討し、その方法的解決を図ろうとしたのである。

この変容した現実をもたらす基本的要因は、株式会社の産業への普及――産業資本と銀行資本の融合・癒着として現われる金融資本の支配にあった。金融資本の支配の下で、旧来からの中間層(小農経営、小零細経営)は分解傾向が一面的に進行せずに広汎に存続し、他方新たな中間層(株式会社の経営者層、株式取得・売買益獲得者等)が形成される。三大階級への階級分解と、利潤追求を基本とする資本の支配の下での商品経済的関係の発展を基準とする純化した資本主義の構成そして運動（価値法則、景気循環の法則）は、そのまま現実化されず、変容して現われている。こうした変容した現実はなぜ生じたのか、そしてこれは何を意味するのか。

ここから宇野がとらえたのは、資本主義の現実が『資本論』の論理自体から変容しているという事実を受け止めた上で、『資本論』＝原理論だけではこの変容した現実は認識しえない――いわゆる「段階論」の必要――、しかし現実が変容したからといって原理論の論理を修正すべきだということにはならない――原理論の基本的妥当性――ということであった。しかも決定的なことと宇野がとらえたのは、この現実の変容をもたらす基本要因は、金融資本の支配による、ということ――この金融資本こそ、資本の理念の現実具体化としての「株式資本」（これこそ資本の最高形態である）を基本形態とするものである、ということであった。

宇野が獲得した結論は、資本主義経済を原理的に解明する論理としての経済学原理論は、第一に、資本主義経済の現実の純化にその現実的根拠をもっている、しかし第二に、この純化は、資本の最高形態の形成と現実化の下で、限界を示す――それは明らかに原理論の対象そのものの歴史的限度を示すものである。だから第三に、この変容した現実の理論的解明は、原理論の教条的適用ではなく、変容した現実がどこから生じるか（支配的資本形態）、それは現実の経済の構成と運動をどう変容させるのかを主題とする「段階論」によらなければならない、もちろん段階論が構成されても、それによって原理論は何ら変更されない――それは資本の資本としての本質を純粋に示すものとして、変容した現実においても、基本的、一般的な理論的基準となっている、ということであった。「方法模写」とは、このような経済学の方法――直接には原理論に対して段階論を現実分析の理論的解明に位置づけること――が、現実の資本主義の発展・その歴史的推移自体によって裏付けられている、ということであった。現実分析の方法は、分析者の主観、意図によるものではなく、資本主義の現実の歴史過程自体に客観的根拠をもっていること、そして『資本論』を原理論として純化・確立することによってこそ、『資本論』の論理を現実分析の理論的基準として生かしうることを、明らかにしよう、ということであった。(8)

そこで「方法模写」に表われる宇野の経済学の方法の意義について総括しておこう。

宇野の経済学の方法、とくにその基礎に位置づけられる完結した体系としての経済学原理論の確立ということは、第一に、歴史的対象を歴史性をもつものとして論理化する（唯一の）方法、しかも客観的根拠に裏付けられる方法である。原理論は、資本主義が現実に発現する純化の傾向（原理の純化した発現）に客観的根拠をもっている。しかしこの純化（原理の純化）は、歴史的なものとしてしか発現しない（歴史的限界）。それは資本主義自体の歴史性によるものである。

第二に、純化の歴史的限界ということは、この社会の経済がどこまでも発展し自らの原理を純化し続けるものではないということ、つまりこの経済を純化・発展させる要因は限られていること、を意味する。だから歴史社会なのであるが、ということはこの歴史社会の経済はそれを構成する全要因を出し尽すということ、だからこの経済はそのすべてが（もちろん基本的にであるが）把握しうることを意味する。これが、原理論の体系的完結性として示される。宇野が資本主義の「純化傾向の内」に、資本主義社会における「全機構が展開される」とした所以である。

第三に、歴史的経済は、その経済の現実の主体（資本主義においては資本）の「理念」を現実に発現する。人間の理念はおそらく人間性（理性）の無限の発展によって形成されるのであろうから、現実にはそれは追求されるべき目標としてある――これは人間性発展は特定の歴史時代で完成・終焉するものではないということだが――のに対して、歴史的主体の「理念」はその歴史の内に現出してしまう。これが宇野のいわゆる「それ自身に利子を生むものとしての資本」である。[9] 資本主義はこれを超える新たな要因は形成しえない、ということである。

同時に付言しておくと、この「理念」の現実具体化は「擬制」資本によってしか実現されないこと、しかもその具体的実現は、純化した資本主義の関係だけでは行われないこと（純化の限界の根拠）、である。

第四に、このような完結した体系としての原理論の形成は、歴史的対象の歴史性の論証であることはすでに指摘したが、資本主義が現実にその歴史性を実証（体制の崩壊）しなくても、この社会は歴史的なものであること、必ず終焉する体制であることを、認識しうる、ということである。しかも原理論の論理の内に、実体の担い手としての労働者が本来の社会の主体であることとともに、社会が社会として維持・発展しうる原則（経済原則）をとらえることができるのであって、社会主義実現の「論理的可能性」さえ示されているのである。

注

（6） 鎌倉孝夫「二〇世紀マルクス経済学と宇野理論の学史的位置」（降旗・伊藤編、前掲書）一一、参照。

（7） 同上、一、参照。

（8） 原理論がどのように現実分析の理論的基準となるかに関しては、本書第Ⅰ部第二章、第三章を参照されたい。

（9） 鎌倉孝夫「理念としての『それ自身に利子を生むものとしての資本』――宇野理論のカント的構成」（『宇野理論の現在と論点』社会評論社、二〇一〇年所収）参照。

第二節 『資本論』体系の組みかえとその意味

『資本論』体系は、第一巻「資本の生産過程」、第二巻「資本の流通過程」、第三巻「資本主義的生産の総過程」から成っている。これに対し、宇野の『経済原論』は、第一篇「流通論」、第二篇「生産論」、第三篇「分配論」から構成されている（岩波全書版『経済原論』をベースにとらえる）。

この組みかえは、『資本論』の論理の内容をとらえ、さらにそれを構成する概念の内容と、論理的関係の明確化を図るために行われた。そこで、組みかえの内容とその意味を明らかにしておこう。

㈠第一巻 第一～四章を「流通論」とする

『資本論』は、第一巻「資本の生産過程」の中で、商品（第一章）、交換過程（第二章）、貨幣と商品流通（第三章）、そして「貨幣の資本への転化」（第四章）を説いている。『資本論』第一巻が完成するまで、マルクスは、商品・貨幣・資本の出発点に「労働・生産」を位置づけるという叙述方法を示していたが、この方法は変更され、明確に「商品」から叙述を始めるという論理を確立してきた。

そればかりか、分業（生産力要因）の発展から商品を説くという方法を、自ら批判し、商品・商品交換は、分業を条件として成立しているけれども、分業は商品・商品交換を条件として成立するものではない――分業があっても商品・商品交換が行われるとはいえないことを明確にしつつ、商品・商品交換は何より交換関係における存在であることを明確にとらえたのである。

本章第三節で、商品、とくに価値概念を「労働」という「実体」に基づいて規定していることに関わる問題を検討するが、価値を「労働」に基づいて規定したのは、あくまで価値の根拠を明らかにするということ、逆にいえば価値自体は物の「形態」であるからそれ自身に根拠を持たないことを示そうとすることによるのであって、「労働」（それに基づく生産力）から、「商品」を導く（商品の生成を説く）ということではなかった。たしかに第一章第二節、第四節には、「私的労働」「独立生産者の私業」あるいは「私的労働の独特な社会的性質」などの表現がある。ここから商品論は、私的独立生産者、いわゆる単純商品生産者の下での商品生産と交換が想定され、そこから資本主義的生産への転化が、「貨幣の資本への転化」（第四章）で説かれているという解釈が生じた。[10] しかし「私的労働の独特な社会的性質」とは、「労働」の性格が商品生産では他の社会の労働に対し「独特」な性格をもつということではない（労働は実体として社会形態のちがいに関わらない）。「労働」（実体としての）あるいはその生産物が、商品形態をとって交換されなければならないという特殊な関係の下におかれているということ（だから資本の生産過程における事態を含む）を明らかにしようとしていたのである。

『資本論』は「労働」（実体）に基づく価値を明らかにし、商品、商品交換、貨幣・商品流通の根拠に「労働」による商品生産があることを示しながら、商品、その交換、そして貨幣・商品流通は、その根拠としての「労働」（生産力）によって規定されるのではなく、直接には交換・流通関係における存在として規定された。少なくとも特定の生産関係には関わらないものとしてとらえている。

とくに（これも後述第三節で詳しく見るが）、『資本論』の「資本」の規定（第四章）は、資本を商品流通関係の産物である貨幣を出発点とし、商品流通関係を媒介する流通運動G―W―G′を「一般定式」として規定した。資本は流通運動である――貨幣を出発点とし、購買G―W、販売W―Gという売買過程を通した価値増殖する価値の運動体として規定された。だからG―W―G′なる流通運動の自立―価値増殖根拠である労働・生産過程のこの運動による包摂の論理は、私的労働―私的所有から、他人労働―資本による領有という領有法則の転回（単純商品生産から資本家的生産への転化）ではなく、流通運動による労働・生産過程＝実体の包摂として、したがってこの実現の過程は、特殊歴史的条件（本源的蓄積――直接生産者からの生産手段の暴力的収奪）を不可避とすることが明らかにされたのである。

そして労働力の商品化を通して、資本は労働・生産過程を包摂し、価値増殖の根拠を確立する。資本運動の自立の根拠として、ここに、社会的実体としての「労働過程」が位置づけられるのである。

このような『資本論』の交換・流通関係としての商品・貨幣・資本の論理の整理・確立の上に、宇野は、その概念内容と論理を明確化すべく、第一～四章を「資本の生産過程」から独立させて「流通論」として設定した。商品・貨幣・資本は、交換・流通関係として規定されるとともに、それは「資本の生産過程」の「序論」的位置ではなく、資本主義経済全体を包摂する一般的、基本的関係であるとともに、流通関係の上にそれ自体流通運動として成立し、流通関係を動かす自立的主体として成立する資本を、資本主義経済の現実の主体としてとらえる論理を確立した。

注

(10)　マルクスは、投下労働量によって規定され交換される商品価値の、資本に平均利潤をもたらす生産価格交換への転化に関し、後者においても、前者はその根拠として存在していることを明らかにしているが、そのさい例解として「労働者たち自身が彼らのそれぞれの生産手段を所有していて、彼らの商品を相互に交換し合うものと想定し」そこで労働基準の価値の交換が行われるとし、「その価値通りの……諸商品の交換は、資本主義的発展の一定の高さを必要とする生産価格での交換よりも、はるかに低い一段階を必要とする」といい（第三巻第二篇第一〇章）、「諸商品の価値を、単に理論的にのみでなく、歴史的にも、生産価格の先行者と見ることは、全く適切である」といっている。ここから商品価値論は資本主義に先行するいわゆる単純商品生産の上で説かれている（あるいは説かれるべきだ）という理解が生じた。ただマルクスの説明は、資本主義確立に先立つ、封建制からのいわば過渡期という限定の下での単純商品生産をとらえていたのではなかった。この価値交換は「生産手段が労働者に属する諸状態に当てはまる、そしてこの状態は、古代世界においても近代世界においても、みずから労働し土地を所有する農民や手工業者において見出される」（同上）としているのであり、歴史的に特定された商品生産をとらえたものではない。

　なお『資本論』は第一章第一節で、商品価値の労働による規定――価値法則の基礎的説明――を行なっているのであるが、これについては、後述第三節で言及する。

㈡第二巻を「生産論」に位置づける

『資本論』第二巻資本の流通過程の内容と位置に関しても、『経済学批判要綱』（一八五七～五八年）、『資本論』初版（一八六七年）以降一定の変更があった。『経済学批判要綱』は、資本の生産過程の結果として生産される、剰余価値を孕む商品の販売過程として、流通過程をとらえ、内容的には販売困難・不能を含む価値喪失過程としてとらえた。『資本論』初版でも、第一巻の最後は剰余価値を孕む商品であり、ここで再び出発点としての商品に立ち帰ることになるが、第二巻で考察されるのは、単純な商品流通ではなく、資本の流通過程（Cirkulationsprozess des Kapitals）W′―G′である、としている。ところが『資本論』再版とフランス語版では、剰余価値を含む商品の販売過程という指摘が消えることになる。

と同時に、資本の流通過程は、商品（剰余価値を含む）の販売（W′―G′）過程ではなく、それを含む資本価値の「循環 Kreislauf」としてとらえることが明示される（第七篇「資本の蓄積過程」の序論部分）。

「資本の流通過程」論（第二巻）の内容をみると、たんなるW′―G′の過程ではなく、第一篇では産業資本としての価値の循環、その三形式（貨幣資本の循環形式G―W…P…W′―G′、生産資本の循環形式P…W′―G′・G―W…P、商品資本の循環形式W′―G′・G―W…P…W′）、その三形式が産業資本のそれぞれの特徴を示すこと、しかも産業資本の運動はこの三形式の複合であることが明らかにされている。重要な点は、産業資本の運動は、たんにG―W―G′と言う商人資本的形式だけではなく、生産過程を包摂した運動として社会的存立根拠を内包した運動である（P…P）こと、さらに資本は「個」として成立しながら、その社会的支配は社会的関連の中で個人的消費過程をも含むこと（W′―W′）が明らかにされている。

第二篇は「資本の回転」が解明されている。資本の回転は、投下した資本（それはまず貨幣を資本として投資することから出発するが）が、生産期間、流通期間（その基本は販売期間）を通して再び貨幣として（しかも剰余価値を付け加えて）復帰することをとらえたものであるが、ここでも資本（産業資本）が生産過程を包摂することから、特有の制約――投下した貨幣が一回転では回収されないこと＝固定資本の存在、さらに流通期間だけでなく、生産期間によって資本の回転が制約されることが明らかにされる。固定資本の存在は、投資した機械等の固定設備の価値の回収（償却）が終らない―未償却部分が残っていると、新たな固定設備の導入が制約を受けること、が明らかにされる。

生産期間に関しても、その長短に伴う資本の一定期間の固定化、長期的な生産期間を要する産業部門における流動資本投下に必要な貨幣資本の準備、さらに流通期間による生産過程の中断を回避する上に、流通期間の長短に応じた貨幣資本の準備が必要であることが明らかにされる。各産業部門の生産期間の相違によって、一方では原料等生産手段の在庫が必要であり、他方では資金準備が必要であること――これらの分析は、資源・原材料の効率的活用という点で、資本主義だけでなく、社会主義的経済運営にとっても重要性をもつものである。

このように『資本論』第二巻は、W′―G′と言う商品の販売過程（その困難）を課題にするのではなく、（また通俗的に解釈されているように剰余価値生産という本質を隠蔽する形態の解明などではなく）生産過程の包摂に伴う産業資本の回転―再生産の不可避的諸条件（商品在庫、資金準備等）

を明らかにしているのである。

しかしマルクスは、資本の蓄積過程の展開（第一巻第七篇）に当って、それが直接に労働者階級にどのような影響を与えるかを、「純粋に分析」するということから、商品の販売の困難はなく、価値通りに実現すると想定し、そして「流通部面で資本に付着する新たな諸形態……それらの形態のうちに内包されている再生産の具体的諸条件については、詳しくは語らない」（もちろん剰余価値の地代、利子等への分割についても当然のことながら捨象される）としている。

宇野は、『資本論』第二巻で展開されている資本の循環、資本の回転を、産業資本の再生産に関わる条件を明らかにするものとして、「生産論」に組み入れ、再生産・蓄積過程論の前に位置づけた。宇野の第二篇「生産論」は、第一章資本の生産過程、第二章資本の流通過程、第三章資本の再生産過程（単純・拡張再生産過程と、社会的総資本の再生産過程）という構成になっている。

「資本の流通過程」、それは内容的には循環・回転であり、流通期間とともに生産期間自体が「資本の価値増殖を制約するものとしてあらわれる」（『経済原論』前掲、八二〜八三ページ）、しかしこれは、資本の価値増殖の実現に対する「商品経済に当然なる形態的回り道」（同、八三ページ）とされた。

このように「資本の流通過程」を「生産論」に組み入れたことは、マルクス自身の論理の発展の中で示唆されていたことを明確に論理として位置づけたといえるが、(11) このことによって資本の蓄積過程の展開に重要な改善がもたらされた。

『資本論』第一巻第七篇第二三章は「資本主義的蓄積の一般法則」を展開している。そこでは資本の有機的構成不変な場合の蓄積（第一節）が説明されているが、資本主義が確立すると有機的構成は「不断」に高度化するものとして述べられ、それによって相対的過剰人口の形成が説かれるのである。有機的構成不変なままの蓄積に伴う労働力需要の増大が賃金上昇―剰余価値の削減をもたらすのに対し、資本は有機的構成高度化によって相対的過剰人口を形成する、という展開である。――宇野は、この資本の有機的構成不変のままの蓄積は、資本の再生産に必ず伴う固定資本による新たな固定設備導入の制約によるものとしてとらえ、その下では資本主義確立後においても有機的構成不変の下での蓄積に伴う労働力需要の増大―労働力供給の相対的不足―賃金上昇が生じ、剰余価値の減少（資本の絶対的過剰）が生じること、これが恐慌の必然性の基本的原因となるとして、恐慌の必然性を論理的に説明した。

『資本論』が、資本の蓄積―有機的構成高度化とそれに伴う相対的過剰人口の形成から、労働者階級の窮乏化―資本主義の歴史性を一挙に説こうとした（しかし論理的には十分説きえていない）のに対し、[12]宇野はこれは固定資本の導入に伴う制約を蓄積論に生かしえていないことに起因するものととらえ、これを論理的にとり入れることによって、恐慌の必然性を明らかにしえたのである。

これは、生産論の中に「資本の流通過程」論を組み入れる構成による理論的成果であった。

注

(11)『経済学批判要綱』、『資本論』初版、再版を通して追跡し、宇野の「資本の流通過程」論の「生産論」への位置づけ、直接には蓄積論の前提としての位置づけは、マルクス自身の論理の進展に即し、これを完成させたものであることを明らかにしたのが、鎌倉孝夫『資本論体系の方法』（日本評論社、一九七一年、第Ⅱ部第二章第三節）であった。

(12) マルクスは、資本の有機的構成の高度化に伴う労働力需要の相対的減少を指摘しながら、しかし雇用される労働者の絶対数は増大すると指摘している（第二三章第三節）。だから、そこから過剰人口の絶対的増大・累積（そして窮乏化）を説くことは、論理的に無理があった。この点については、本書第Ⅰ部第五章「資本主義体制の歴史的限界・論証」で詳論されている。

㈢『資本論』第三巻の再編成

「資本主義的生産の総過程」と題する『資本論』第三巻は、『資本論』全体の中でいちばん早い時期、その第一巻の完成稿に先立つ一八六五―六六年に執筆された草稿を、エンゲルスが編集して出版された。マルクスのオリジナル原稿（MEGA Ⅱ 4/2）と現行エンゲルス版を対比してみると、エンゲルスがどのように苦労して編集したかをとらえることができる。

第三巻第一章冒頭の序論的部分でマルクスは第三巻の主題を要約的に示しているが、そこで指摘されているのは、第一巻は「直接的生産過程」、第二巻は「流通過程」による「補足」――しかしその第三篇で「生産過程と流通過程との統一」がすでに叙述されているのだから、統一に関して「一般的反省を試みること」は課題ではないとする。この指摘自体、第二巻の主題を循環・回転としていないなど、現行第二巻の内容が固まる以前のとらえ方である。そして第三巻に関しては「全体として見られた資本の運動過程から生ずる具体的諸形態を発見し説明すること」という。そして「この巻で展開するような資本の諸形態は、社会の表面に現われ、種々の資本の相互に相対する行動、すなわち競争のうちに現われ、そして生産担当者自身の普通の意識に現われる形態に、一歩一歩近づく」という。個々の資本の競争を通した現実の行動、資本家の「意識」・観念の根拠としての現実の諸現象、その理論的解明が課題となる、ということであろう。

第三巻の内容構成をみると、資本主義経済の現実の主体（主役）である産業資本の行動――利潤の拡大を目的としながら競争をとおして利潤率を均等化させ、平均的利潤を獲得しうる価格＝生産価格を形成させることになるという、価値法則の現実的実現、そして利潤率を高める動機による資本の有機的構成の高度化が、かえって利潤率を低下させる（利潤率の傾向的低下の法則）ことが明らかにされる。その過程には労賃上昇―剰余価値減少＝資本の絶対的過剰による恐慌とそれによる過剰の強制的整理、恐慌・不況下の有機的構成高度化の強制とそれを通した失業形成―賃金下落による蓄積の回復、を内包することが明らかにされている（第一五章第三節）。

第二の主題が、商業資本と貨幣取扱資本の利潤に関して（第四篇）である。これは、産業資本の流通部面における商品資本、貨幣資本が、それを取扱う独立した資本に担われること、それらの資本は自らは剰余価値生産を行わないけれども利潤を獲得する――その源泉はどこにあるかを明らかにする。

そしてこれに続き第三主題として「利子と企業者利得との利潤の分割。利子生み資本」（第五篇）が展開される。その前半部分は、産業資本を根拠にして再形成される利子生み資本運動の形態的特質――資本の物神性の最高形態であること――が明らかにされ、後半部分は産業資本の運動に伴う遊休資金の産業資本間での融通＝商業信用、遊休資金の銀行への集中とその貸付けによる利子率の形成――さらにこの貸付資本・利子率が産業資本の利潤追求の運動を社会的に規制することが明らかにされる。

第四主題が地代論――「超過利潤の地代への転化」（第六篇）である。ここでは土地・自然力の私的所有と資本家的生産者（借地農業資本家）への土地の貸付けによる地代形成の根拠が、農業資本家の超過利潤にあること（差額地代）、さらに土地所有者自体の土地貸付け制限――生産物供給規制――によって価格が引上げられる（絶対地代の形成）ことが解明される。さらにこれら地代を資本還元して地価（土地価格）が擬制資本として形成されることが説明されている。『資本論』第三巻の最後は「諸収入とその諸源泉」（第七篇）と題されているが、資本主義を構成する三大階級――資本家、土地所有者、労働者――の収入が、外観的には、生産手段・土地・労働という生産の三要素を源泉に生じること、階級関係がこのような生産諸要素の所有と商品関係として現われるという「三位一体の定式」、階級関係の商品形態的同一化という特徴が指摘され（第五二章）、全巻が終結される。

なお草稿にとどまっているので、完成稿として仕上げることになれば、内容上は大きな編成変えが行われることになったと思われる。しかし骨格は明確であって、資本—賃労働関係を通して獲得された剰余価値が、資本主義の支配階級——産業資本家とその仲間としての商業資本家、銀行資本家及び独立した階級としての地主階級——に分配される関係と、分配が互いの利益追求をめぐる競争を通して行われることから生じる経済関係の社会的変動、直接には剰余価値生産の担い手としての産業資本運動への影響が解明されている。

宇野「原理論」は、この第三巻に関わる主題を「分配論」（剰余価値の支配階級間への分配、その変動を含む）として整理した。それは第三巻の骨格的な内容に即したもの、といってよい(13)。しかし構成上は次のような編成の変更が行われていた。

①産業資本—利潤論（第一章）に続き、土地所有—地代論が第二章として位置づけられた。

②商業資本—貸付資本に関しては、地代論のあとで、そして貸付資本を商業資本に先行させて説かれている。

③貸付資本—産業資本の関連に対し、資本そのものの「理念」として「それ自身に利子を生むものとしての資本」が規定されている。

①に関しては、地代形成の直接の根拠が、産業資本（借地農業資本）の利潤（超過利潤）形成にあることから、利潤論に直接関連していること、地代形成のメカニズムは市場価値の形成にあり、これは産業資本の行動による価値法則の運動によって説明しうることから、このように編成したと思われる。

しかし問題が残された。それは第一に、土地所有者の積極的作用による絶対地代は、産業資本の運動自体からは説明できない。さらに第二に、土地私有の根拠は、土地の商品としての取得によるが、そのさい土地価格はどう形成されるか。それは利子論をふまえないと明らかにされない。

地代論を「分配論」の第二章として、いわばその中軸として位置づけたことの意味を積極的に示す必要がある、と思われる。地代論は、資本主義的階級関係において独自の地位を占める土地所有者＝地主階級の位置と資本の蓄積に対する影響（制約）を解明しなければならない。そして土地私有の根拠としての地価（土地価格）は「利子生み資本」の具体化としての擬制資本としてしか成立しえないものであることが、明らかにされなければならない。ということは土地価格成立、そしてその所有は、地代形成だけでなく、利子率の社会的成立を明らかにしなければ説けない。そして土地の私有によって得られるものは直接には利子に相当する利得である、ということによって、利潤の獲得を行動基準とする産業資本（現実資本）としては、土地を私有することにはならないこと、土地所有者は、資本家階級から独立した独自な階級として成立することが、明らかになる。

こうして、『資本論』第三巻、宇野の「分配論」の主題は、資本主義における土地所有者階級の位置と独自な機能の理論的解明にある——だからこの主題は第三巻全体を通して、宇野「分配論」では「利子」の確立をふまえてしか説明しえないということになる（第二章地代論では、土地所有者階級の形成の論理は、完成しないのである）。

②に関しては、何よりも宇野は貸付資本—利子論を、資本主義的信用制度（商業信用、銀行信用）をふまえて説明する。信用制度の基本的関係は、産業資本間の遊休資金の相互融通・効率的活用にあること、だから産業資本の蓄積運動を基礎として明らかにされうるし、明らかにされなければならない。

これに対し商業資本—利潤は、産業資本にとっては利潤形成の制約となる流通費を、資本家社会的に節約することによって資本化し、利潤形成の根拠を得ることが明らかにされるが、重要なのは商業資本における資本家的活動であって、商業資本運動における資金借入れに伴う利子支払いを超える利得の獲得は、資本家としての活動そのものにあるという観念が生じる、という点である。流通費節約、流通期間短縮という主に流通部面における商業資本家の活動自体が利潤を生む——まさに形態的活動が（労働者の「労働」と同一視されて）価値を形成するととらえる観念の形成である。これに対し、貸付資本—利子は、産業資本による利潤形成という根拠によることが隠蔽されて、資本そのものの果実と観念される。宇野は、商業資本による資本家的活動を媒介にして、資本それ自体が利子を生むという資本家的観念の形成を明らかにしようとしたのである。

③「それ自身に利子を生むものとしての資本」を、資本（産業資本をはじめとするすべての資本）の「理念」と規定したこと、それは宇野の画期的展開であった。その点については後に議論する。ここでは『資本論』の利子生み資本規定との関連を示しておこう。

『資本論』の「利子生み資本」には、産業資本の運動を根拠に形成される銀行信用の下での貸付資本と、その所有自体が利子を生むとの観念に基づく「それ自身に利子を生むものとしての資本」が、明確に区別されていない。貸付資本の成立において、すでに資本が商品化しているようにとらえている（ここでは資金が商品化されるだけである）。資本の商品化——価値の運動体そのものの商品化は、株式などの擬制資本によらなければ実現しえないことが明確にされない。

株式所有者と必ずしも株式を所有しない経営者という資本家階級中の一定の分離を、現実の株式会社を基盤にとらえているが、理論的には貨幣を資本として投資する貨幣資本家（経営機能を行わない）と機能資本家（資本を所有せず、経営だけを行う）という資本家の分化の想定の上でこれを展開している。この想定によって利潤が利子（貨幣資本家が取得する）と企業者利得（機能資本家が取得する）に分離することを説く。この貨幣資本（家）は、現実には資金を貸付ける貸付資本（その中に旧来の高利貸資本をも包括している）とともに、株式所有者をも含めるのであるが、この株式所有者を、貨幣資本（家）の具体的存在ととらえることから、株式は貨幣資本ではなく商品形態をもつものであること、しかも商品としての株式の価格は、貨幣のようなる現実の価値ではなく、〝擬制〟によるものであることが、明確にされなかった。このことによって、ヒルファディング（『金融資本論』一九〇九年）をはじめとして株式・株式資本に関する誤解が生ずることになった。

『資本論』は、利潤の利子と企業者利得とへの分離に関して（これらの現実をふまえながら）、資本そのものが利子を生むことともに資本家的機能が企業者利得を生むことを、「観念」として生じると指摘している。資本がそれ自身に利子を生むというのは、現実資本の運動では実現しないけれども、資本家の〝観念〟として生じる（もちろんその現実的根拠があるけれども）。その対極に資本家的活動（機能）が、労働者の「労働」と混同されて活動による利得を生むと〝観念〟される、というのである。

宇野は『資本論』の利子生み資本の展開に対しその展開に即し、生かしながら、整理・再編成した。上述のように、まず産業資本の遊休資金の銀行への集中とその貸付けから資金の商品化——資金市場における利子率の成立を説く。資金は一定の利子を生む貸付資本として成立することをふまえ、現実資本としての産業資本の蓄積運動を規制し同時に規制されることを明らかにする。恐慌の現実化—景気循環の法則は、貸付資本（現実の貨幣としての価値に基づいている）と現実資本（産業資本）との関連によって説明される。

これに対し宇野は「それ自身に利子を生むものとしての資本」を『資本論』における利子生み資本観念と企業者利得観念（これは何よりも商業資本の活動によって生じることを明らかにした上で）の形成を生かしながら、直接には「観念」として、概念としては「理念」としてとらえた。現実的価値の関係、運動自体では成立しないこと（だから「理念」なのだが）、しかしその現実具体化は擬制資本としてしか実現しえないことを明らかにした（この論理展開については、本章第三節の最後で論理を紹介・検討する）。

銀行の下で形成される資金市場（利子率形成）に対し、擬制資本としての株式・証券市場が明確に分離されるとともに、その関連、そして現実資本から相対的に遊離して動く株式・証券市場の独自な機能（投機的、攪乱的機能）が明らかにされることになったのである。

『資本論』第三巻最後の「三位一体の定式」と「階級」の位置づけと宇野「原論」の対応に関して補足しておこう。『資本論』の「三位一体の定式」は「父なる神、子なる神、聖霊」という三位一体に対応するものとして、「土地－地代、資本－利潤、労働－労働賃金」といういわゆる「生産の三要素」が所得源泉となるという所得源泉の外観的形態を指摘したものである。それをふまえて『資本論』は最終章（第五二章）で、三大階級の各所得（収入）がそれぞれ資本、土地、労働から生じるようにみえることを指摘しながら、しかし「何が階級を形成するのか」という問いを提起する。しかしその回答は明示されないまま、最終章は「中断」されている。(14)

宇野「原論」は「分配論」第三章「利子」の最終節（第四節）で「資本主義社会の階級性」を説いている。

宇野はここで資本主義の「階級性」が「商品形態に完全に隠蔽される」（『原論』前掲、二三一ページ）という特徴を指摘するとともに、「科学としての経済学が始めてそれを暴露する」という。ということは、「原論」全体の論理を通して資本主義の階級形成の必然性とその商品形態による隠蔽を説いた、ということであろう。これに対し、マルクスに先立つ経済学は、三位一体の定式という外観にとらわれこの隠蔽を暴露できず、「凡庸なる神学に堕する」（同上、注一四。二二五ページ）ことになっている。資本－利潤、労働－賃金、土地－地代のうち、「資本－利潤」が「資本－利子に骨抜きにされると、それは俗流化する」。「資本－利子への発展は、それ自身に利子を生むものとしての資本について述べたように、資本の物神性を完成する定式といってよい。これによって労働－賃金の中には、資本家的活動の報酬としての企業利潤まで暗黙の内に含まれることになる」（同上、二二四ページ）と重要な指摘をする。しかし三位一体の定式のこのような二元的な所得源泉への収斂の意味は明らかにされない――所得源泉が商品形態に包摂されても、財産所有－所得（利子）と「労働」－所得（賃金）という二元的関係は解消されないことに、階級関係隠蔽自体の限界があるのであるが[15]――。結局、この二元的源泉論では「定式は首尾一貫しない」こと、結局それは「常識的規定にほかならない」とし、「経済学は、この定式の矛盾混乱を摘発するだけでなく、この根拠をも明確にしうるものでなければならない」という。

宇野はこの最終節で、資本主義経済を解明する経済学によって「階級関係の一般的基礎」と共にその歴史的に特殊な形態をとらえうること、しかも「唯物史観の基礎をなす物質的生活関係の総体としての経済的土台自身」さえ解明されたことを述べ、経済学の原理が「社会主義を科学的に根拠づけるものとなるのである」として総括としている。

三位一体の定式、さらには二元的所得源泉のとらえ方が、どういう意味をもつか、それを最終節で位置づけることの意味は、必ずしも判然としない。しかし、資本主義が物神性を「完成する定式」を自ら現わすとともに「経済学は……対象を抽象的に、一般的にではあるが、完全に認識しうる」ということによって「対象の変革の主張を科学的に基礎づけることになる」（同上、注一五、二二六～二二七ページ）という指摘は、原論の結論として、その基本的課題を示すものとなっている、といえよう。これは、『資本論』の「階級論」から階級闘争論――さらに資本主義の崩壊を導こうとするマルクス主義の主張に対して、理論的認識の意義を明示するものであった。

注

(13) 宇野原論の「分配論」という静態的感じを与える第三編の表題に対し、私の経済学原理論（『資本主義の経済理論』有斐閣、一九九六年）は、第一編を「経済法則形成の形態的基礎（流通論）」、第二編を「経済法則確立の本質的根拠（生産論）」としたのに対応して、「経済法則の現実的展開（分配論）」とした。資本という「形態」主体（第一編）の成立根拠に基づく展開（本質論）に対し、根拠に基づきながらこの形態主体の現実的発展とその限度を示すものとして、第三編を「現実」論として特徴づけた。

(14) 鎌倉孝夫「原理論における階級論」（『資本論とマルクス主義』河出書房新社、一九七一年）参照。

(15) この点に関しては、後掲本書第I部第五章参照。

第三節　概念・論理の純化・確立

この点を全面的に明らかにするには、経済原論全体を展開しなければならないが、ここでは『資本論』の概念・論理に対して、宇野原論が純化・確立させた概念・論理に関する重要な点を要約的に指摘するにとどめる。なお以下の章で、それぞれの課題・論点に応じて、これらの点もほり下げられる。

㈠流通形態規定としての商品・貨幣・資本

商品・貨幣・資本は、交換・流通関係において存在する物・対象の形態である。

①商品に関して

労働生産物が必ず商品となるわけではないし、商品価値の根拠も労働に基づいているともいえない。どんな対象・物であっても、それを所持している自分自身としては使用せず、他の対象（使用価値）との交換に用いる――その交換性が価値の性格である。宇野は価値を「同質性」と規定したが、内容的にはどの対象も交換性として同質という意味である。

商品価値は、その商品所有者が交換に求める他の商品の使用価値との交換性によって現わされる。これが価値の形態である。これに対し自分の使用価値は、他の商品所有者から交換を求められなければ、自分の価値（交換性）も実現できないという価値に対する制約要因となっている。

この自己の商品の価値に対する自己の使用価値による制約がどう解決され、交換が実現されるか。これを明らかにするのが価値形態論であり、一般的等価物（他の多くの商品所有者から共通にその使用価値を交換に求められる物）が、交換実現を可能とする現実的形態である。そし一般的等価物としての機能に適した使用価値を持つ商品が、一般的等価物としての地位を占めることになる。一般的等価物が金となるとき、金は価値の一般的形態として貨幣となる。

こうして、商品価値―価値形態―貨幣形態の展開は、その商品価値の実体を労働と規定しなくとも、まさに交換関係の展開自体として明らかにされる。商品の価値を直接労働によって規定することは、商品価値の規定には直接関わらないし、かえって交換・流通における存在という商品の性格を限定してとらえることになる。

『資本論』では、第一章第一節で、商品価値が社会的必要労働量によって規定されることを説くのであるが、そのさい労働者の生産諸部門への移動が行われているという、労働力商品化を通した資本主義生産の社会的確立を事実上前提して説明している。諸商品の需給関係が、資本（と労働力）の移動によって調整されることによって、諸商品の価値が確定する（価値法則の確立）のであるが、単純な商品間の交換関係において価値交換が実現されるように説くと、社会的結果が前提され、価値に帰着するプロセス（「形態」的回り道）は不正常な関係であるようにとらえられてしまう。形態としての商品価値の特質がとらえられないことになる。宇野は、労働力の商品化による資本家的生産の確立をふまえて、価値法則を説くという方法を提起した（なお後述）。

商品の価値と使用価値の各々の実体的根拠を、抽象的人間労働と具体的有用労働という労働の二重性から説く。これは『資本論』で初めて明らかにされた画期的なことであったが、商品をここでは労働生産物に限定したことから、商品の基礎に「労働」があるというだけでなく、「労働」によって商品が形成（生成）されるようにとらえる解釈が生じた。こうして抽象的人間労働は、価値形成労働として、商品経済に限定された要因であるかのようにとらえる誤解が生じた。宇野は、資本の社会的成立根拠として労働・生産過程を説いたことによって、人間労働―その二重性自体についても、実体に属する要因として確定しえた。

②**貨幣に関して**

宇野は、貨幣で商品を買うという積極的機能によって、商品価値が尺度されるという、貨幣の価値尺度機能の明確化を、自分自身で〝ノーベル賞に値する〟と自讃していた。『資本論』の価値尺度機能は、商品価値の表現に材料を与える金貨幣ととらえられており、貨幣自体の積極的機能はここでは示されていなかったし、すでに商品価値を労働量で規定したことによって、「労働」が価値の「内在的尺度」であり、価値尺度としての貨幣（価値表現の材料提供）はその「現象形態」と規定された。「労働」量による商品価値の尺度（価値の決定）は、貨幣による商品の購買（需要）を通してその結果として与えられるのであるが、この媒介なくしても成立するようにとらえられることになり、すでにその「労働」量自体が社会的に評価されているかのようにとらえられることにもなった（註五〇でそれが成立していないことをロバート・オーウェンの「労働貨幣」と対比して注記しなければならなくなっている）。商品価値尺度は貨幣の積極的機能によらなければならないという宇野の規定は、たしかに画期的であった。

ここからさらに商品価値はそれ自体としては確定されえない――だからW―G―Wという単純商品流通は、価値自体の変態（形態転換）とはならない。資本価値の運動に対する単純商品流通関係の特徴もこれによって鮮明にされ、積極的なG―W機能のくり返しによる流通手段量の規定、さらに流通関係から引揚げられながらいつでも流通に復帰しうる貨幣としての貨幣を「資金」として規定した。ここから、この資金が、それ自体の量を増やす目的で使用（投資）されることから、資本が形成されること、資本は、貨幣（資金）の使用方法として、流通運動として成立することが、鮮明となった。

③資本に関して

「商品流通は資本の出発点」であるとし、資本を流通運動と規定したのは『資本論』が最初であり、この資本の規定によってこそ資本主義経済の科学的解明が成立しえた、といってよい。本書はこれをくり返し強調してきた。宇野は、マルクスの資本規定を純化徹底した。「商品が共同体と共同体との間に発生したのと同様に、資本もまた流通市場と流通市場との間に発生する」（『原論』前掲、三八ページ）とした。

G—W—G′という資本運動によって価値はそれ自体運動の「主体」をなすものとして自立する。それは個別的自己運動として成立する。だから商人資本や高利貸資本のように、資本主義成立に先立って展開される資本の成立とその活動も、原論の中で示しうるのであるが、たんなる流通関係を価値増殖の根拠としようとするこれらの資本は、その展開のうちに、「価値増殖の一般的根拠を有するものではない」こと、さらに「自分自身には、〔価値増殖の根拠を〕全然もたない」ことを明らかにせざるをえない。流通運動としての資本は「それ自身の内に価値増殖の根拠を有する自主的な運動体をなすものではない」（同上、四二ページ）ことが明らかとなる。

こうしてG—W—G′の社会的成立は、社会存立の本来の根拠、そして人間社会の増殖の根拠である実体＝労働・生産過程を自己の運動に包摂することによらざるをえないこと、しかしその根本条件が労働力の商品化——「元々生産物ではなく、したがってまた本来商品となるべきものでもない」（同上、四三ページ）のであるが——である。しかし「労働力の商品化の基礎をなす、生産手段を失った無産労働者の大量的出現は、資本主義に先だつ封建社会自身の崩壊によるものであって、いわゆる単純なる商品生産者としての小生産が、商品経済によって分解されて生ずるというようなものではない」——労働力の商品化は、商品経済自体の発展によって、したがってまた商人資本、高利貸資本を含む「資本形態自身で展開されるものではない」こと、そこには政治暴力を介在させた特殊歴史的条件があること、が明らかにされた。

人間の属性である労働力を、物・商品として自らの価値増殖要求実現の手段・道具として使う。本来社会の存立・発展にとって必要不可欠な要因ではない資本が、社会の存立・発展の根拠を担う真の主体である人間労働者の労働力を物化・商品化しなければならない――ここに資本主義の根本的矛盾があることが明確となる。資本主義の矛盾は、モノと人間の対立にあること、それはモノの関係の方が現実の主体となることにあること、この認識こそ『資本論』の論理のエッセンスを引き出した宇野の論理――流通形態論――の成果である、といえよう。

(二)実体の確定――経済法則論

宇野の「生産論」の成果は、何よりも実体論の確立である。そして実体の担い手としての労働者が、その労働力を商品として売らなければならないこと――この労働力の再生産(生活の維持)の必要が、商品の社会的交換関係を規制する価値法則の必然的根拠となるとともに、労働力の商品化の無理(資本によっては生産されない)が、資本の運動・発展の根本的制約となる(恐慌の必然性)ことが明らかにされる。このような成果を要点的に示しておこう。

①実体論の確立

『資本論』は、第一巻を資本の生産過程としながら、生産過程の規定を、「貨幣の資本への転化」の後で、資本運動の社会的成立根拠を明らかにするものとして、第五章第一節「労働過程」で明らかにした。資本運動成立の社会的根拠、それは社会形態如何を問わず人間社会を成立・発展させる実体としての「労働過程」にあること、そしてこの過程は自然=生産手段に対する労働主体としての労働者による自主的、創造的、目的意識的活動であることが明らかにされた。しかし『資本論』の実体論は直接には使用価値形成過程として有用労働の側面においてとらえられ、抽象的人間労働の側面は、価値形成・増殖過程として規定された(「労働過程」に対する「生産過程」として)。

マルクス自身、同質で量的に計算できる労働=抽象的人間労働(どれだけの労働量か)を、商品生産(価値形成)に限定せず、社会形態(生産関係)に関わらない実体的性格のものととらえていた。第一章第四節の「ロビンソン」の労働には、様々な種類の労働を、何時間か使って行っていること、中世封建制、農村家父長的共同体、「自由な人間の協力体」でも、明らかに有用労働とともに「継続時間によって測定される個人的労働力の支出」(農村共同体)、「労働時間の社会的計画的分配」(「自由な協力体」)が現に行われていること、労働の二重性は、どんな社会においても人間労働そのものの性格として存在していることを、指摘していた。この実体としての人間労働の二重性を、マルクスは商品の価値と使用価値を形成する根拠として、商品論に限定して規定したことによって、抽象的人間労働の側面は、それ自体価値形成労働であるようにとらえられ、第五章でも使用価値形成の根拠である「労働過程」の側面を実体ととらえ、抽象的人間労働（同質の量＝時間の支出としての）を、価値形成・増殖に直接関わるものとして、その実体性を明確にしえなかった。

宇野は、流通形態としての商品・貨幣・資本の、直接には資本による価値増殖根拠として、社会的実体としての労働・生産過程を位置づけ、把握したことによって、労働の二重性を実体としての人間労働の二面として明確に規定しえた。宇野による流通形態論の純化確立は、社会の成立・発展の根拠としての実体を明確にとらえるという成果をもたらした。

実体の担い手である人間労働者の共同的労働こそが、人間社会生存・発展の本来の、普遍の根拠であること、その労働生産力の発展――協業・分業・機械の導入は、労働者を主体として発揮されるものであること、これは資本主義においても貫徹していることが明らかにされるとともに、これを資本が自ら利潤追求目的で支配し、人間労働者の生産過程における主体性を奪うことが、実体を歪め、人間そのもの、さらにその生存基盤としての環境を破壊させることになることが、明らかになる。[16]

注
(16) これらの点については、『資本論』の叙述をふまえながら、本書第I部第五章で具体的に示すことになる。

②経済法則論

労働力の商品化を軸とした資本―賃労働関係の解明は、剰余価値生産（とその拡大）根拠・要因を明らかにする（『資本論』はほぼその解明を完成している）とともに、価値法則の確立、恐慌の必然性―景気循環の法則の理論的解明の基礎となるものであった。

第一に、価値法則の確立に関してポイントを示そう。

商品価値法則に関しては、それを社会的必要労働量によって決まる価値を基準にした交換（価値法則の基礎）と、各部門の資本が平均利潤を獲得する生産価格交換（価値法則の現実化）との関連をめぐって、今なお議論が続いている。『資本論』が労働量による価値規定を冒頭商品の交換関係によって行ったことが、問題を残した原因であった。

宇野は、資本（と労働）の移動の自由を通した需給関係の自律的調整が実現されている資本の生産過程をふまえ、しかも社会的必要労働量が必然的に交換を規制する基準となる関係成立の根拠を、労働力商品の価値規定に求めた。

労働力の再生産（一定水準の生活維持）には、一定の生活資料の消費が、したがってその再生産が不可欠である。

この生活資料の再生産は、労働者の労働（必要労働時間）の支出によって行われる。必要労働時間の支出による生活資料の生産・再生産は、人間社会を維持する上の最低限の負担（本来のコスト）といってよい。これはどのような社会形態にも妥当する社会の最低限のコストといってよいが（これを負担し切れなくなれば、この社会体制は維持できなくなるのであるが）、資本主義による労働力の質の一般化は、一定の生活水準（その維持に不可欠な生活資料の一定量）の社会的基準を形成するとともに、この基準を充たしうる賃金（労働力の価値）水準を形成する。労働力の商品化は、労働者の生活に必要なすべての生活資料（教育、医療・保健、文化等の享受を含む）を商品として買わなければならないという生活資料の全面的商品化をもたらすのであり、賃金はこの生活水準に対応する生活資料を買いうるものでなければならない。資本主義の確立は、労働力の再生産（生活維持）の社会的基準を形成することになった。労働者は、資本に雇われて資本の生産過程において労働することになるが、生活維持に必要な一定の生活資料を一定の労働時間（必要労働時間）を費やして生産し、その生産物を賃金として得た貨幣を支払って買い戻すという関係が成立する。このことは、生活資料生産部門でも生産手段生産部門でも、行わなければならない。どの生産部門でも、資本は、必要労働時間によって生産された生活資料を買い戻しうる賃金（労働力の価値）を労働者に支払わなければならない（もちろん生産力を上昇させ、生活資料の価値を低下させれば、労働力の価値は低下する）。必要労働時間に対応する価値を、労働力の価値として労働者に支払う――このことこそが、商品価値の労働量による確定の根拠となる。

この資本－賃労働関係を規制する価値関係（必要労働時間に対応する価値を労働者に支払うという関係）は、現実の資本と資本との利潤獲得競争を通して生産価格（費用価格＋平均利潤）が成立しても、資本－賃労働関係においては貫徹する。必要労働時間を超える労働者の労働＝剰余労働時間（それによる生産物・価値の形成）は、資本に取得され、資本間の競争を通して平均利潤化されることになる（労働量によって決定される価値と乖離した生産価格交換となる）が、このような現実的関係が成立しても、資本－賃労働関係においては、必要労働時間の支出による生活資料の生産、その生産物を買いうる価値の労働者への支払いという労働時間に規定された価値関係が貫徹している。剰余労働による剰余価値の取得とその資本間への分配は、必要労働時間を根拠とした資本－賃労働の価値関係（必要労働量による価値の規定）を基礎にして成立しているのである。

生産価格交換の根拠に、資本－賃労働関係を規制する労働量基準の価値関係が貫徹している——こうして労働量による価値の規定＝価値法則は、資本主義経済の法則として解明された[17]。

第二に、恐慌の必然性を含む景気循環の法則に関し、重要な点を指摘しておこう。

ここで恐慌論を展開するわけではないが、『資本論』をベースにしたマルクス経済学における恐慌論は、いぜん過剰生産恐慌論が支配している。たしかに需要（直接には労働者の個人消費需要）を超えた過剰生産の拡大－商品の販売不能、それによる企業の倒産という説明は、『資本論』でも、第三巻を中心に行われている。しかしこの説明は、一見理解し易いように思われるが、論理的関連としては説明困難である。

需要がないにも拘らず、生産し続けるから過剰生産が生じる—それは資本主義は無政府的生産だから、というのであるが、生産した商品が売れないのに生産を続ける資本はないし、大体生産は続けられない。またしばしば需要を労働者の個人的消費需要に限定し、そして資本の剰余価値拡大欲求による賃金切下げ、雇用削減が、その需要の元である賃金を抑えることによって、消費需要が減少することに過剰生産の原因を求めるのであるが、一定の価値生産が行われている下での賃金引下げは、剰余価値を増大させるのであり、賃金低下による需要縮小は、利潤増大による需要増大によって補われる。その下で生活資料生産は縮小し、資本の利潤増大に対応する需要増大に関わる生産が増大する。——マルクスによる需要を無視した生産・生産力拡大というとらえ方は、資本主義的生産関係に関わらず生産力が一面的に増大するという唯物史観の定式の適用によるものであったが、資本の論理、その展開が確立するとともに、資本の蓄積拡大の制限は、賃金低下ではなく、賃金上昇による剰余価値生産の制限によるものであることが明らかにされるようになる。つまり資本主義生産の矛盾を、商品と貨幣の対立（モノとモノの対立）としてではなく、資本という物的関係と労働力＝人間との対立に、人間を物化すること自体の矛盾にあることが明らかにされることになる。宇野の恐慌論は、この論理を具体化したものであった。

労働力なる商品が、需要の増大に応じてその供給を増大させうるものであれば、資本は必要に応じて労働力を買い入れ、必要労働時間以上の剰余労働時間を働かせ、剰余価値を増大して行くことができる。さらに労働力の供給を資本が自由に増大できるならば、いま雇っている労働者をとことん労働させ、あるいは労働強度を強め、労働力の再生産を不可能にするまで使っても、新しく労働力を補充すればよい。ところが労働力は人間の能力であり、人間の生存によってしかありえないものである。資本のまさに〝人狼〟的価値増殖欲求は、労働力が人間の能力であり、その再生産は資本自体では不可能であり、労働者の個人的生活維持によってしか行われない、ということによって、決定的に制約を受ける。

雇った労働者を、労働力の再生産（生活の維持）が不可能になるまで、労働時間を延長したり、労働強化を強いたりすることは困難である。労働の絶対量の増大に制約があるとすれば、この制約は、労働量を増やさずとも、剰余価値の拡大を図ること――必要労働時間の短縮を図ること、したがって労働生産力を高めることに求めることになる。労働生産力を高める方法の基本は、機械の導入である。

ところが機械の導入によって、労働力の制約が一定程度解消されるけれども、機械自体の固定資本としての制約によって、不断の新機械・設備の導入が制限される。

宇野は、上述のように資本の回転に関わる固定資本の問題を、資本の蓄積過程の中に位置づけたことによって、資本が新機械・設備を導入すること自体によって、資本の蓄積過程には、資本の有機的構成不変の蓄積が必ず介在すること、その蓄積拡大の下では労働力需要は増大することを、明らかにした。

ところが資本による労働力需要の増大に対し、労働力は資本によっては生産されえないという労働力供給の制約による労働力不足が生じざるをえない。労働力不足による賃金上昇が生じ、それがどの生産部門においても（労働力を使わざるをえない限り）剰余価値を減少させる。賃金上昇によって消費需要が増大し、商品販売も拡大している――現象的にはまさに好況・繁栄がもり上がっているとき、労働力不足－賃金上昇によって剰余価値が減少し、資本の資本としての過剰（現実には利子率上昇が生じるので、利潤率以上に利子率が上昇することによって、資本過剰が暴露される）が生じ、恐慌が生じるのである。

労働力は人間の能力であり、資本によって生産されえない――この労働力商品化の制約こそが、資本の絶対的過剰－恐慌の根本原因となる。しかし恐慌によって資本過剰が強制的に整理され、さらに不況期の資本間のサバイバル競争戦によって競争相手を蹴落すコスト切下げ―新設備導入を実現することによって、労働者の失業増、相対的過剰人口が形成されれば、新たな資本―賃労働関係の下で再び資本の蓄積は展開される。

これが恐慌の必然性を伴う資本主義の景気循環法則であった。それは、資本にとって剰余価値－利潤獲得の根本条件である労働力の商品化が、資本にとって自由に確保しえないという資本主義の根本矛盾を、資本自らその運動を強制的に中断せざるをえないという打撃を被りながら、現実に解決する特殊な方式である。労働力商品の社会的確保に関わる資本に対する強制、これが恐慌を含む景気循環の法則なのである。

注

(17) なお価値法則の確立に関しては、社会的に必要な生産物―一社会の存立・発展に必要な生活資料と生産手段―の社会的充足＝経済原則の充足が明らかにされなければならない。この経済原則充足の必要が、社会的な需要・供給の変動を調整させる根拠となる。資本主義経済は、この社会的な経済原則を、商品経済を通して充足するところに特徴がある。商品経済を通すということは無政府性によるということでもあるが、資本主義が一社会として存立する以上、無政府的にではあっても、この経済原則に拘束され、これを充足しなければならない。宇野は、この経済原則の充足の必要を、価値法則の絶対的基礎ととらえた。

㈢資本の理念――そして労働力商品化自体の無理

『資本論』第三巻に関わる宇野「原論」第三篇「分配論」による再構成とその意味に関しては、上述本章第二節㈢において、一定程度論じた。ここでは「分配論」の成果を「それ自身に利子を生むものとしての資本」＝資本の理念形成にあることにしぼり、それが「原論」全体のいわば総括として、どのような意味をもっているかを明らかにしておきたい。

上述したように「分配論」の主題は、土地所有者階級としての形成根拠を明らかにすることにあるといってよいが、それは土地私有は土地の商品としての取得に根拠をもつこと、それには土地価格の確定が前提されること、そして土地価格は、利子率の社会的確定を前提とした地代の資本還元－擬制資本の成立によるということが根拠となっている。

土地・自然力は、擬制資本化により、それ自体物・商品として処理される。しかし擬制資本論は、資本としてはこの形態の現実化によって労働力商品の制約を止揚（したがって恐慌を止揚）した自己増殖を可能とするものではあっても、労働力商品自体は擬制資本とはなりえないことを示す。本来労働力は商品となるものではないという、商品化の無理そのものが、擬制資本論によって明らかにされるのである。それによって、資本主義の根本的限界、その歴史的限界が、論理的に確定するのである。これが、宇野の、資本の理念論、擬制資本論が示そうとしたことであった。

注

(18) 鎌倉孝夫「理念としての『それ自身に利子を生むものとしての資本』——宇野理論のカント的構成——」(『宇野理論の現在と論点』所収、社会評論社、二〇一〇年)参照。

①「それ自身に利子を生むものとしての資本」とは

第一に、「それ自身に利子を生むものとしての資本」は、資本そのものの本質を純粋に示すものである。価値増殖する価値の運動体、商品・貨幣という物的関係から成る流通運動——その純粋の形態が「それ自身に利子を生むものとしての資本」である。

歴史的には、商人資本運動に基づいて形成される高利貸資本が、資本の純粋な形態を示すものであったが、資本主義の確立によって現実資本、直接には産業資本の運動に基づいて成立する貸付資本が、形態としては資本のもっとも純化された形態として再現される。

しかし貸付資本は「それ自身に利子を生むものとしての資本」の現実的根拠ではあるが、なお、それ自身として価値増殖を実現することにはならない。現実の貸付資本は、それ自体に価値増殖根拠はなく、現実資本としての産業資本の価値増殖運動に根拠をもつものとしてしか成立しえない。

第二に、資本そのものが利子を生むという資本は、現実の貸付資本によっては成立しないが、直接には資本家の観念として成立する。宇野はこの観念の成立を、商業資本家の活動を通して形成される企業者利得と利子とへの利潤の分割から説明しようとしたが、この説明は困難であった。商業資本の利潤が、資本家としての活動の成果として「労働」の果実、つまり「労働」賃金と同一視され、利潤概念自体が消化されることが重要なポイントであった。ここから、資本自体の果実は、一切の活動(賃労働者の労働、資本家としての活動を問わず)と無関係に形成される利子にほかならない、という観念が生じる。利子を生むことは、資本そのものの属性とされるのである。

第三に、この資本としては利子を生むという観念は、現実資本の運動を規制する。この利子生み資本は、それ自身として価値増殖の源泉をもつものとして、形態としては労働による価値形成に制約されない、いわば無制約的価値増殖体を示すものである。それは、資本の価値増殖根拠である労働者の労働による価値形成・増殖に依存しない価値増殖の実現を示す形態である。

ということは、この利子生み資本は、それ自体として、価値増殖根拠を包摂することによる資本運動の制約を解消し、したがって同時に価値法則、景気循環の法則による強制から資本を解放するものとして、資本の〝自由〟を実現する形態である。この資本形態は恐慌による資本運動に対する強制を止揚する形態の実現なのである。

資本の〝自由〟な増殖を実現するというこの資本形態は、個々の現実資本に対して最低限利子を生まなければならないという規制作用を通して、その運動を規制し、経済法則自体をも自らの要求に従わせるという、法則自体を主導する主体となろうとする動きを生ずる。自らの存立根拠である現実資本自体を、自らの利得獲得の〝自由〟実現のために動かそうとすることになる。現代の株価至上主義の下での利潤至上主義は、このことを現実に示している[19]。資本としては最低限利子を生まなければならないという観念は、その〝自由〟な実現を求めて、株価至上主義・利潤至上主義に至るのである。

注

(19) 鎌倉孝夫『株価至上主義経済』(御茶ノ水書房、二〇〇五年)参照。

②資本の理念の発現は〝擬制〟によること

「それ自身に利子を生むものとしての資本」という資本の理念は、それ自体としては観念としてしか形成されない。しかし、観念形態ではあっても、資本主義が自らの「理念」を発現する——資本の論理的展開によって導出しうる——ということは、その社会の発展限度を示すということである。つまりその社会の理想像が発現してしまうということは、その社会はもはやその観念以上の発展はないということを論理的に示すものということである。そして発現した資本の理念の卑俗性! ある財産・資本を持っているだけでその価値を殖やし利得を獲得するというのが理念なのだ。そこには、社会に対する、他人に対する配慮も、モラルとか〝友愛〟の形成なども一切ない。

しかし第二に、この資本の理念は、現実資本としては実現しえない。これは〝擬制〟＝フィクションによってしか現実具体化されない。しかも「利子生み資本」自体が源泉となって利子を生み出す、というのではなく、それとはさしあたり全く無関係な定期的収入がまずあって、それが資本還元されて、擬制資本としての「利子生み資本」が成立する。様々な源泉から生じる収入(あるいはその見込み)が、資本還元されて、擬制資本が形成され、それが「利子生み資本」の具体化された形態となるのである。

第三に、資本還元される収入は、さしあたり利潤、そして地代である。これらの収入が、利子とみなされて、利子を生む元本としての擬制資本が形成される。

しかし、労働力の対価としての賃金が資本還元されて擬制資本化するか。『資本論』は、「資本家的考え方の狂気の沙汰」の「頂点」として、労働力の擬制資本化の観念が生じるけれども、「残念ながらこの無思想な考え方を不愉快に妨げる二つの事情が現れる」として、「第一に、労働者はこの利子を手に入れるためには労働しなければならない」こと、そして「第二に、労働者は自分の労働力の資本価値を譲渡によって換金することはできないこと」を指摘する。労働力は人間自体の能力であり、それを持つ人間自身のものであるから、決して物＝擬制資本として譲渡（人間そのものの商品としての売却）しえない。

労働力は、資本主義の下では物化されるけれども、決してそれ自体物になるわけではない。

資本主義の〝物神性〟の頂点としての擬制資本の形成は、労働力＝人間は決して擬制資本化されない、ということによって、資本主義の根底的限界を暴露するものとなっているのである。

いわゆる宇野派は、労働力は「資本によって生産されない」という制約をとらえ、この制約によって恐慌の必然性を宇野の決定的成果ととらえた。しかし宇野はこの理解を越えて「労働力は本来商品となる生産物ではない」（『経済学方法論』前掲、一二五ページ）ことを明確に指摘していた。

労働力は本来商品化されるものではない――このことが資本の理念の完成形態としての擬制資本の成立の下で、論理として抉り出されているのである。資本の物化の究極の発展は、人間の能力としての労働力は本来物とはなりえないことを論理的に確定することによって、資本主義の歴史的本質を暴露するものとなっているのである。

（二〇一〇年六月二五日）

第二章　現実分析の理論的基準として

第一節　方法の反省——理論的基準の解体化

ソビエト社会主義連邦、東ヨーロッパ社会主義体制の崩壊は、とくに唯物史観に立脚して資本主義の本質、歴史、そして現状を分析してきた者にとって、衝撃的ともいえる打撃を与えた。その中で、多くの学者、研究者は、自ら依拠してきた歴史観、分析方法について深刻な反省、見直しをせまられ、それを自ら放棄してしまう状況となった。もちろん自己の依拠してきた歴史観、社会観、分析方法を不断に点検し、訂正することは当然である。しかし、約二百五十年の歴史を経て形成、発展してきた経済学に何らかの根拠をおいて自らの観点や方法を築いてきたとするならば、それを全く放棄して新たな観点、方法をいわばゼロから構築するなどということは至難のわざというべきである。そういう試みを決して無駄とは思わないが、しかし今日の経済・社会事象、運動に関する分析を継続しようとすれば、これまでの経済学の歴史を通して形成され、確立してきた概念や概念間の関連性の把握を全く無視することはできないし、実際にもそれを前提にしなければ分析は行われていないのである。

全く新しい概念や方法を編み出したように主張しても、たいていは従来すでに展開されているだれかの経済学説でいわれていることを、知らないでか、意識的に無視してか、しばしば歪曲して、述べているにすぎないことが多い。したがって、重要なことは、新しく生起した事態に対して、従来自ら依拠してきた観点、方法を、無定見にすべて放棄してしまうのではなく、概念の再措定を含めて、そのどこが、どのように通用しなくなったのかを反省し、それをどのように是正し、再構築したらよいかを追求することであろう。

現実の事態の変化に対して通用しえなくなったと思い込

んだ自らの観点や方法が、実は新たな事態が生じる前から、意外に素朴な誤りを犯していたり、従来の学説を生半可にしか理解しえていないいわば貧しいものでしかなかったりすることが発見されることもあるだろう。

宇野弘蔵の理論、方法に、何らかの根拠をおいて分析を進めてきた学者、研究者の中でも、今日生じているこの事態に直面して、従来の観点、方法の見直しと再構築を行う動きが現われている。

加藤栄一氏は、「一九七〇年代中葉以降、世界史が大転換期に入ったことは否定すべくもない。……大転換を象徴する出来事が社会主義の解体とその資本主義化であることは異論のないところであろう。換言すれば、社会主義体制が崩壊するのを目のあたりにして、人々はようやく現在が大きな転換の時代であることを悟ったのである」[1]とし、この「転機」は、資本主義世界においても「経済や社会における国家の役割を縮小する方向で、公私の役割を見直そうという傾向」すなわち、プライヴァタイゼーションとして示されている、という。要するに、「社会主義の資本主義化も、世界史的観点から見れば、このプライヴァタイゼーションという大潮流を構成する一つの流れとして理解することができる」というのである。加藤氏は、このような「世界史的な大転換の経験をふまえ、改めて現代資本主義を検証」してみると、「宇野段階論」は「修正すべき問題点が多々ある」として、それを「修正」しながら、自己の「資本主義発展」の理解を提示されるのである（『二〇世紀資本主義』Ⅱ、二〇一ページ以降）。

おそらく加藤氏は、資本主義崩壊後の社会体制を、社会主義だととらえていたのであろう。だから、「社会主義の解体とその資本主義化」は衝撃的事態だったであろうし、その点からそれが進行し、ついに現実化した七〇年代中葉以降の世界史は「大転換期」だと「悟った」というのは素直な感情であろう。しかし、果して加藤氏は、ソビエト、東欧の「社会主義」体制を、社会主義体制そのものととらえていたのだろうか。そうだとすれば余りにも安易で軽率な理解ではなかろうか。資本主義自体一六世紀中葉から一八世紀を通し、約二〇〇年の生成過程を通して発展、確立してきた。労働者、勤労者の自立と連帯、自主的・意識的な組織的行動によって創造すべき社会を社会主義ととらえるならば、それはわずか七〇～八〇年の歴史で確立するような体制ではないというべきであろう。そして様々な国内外の条件によって制約され、歪められたソビエト・東欧「社会主義」が崩壊することは、人類史からいって必ずしも衝撃的なことではない。宇野自体、すでにある程度指摘していたことであった。[2]

また七〇年代中葉以降の資本主義の「大転換」として指摘されているのは、プライヴァタイゼーションであるが、ところが加藤氏自体具体的に示されているように、主要資本主義国はいぜん「巨大な政府」である。ということから加藤氏は「新自由主義の市場万能主義」は「多分に空想的なもの」でしかなかった、という。しかしこの「新自由主義の空想的市場万能主義」は、「福祉国家システムを解体・再編の方向に向かわせる推力として作用してきた」、すなわちそれはプライヴァタイゼーション推進の「エネルギー源」だ、というのである。それ自体、経済、社会関係や構造を転換させたり、創造したりするものではないこのプライヴァタイゼーションの潮流をもって「世界史の大転換」を示す要因とどうしていえるのか疑問としなければならないが、問題は実はこの新自由主義イデオロギー――それは実際決して新しい性格のものではない、というよりまさに資本主義確立・発展期の〝保守〟的イデオロギーなのである――が、「福祉国家システムを解体・再編の方向に向かわせる」ほどの影響力をもつことになったのはなぜか、とりわけ労働者・民衆の中にも相当広汎に浸透することになったのはなぜか――その大きな原因と考えられるのは労働者、民衆の中に社会主義イデオロギーがほとんど失われてしまったことである――、にある。

加藤氏が、この「世界史的な大転換の経験をふまえ」て、ということから指摘される宇野「段階論」の問題点は、実はこの「経験」がなければ指摘しえなかったものとは思われない。もちろん、問題点の指摘のうちには宇野「段階論」の不十分さを補い、内容を豊富化させるものがないわけではないが、むしろ問題点のほとんどは、宇野の方法を不十分にしか理解しえていないことに起因するものというべきものなのである。馬場宏二氏も同じ本の中で宇野の『経済政策論』における段階論の論理を批判的に検討され、段階論の内容を豊富化させようと試みられている。(3) 加藤氏の論点と重なるところも多いので、合わせて馬場氏の宇野「段階論」に対する理解もみておこう。

加藤氏の課題は、「現代資本主義における国家の役割の解明にとって宇野段階論はどこまで有効か」を問うことにあるので、その問題関心から問題点もしぼられているが、宇野段階論に対する批判点は、第一に、「宇野は支配的資本の利害と経済政策の性格をあまりにも直結しすぎている」(前掲書、二〇一ページ)ということである。このことによって宇野の「経済政策論」の範囲が、「空間的にも時間的にも制約」されてしまった、という。宇野の「段階論」はたしかに各段階の支配的資本の運動あるいはその要求に基づく「政策」に焦点をしぼっている。それは、段階論を規定するのはそれぞれの段階の支配的資本の運動だという理解に基づいており、したがって各段階の特徴を示す「政策」については何よりもそこに焦点をしぼる必要があると考えられていたからだと思われるが、しかしここから宇野が「政策」主体を「国家」としてでなく「支配的資本」としてしかとらえていない、ということにはならない。「経済政策論」に課した宇野の限定を無視して、直接資本の政策とはいえない政策を除いたことは、「国家」を無視したものだというのは、ほとんど非難としかいいようがない。宇野は、財政政策など「直接に資本家的要求に基づくとはいえない」政策によって段階論が補われなければならない、と指摘してもいるのである（宇野、『経済政策論』改訂版、弘文堂、一九七一年、二五九～二六〇ページ）。加藤氏がいうことは、支配的資本の要求に基づくとはいえない「政策」も扱い、それを段階論に含めるべきだ、というだけであり、それは政策論、さらに段階論のとらえ方が宇野と違っていることを示すにすぎない。

ところで、この点に関し加藤氏は、「空間的」な制約として宇野の「政策論」には「社会政策ないし労働政策を全く考慮していない」と指摘する。これは確かであるが、逆にいうと、宇野は「社会政策ないし労働政策」を、直接に資本の要求に基づく政策とはみていないからこそ、「段階論のまず第一歩」としての「政策論」では言及しなかったと考えられるのであって、そのことはむしろ「社会主義に反対する」（同上、一三〇ページ）国家の政策としてとらえていたことを示していると思料しうるのである。

「時間的」制約という点では、宇野の「政策論ないし段階論の対象時期」が「第一次世界大戦勃発以前に限定してしまった」ことだ、と指摘する。宇野の論拠の一つは、第一次大戦後の時期は、「もはや資本主義の時代ではなく、資本主義から社会主義の過渡期であるという」ことにあるが、加藤氏によれば、これは「唯物史観の発想に連なる宇野の世界観にもとづく主張」だ、という。この点について、馬場氏は、「宇野の社会主義イデオロギーによるロシア革命の過大評価」によるものであり、「イデオロギーの所産である」と断じ、「……宇野にしても、少なくとも段階論に関する限り、科学とイデオロギーの区別を貫徹できなかった。第一次世界大戦後の資本主義の研究は段階論でなく現状分析だと、断定を強めていったのは、実は学問的退行にほかならなかった」とさえいう。「現状分析」は「科学」的分析（少なくともそれを志向するもの）であり、それは決して「イデオロギー」的主張ではない。この時期を「段階論」としてではなく「現状分析」の課題としたことが、どうして「学問的退行」になるのだろうか（この時期も、資本主義が「世界最高の生産力を擁し続けた」から「発展段階が存在しうる」という馬場氏の主張については後でみる)。

両氏とも、ソビエト「社会主義」の現存と「冷戦」構造が、現代資本主義に対し少なくともイデオロギーの面で無視しえない影響を与えたことは認められている。そしてソビエト「社会主義」の崩壊によるこのイデオロギー的影響の消滅が、加藤氏のいう新自由主義のイデオロギー「推力」、浸透作用をもたらす一原因であったことも否定しえないことではなかろうか。現代資本主義においては、こうしたイデオロギーとそれに基づく行動が、現実の経済、社会の動きやそのあり方にさえ、大きな作用を与えている。このイデオロギーの作用を認めること自体決してイデオロギー的主張ではない。逆に、このような主体のイデオロギー的実践が現実に有為な作用をもたらすからこそ、「現状分析」として研究しなければならない、と宇野は判断したのであろう。

第一次大戦後の時期を段階論でなく現状分析の課題とした宇野のもう一つの論拠は、加藤氏の指摘されるように、この時期においては「金融資本に代わる新たな支配的資本形態」が形成されていないこと、また「管理通貨制によるインフレ政策」は「金融資本の政策をなすもの」というのは疑問であり、「……金融資本が自ら求めたものともいえない」(宇野前掲書、二六四~二六五ページ)という点にあるが、これに対し、加藤氏は「経済政策と支配的資本の利害を直結させる観念が、当然のこととして、支配的資本の利害に発しない経済政策はすべて段階論としての経済政策の埒外になるという発想を生んだのであろう」と批評する。加藤氏は、第一次大戦後の時期に金融資本に代わる「新たな支配的資本形態」が形成されたのかどうか何も示さないまま、宇野がこの時期インフレ政策を段階論としてでなく現状分析の課題としたことに対し、このように「経済政策と支配的資本の利害を直結させる観念」と批評するのであるが、宇野はその「経済政策論」としては上述のように支配的資本の「政策」を扱うものと限定したことをふまえ、この「インフレ政策」は「金融資本の政策」とはいえないのであり、それは社会主義に対抗し、資本主義体制を維持する国家的政策としてとらえたからこそ、つまり支配的資本の政策だけでない政策を明らかにしていたからこそ、こうした方法を提起したのである。[4]

加藤氏の宇野「段階論」に対する批評の第二点(これは第二点として明示されているわけではないが)は、「金融資本の蓄積様式」を第一次大戦前の「主としてドイツ重工業と銀行の関係を素材にして構想されたもの」としてではなく、むしろ「その主たる対象を高度成長期(これは第二次大戦後、七〇年代央までの時期である—引用者）の重化学工業に定め」るべきだ、という点である。そのように考えると、「古典的帝国主義段階はその萌芽期」「『世界大戦の三十数年』期はその形成期」と位置づけられる（前掲書、二〇三ページ）という。ということから、一八九〇年代央以降から一九七〇年代央に至る約八〇年間の時期を「中期資本主義」と規定する試みを提示される。

しかし、「石油と鉄鋼を基礎に自動車や電機など耐久消費財諸産業を基軸にした多軸的な産業連関」による「高度成長」といっても、それ自体としては資本家的形態ではない。それがいかなる資本形態の下で行われたのか、それが新しい形態なのかどうかが問われよう。国内的な福祉政策にしても、基本的に資本主義的要因によるものかどうかが重要なポイントであって、それが外的要因によるものであるとすれば、資本主義の「段階」を画する政策たりうるだろうか。国際的な「パクス・アメリカーナ」にしても、世界的な生産力の基軸というだけでなく、加藤氏自身指摘されているように、「社会主義に対抗」するという外的要因がその重要な形成要素となっていたのである。社会主義が崩壊し、指導国、あるいは基軸国が形成されなくなったとき、果して「段階」が成立しうるのか。

馬場氏の場合は、世界史をリードする指導国に関して「基軸経済」と「覇権国」の概念を用い、両者を対応あるいは区別しながら、宇野「段階論」の見直し、再構築を試みられる。そして、宇野「段階論」が第一次大戦後を対象からはずした理由に関して、上にふれた「①宇野の社会主義イデオロギーによるロシア革命の過大評価」のほか、「②戦間期世界の激動への戸惑い、③第一次世界大戦を転機とする経済政策の転換に関する視覚の狭さ、④ドイツの世界的地位の過大評価と、その裏面でもあるアメリカの位置の過小評価」（前掲書、二二ページ）を指摘される。馬場氏の場合も、「段階」形成の基礎を主導的産業、産業構造の「安定性や持続性」、世界的影響力をもつ「生産力」をもつ「基軸国」の形成としてとらえているが、加藤氏がそれぞれの「段階」を規定する支配的資本形態を明らかにされていないのに対し、「支配的資本形態」の形成を強調される。しかし、この「支配的資本形態」が果して資本の「形態」規定といえるのかどうか、疑問とせざるをえない。(5)

直接には、上掲④の指摘に関わって、第一次大戦後アメリカが「基幹経済」となり「範例国」となったことを根拠として、フォード・システムとチャンドラーのいう「経営者資本主義」が「支配的資本になる」（同上、二八ページ）からだ、という。ここでは、フォード・システムという「生産システム」をも「支配的資本」の規定の中に含めている。さらに馬場氏は、日本で形成された「会社主義」をも、「新たな資本型態」という。「会社主義は、所有と経営の分離の徹底、企業内弱階級性、生産過程への従業員参加、長期相対取引等を特徴とするが、それは、株式会社制による金融資本が、所有と経営の分離を進めて企業内組織を整備した経営者資本主義に、そして経営者資本主義が労働者参加型の会社主義へと発展したもの、つまり、効率追求において最高度に達した資本型態ととらえることができる」（同上、三四ページ）と。果してこの「資本型態」は、金融資本の「形態」に対して新しい「形態」たりうるのか。「所有と経営の分離の徹底」といっても「経営」は資本＝株式所有関係から完全に独立するわけではない。「生産過程への従業員参加」（これは後でいう「労働者参加型」ということであろうが、ラフな表現としかいいようがない）といってもそれは労務管理の問題であって、それ自体「資本型態」とはいえない[6]。もっとも馬場氏は、「宇野は各発展段階について支配的資本の検出につとめたが、それは所有による支配の形態のみを指摘するにとどまり、企業の内部組織や労働編成の分析には及んでいなかった」（同上、二八ページ）というのだから、資本「形態」とは直接関係のない「企業の内部組織」や「労働編成」（これは実体的過程としての生産過程における協業・分業関係というべきである）さえも、「資本型態」ととらえている。資本を「生産関係」と規定していることなどをみても、馬場氏は、宇野「原論」の概念、論理の成果を「段階論」に全く生かしていない、といわざるをえない。

実は、馬場氏も、そして加藤氏も、「段階論」は、「原論」の論理を理論的基準としてではなく、生産力の発展を基礎に生産関係の編成、発展をとらえるという唯物史観の方法によって構成されるように理解されているのである。

馬場氏による宇野「政策論」の方法についての理解は、次のようである。「『経済政策論』は世界史的意義をもつ生産力のあり方を中心的な国の支配的産業として検出し、ついでそれに対応する生産関係を支配的資本として把握し、さらにこの経済的土台に対応する政治的イデオロギーを指導的な国が世界的に流布させる経済政策と位置づけて、それを最終的な分析課題としている。……この生産力－生産関係－上部構造という唯物史観的把握……」（同上、一三ページ）。同様に加藤氏は次のようにいう。「彼（宇野）が支配的資本の交代が起る根本原因を生産方法の革新による生産力の質的変化、それに伴う産業構造の転換にあると考えている」（同上、二〇〇ページ）。

おそらくこのような理解を疑問とする者はいないと思われているのであろう。しかしこの引用で用いられていることなのであろうか。生産過程における協業・分業などの労働編成――それ自体は生産力要因である――なのか、有機的構成の変化（高度化）なのか、あるいは産業編成のことなのか――いずれも実体的要因である――。いずれにせよそれは「生産関係」を意味するものではないとしなければならないだろうし、また生産力の現実的担い手としての資本形態とすることもできないであろう。このような内容の不明な「生産力のあり方」とか「生産方法の革新による生産力の質的変化」（一体「生産力」の「質的変化」とは何なのか）がまず先に生じ、それ基礎づけられ、規定されて、資本形態が形成される、――これが宇野の「政策論」の方法なのだという。そればかりでなく、両氏自身の「段階論」の構成も、このような唯物史観の方法によってなされることを事実上肯定されている。実際、馬場氏は「発展段階論は、こうした世界史的意義をもつ生産力の段階的発展を基礎として、代表的生産力の地理的発現、その生産力に依拠する資本形態」をとらえる「認識作業」であり、宇野『政策論』はその「基本的な方向づけ」を示していると評価している。

まず生産力の発展、しかも「世界史的意義をもつ生産力」の発展が基礎にあり、それに基づいて「生産関係」としての「支配的資本」形態（「型態」）が形成される、という唯物史観的方法によれば、その「生産力」を発展させる要因、動力は何であるととらえられるのか。少なくとも、それは「支配的資本」とは関わらない外部の要因、動力に求める以外にないことになるであろう。[7] だから「生産力のあり方」とか「生産方法の革新」とか内容の定まらない非論理をもって生産力の発展を説明しなければならなくなるし、それが何によって形成されたかを説明しえない重工業的生産力とか、産業構造の変化とかに依拠せざるをえないのである。

唯物史観における「生産力－生産関係」の把握は、人間歴史の構造・発展に関する一般的な見方であって、それ自体科学的認識方法とはいいえない。実はこの歴史観自体資本主義経済を解明する経済学の発展をふまえて形成されたものなのであった。マルクスの研究進展過程をたどれば、一八四〇年代の唯物史観に依拠した、したがって社会の主体を抽象的に人間（あるいはその集団）とし、人間と自然（実体）との関係に基づく生産力の発展を社会発展の動力ととらえる、資本主義の歴史的性格の把握――それ自体イデオロギー的把握であった――から、この方法を大転換して、何よりも資本を現実の主体とした商品経済的関係の解明に基づく経済学を、『資本論』として確立させたのである。宇野弘蔵は、『資本論』になお残されていた唯物史観的方法を除去し、資本を軸とする商品経済の論理による経済学原理論を形成した。たしかになおその「段階論」において、加藤、馬場氏等が理解されたような唯物史観的把握の側面を残したといえるけれども、宇野の「段階論」の積極的方法は、唯物史観に依拠した方法ではなく、原理論を理論的基準とする各「段階」の解明であった。

すなわち宇野は、資本主義発生の歴史的過程の解明に関して、「商品経済的には多かれ少なかれ不純なる歴史的過程を、益々支配的になってゆく商品経済的関係を基礎にして、商品経済的概念と諸法則とを基準として分析し、解明するという方法によらざるをえない」（『経済学方法論』東大出版会、一九六二年、五〇ページ）とされているし、「株式会社制度を基礎にした金融資本の形成」についても、「それはいうまでもなく原理論の基本的規定を基準にして始めて解明されるもの」（同上、四七ページ）とされていたのである。[8] 唯物史観による、すなわち直接には科学的論理ではなく人間社会の歴史のイデオロギー的見方に依拠した「段階論」ではなく、科学的な論理としての「原理論」の論理を基準として「段階」の解明が行われなければならないことを宇野は提起していたのである。にもかかわらず、この「原理論」を理論的基準とした「段階論」の構成という科学的方法を無視して、唯物史観に依拠した「段階論」を何の疑問もなく構成されようとするのは、それこそ「学問的退行」というべきではないか。[9]

注

（1）加藤栄一「福祉国家と資本主義」、『二〇世紀資本主義』Ⅱ、東京大学出版会、一九九五年九月、一九七ページ。

（2）「……歴史的過程というものは、そう簡単に必然論で押しきれるものではありません。ことに社会主義体制が確立していない間は、逆転の危険もあるものと思わなければならないでしょう。」（『資本論と社会主義』岩波書店、一九五八年、二三〇ページ）

（3）馬場宏二「世界体制論と段階論」、前掲書、一一～四一ページ）

（4）加藤氏は、宇野「段階論」の制約性によって、現代資本主義国家の「システムを構成する諸要素、すなわち高度経済成長を可能にした生産力の持続的な上昇、景気・成長政策としてのフィスカル・ポリシーの展開、広義の社会保障制度の形成と拡充、労働者階級の同権化、冷戦体制とパクス・アメリカーナ的世界市場編成など、これらすべてが段階論の射程外に置かれてしまった」（前掲書、二〇二～二〇三ページ）と批評されている。しかし、これらの「諸要素」を「段階論」の射程外に置くことが、それらを現代「国家の役割」の分析から除外することを意味するものではないことは、いうまでもない。問題はこれら「諸要素」を現状分析としてでなく「段階論」として解明しなければならない根拠、基準はどこにあるのか、ということである。後述するように、支配的資本の新たな発展形態が形成されているかどうかを明らかにしないで、類型的に共通する「諸要素」を抽出したり、あるいは「生産力」や産業構造を根拠にすえたりすることでは「段階」を画することの根拠は主観的になってしまうほかないであろう。

（5） 馬場氏は、重商主義、自由主義、帝国主義の各段階の支配的資本である商人資本、産業資本、金融資本を「支配的資本型態」ととらえている（前掲書、一二一ページ）。資本「形態」（Form）は本来歴史的形態の意味でとらえなければならないのであるが、Typeを意味する「型態」と区別しないで使われてしまっては、その意味はつかめないことになろう。馬場氏は資本が「形態」規定であることを理解されていないのであろうか。例えば「……生産力のあり方を……支配的産業として検出し、ついでにそれに対応する生産関係を支配的資本として把握し……」（同上、一三ページ）などという文章をみると、宇野の理論を学んだのかとさえ言いたくなる。

（6） 馬場氏は、「会社主義自体が経営者資本主義アメリカに代って基軸経済になりつつある」とし、それは「後進性ゆえに先進国で展開できなかった新たな資本型態を展開し、新たな資本型態のもとで新たに支配的となる産業を展開することで追い越してゆく」（同上、三九ページ）といわれているが、それ自体きわめて現象的な記述というべきであり――というのは日本の高度成長・経済大国化の要因としての「冷戦」構造の下でのアメリカによる技術・新産業、資金の供与という特殊戦後的要因のもつ意味を軽視してしまうことになるからである――、日本が新たな「支配的となる産業」を展開したのか、そして円の国際化の制約にも示されているように、果して「基軸経済」といいうる程の位置なのか等疑問である。

（7） この点に関しては、鎌倉孝夫著『現代社会とマルクス』第Ⅰ部第四章、一四一～一四八ページ（河出書房新社、一九八四年）を参照されたい。これは、直接には宇野弘蔵追悼号（『経済学批判』臨時増刊号、一九七七年九月）の「段階論」に関する戸原四郎氏の「報告」とそれに基づく宇野派の諸氏の「座談会」の発言に関わって、宇野「段階論」のこの唯物史観的方法の問題点を指摘したものであった。それは今日のこの「解体」に対する警告でもあった。

（8） この点に関し宇野は次のようにいっている。「私のいわゆる『それ自身に利子を生むものとしての資本』も、その意味では産業資本を金融資本に転化するものとみなすことはできない。それは一般に資本自身が自らかかるものとしてあらわれ、資本自身のかかる発展形態を基準として、金融資本の歴史的形態も解明されなければならないというに過ぎない。それは商人資本、産業資本についても同様である」（『経済政策論』改訂版、弘文堂、一九七一年、一九二～一九三ページ）

（9） 実は、「段階論」は「生産力－生産関係」に基づく唯物史観の方法によって解明されるという考え方は、大内力氏によるものであった。大内力氏は、資本主義経済の「法則」を、循環法則と歴史的運動法則の「二面から成るもの」ととらえる。そして前者を解明するのが「原理論」、後者を解明するのが「段階論」だとされる。ということになると、原理論と段階論は、それぞれ資本主義経済がもつ別々の法則を解明する理論ということになり、前者を理論的基準として後者を解明するという課題自体最初から成り立たないことになる。しかも後者＝段階論の理論は、原理論で明らかにされる商品経済の論理とは異質のものとなってしまう。馬場、加藤氏の場合と同様、段階論の論理なるものは、生産力の発展によるという唯物史観的見方に依拠するほかなくなるのであるが、この生産力の発展は、商品経済－資本の論理と切り離されてとらえるほかない以上、その動因、動力はとらえられないものとなる。現に大内氏は後者＝段階論に関して、それは「循環運動」に「偏倚を与えるような諸条件とその歴史的変化」を問題とするものであり、「原理論に不適合な諸現象を……それ自体に存立・拡大の根拠をもつものとして解明する」（『経済学方法論』東大出版会、一九七二年、一一二ページ）とされている。つまり、歴史的運動法則を動かす諸要因は、「原理論」では規定できない、むしろそれに「不適合な」、したがって商品経済的関係以外の要因とされているのだから、最初から原理論を段階論解明に何ら役立たないものとされてしまったのである。私は、このような大内氏の理解に対して、これは「宇野理論、直接には原理論を、段階論や現状分析に対する理論的基準となしえないものとしていわば石女化してしまうのではないか」と批判したのであった（前掲『現代社会とマルクス』、一四八ページ）。宇野の科学的段階論解明方法の提起は、大内氏（そしてその追従者たち）に全く理解されていなかったのである。

第二節　経済学原理論は何を明らかにしているか

㈠「原理論」形成の歴史性

「資本主義の世界史的発展段階」を解明するものとしての「段階論」を、経済学原理論（以下「原理論」）を理論的基準としてではなく、唯物史観の方法によって解明しようとするさい、「原理論」を、例えば大内氏のように[10]、主観的に余りにも限定して、特定の時期の、特定の課題を解明したものとする不十分な理解があるように思われる。「原理論」の、「段階論」、現状分析への理論的射程を示す上に、「原理論」の論理の基本的内容を、再確認しておく必要がある[11]。

まず何よりも確認すべき点は、「原理論」は、資本主義の自由主義段階を抽象して構成されたものでも、その各発展段階から共通性を抽象して構成されたものでも、歴史的展開過程自体を反映・模写して構成されたものでもない。それは、重商主義段階から産業革命を経て一九世紀中葉に至る資本主義経済の純化、すなわち商品経済的関係の自立的運動の展開を客観的根拠に、資本主義経済を構成する諸要素を概念として把握し、諸要素間の関係を概念間の関係として把握する経済学の生成、発展を通して、確立してきたのである。概念内容の明確化も、概念間の関係性の把握も、資本主義経済の純化によって、客観的根拠を与えられた。

しかし、資本主義経済の純化は歴史的傾向として現われたのであり、「原理論」確立の客観的根拠も歴史的なものとしてしかなかったのである。このこと自体、経済学の歴史的展開の中に示されているのであり、一八七〇年代以降の経済学は、全体を概括していえば、経済的諸現象の観念的、抽象的一般理論化か、原理解明を放棄した諸現象の相対関係の記述、あるいは現実の課題に対する政策提起（政策論）という性格のものとなっている。要するに、歴史的対象（資本主義経済）の原理は、歴史的限度——それはまた空間的限度をも意味する——をもってしか現われないことによって、「原理論」自体もこの歴史的限度によって制約されざるをえないのである。

このような「原理論」構成の歴史性は、一面では、「原理論」が、現実の資本主義の諸事実、諸現象の変容——原理に対する外的、撹乱的要因の作用による——によって直ちに妥当性を失ったり、是正をせまられたりすることにはならないことを意味する。もちろん「原理論」が資本主義経済の原理を解明するものといいうる要件として、資本主義経済にとって不可欠な構成要素とその関連を全体的に把握するものでなければならないのであり[12]、変容した現実に対して何の妥当性もなく、理論的基準となりえない「原理論」——例えば現代資本主義の解明にとって不可欠な株式、株式資本の性格やその商品化の条件に関して何らの規定を与ええないような——は修正されなければならない。しかしこのことは、変容した現実から、新たな概念を追加して「原理論」を構成し直す、ということを意味するのではなく、「原理論」の概念内容の不備、概念の抽象性の不徹底の問題なのである[13]。

「原理論」構成の歴史性は他面、資本主義の現実過程分析に対する「原理論」の限界、すなわち「原理論」の論理だけでは、あるいはそれと同次元の論理の延長によっては、資本主義の現実の現状分析には到達できないことを示している。ということは、その現状分析には特有の方法——「原理論」を理論的基準としながら現状分析に到達する媒介的理論（それが「段階論」であるが）を必要とする、ということである[14]。もちろん「段階論」の形成には、資本主義の現実の歴史（世界史的関係としての）過程のうちに、「段階」を画しうるような時期的特徴——その基本は現実の事実に対する「原理論」の論理のつき合わせによる支配的資本の検証にある——が存在することの確認を根拠とするものであり、「段階論」は、その時期の歴史的位置と特有の運動（動因）の解明を内容とするものである。

こうして「原理論」構成の歴史性は、「原理論」の概念、論理の抽象性――一般・普遍性――と同時に、その論理による現実分析の限界を示すものであるが、そのことによって現実分析（現状分析）に対する媒介的理論の必要性とともにその媒介的理論への理論的基準としての原理論の意味が与えられることになる。

注

(10) 大内氏によれば、原理論の想定する純粋資本主義は、「一定の前提」の下で、すなわち「暗黙の前提とでもいうべき一定の生産力水準」（『経済学方法論』、東大出版会、二〇六ページ）――多分それは自由主義段階の綿工業に代表される生産力という「暗黙の前提」なのであろう――の下でしか示されない、という。資本主義は、自己の運動にとり込みうる限り、生産力のどの水準も、「構造」もとり込み、包摂しうるのであり、決してそれ自体「一定の生産力水準」に限定されて成立するのではない。大内氏の「前提」は主観的限定であり、資本を現実の主体とする観点の欠如によるものといわざるをえない。

(11) 以下の内容については、詳しくは鎌倉孝夫著『資本主義の経済理論』（有斐閣、一九九六年）を参照されたい。

(12) 宇野弘蔵は次のようにいっている。「……資本主義の発展期における、その純化傾向の内には、すでに純粋の資本主義社会における全機構が展開される。商品経済は、一社会を形成する経済構成体として、その自立的根拠をうるとともに、基本的諸現象を展開するわけである。金融資本の時代としての転化を示して後も、別に新たなる形態を展開するわけではない。金融資本の時代を特徴づける、株式資本の産業への普及も、純粋資本主義社会において、すでに論理的には展開せられざるをえない、しかし現実には具体化されない、いわば理念としての、資本の商品化の具体的実現にほかならない。」（前掲『経済学方法論』、三〇～三一ページ）。

(13) 鎌倉前掲書、三九～四〇ページ。

(14) 宇野は、このような「原理論」を基準とし「段階論」を媒介とする現状分析の方法は、資本主義経済純化の過程とその限界自体によって根拠づけられているととらえ、これを「方法の模写」（前掲『経済学方法論』、一六四～一六五ページ）としたのである。それは、経済学がその方法自体に客観性をもちうることを明らかにしようとするものであった。前掲、本書第Ⅰ部第一章参照。

㈡「原理論」の基本内容

「原理論」は、資本主義経済のしくみと運動法則を、それを構成する諸要素の概念としての把握と諸要素間の関係の概念間の関係としての把握によって、解明するものである。その内容を――現実分析への射程という課題を意識して――示せば、以下の点が重要である。

第一に、資本主義経済の現実的主体は、資本であること（だから「原理論」は「資本」論なのである）、そして資本の本質的性格は、流通関係による流通運動であり、したがって流通における形態である、ということである。資本の本質を流通形態としてとらえうるかどうかこそ、資本主義経済の認識を決定的に左右するものといえる。

この流通形態を本質とする資本は、したがってそれ自身のうちに自己存立の根拠をもたない。それは、資本のもっとも純化された形態を示すG…G′（高利貸資本的形式）において端的に示されている。とすれば資本運動の自立、したがってその社会的自立にとっては、社会存立の本来の根拠としての労働・生産過程を自己自身の根拠にしなければならない。すなわち資本の運動の中に、労働生産過程をとり込む（包摂する）ほかない。ところが、それには、本来実体的要因としての自然力（土地に代表される）とともに、労働力を、資本の運動の中に包摂しなければならないのであるが、このことから資本主義経済の自立には、資本に対して、自然力（土地）の所有者と、労働力の所有者を必ず形成させなければならないことになるのである。

社会存立・発展に本来関わりない、いわば外的な流通形態である資本が、社会の現実の主体となるとすれば、それは社会存立・発展の実体的要因・関係――人間（労働者）による自然力（土地）への意識的働きかけ＝労働・生産活動――を自らの根拠にしなければならないと同時にこれら実体的要因の担い手を、資本の外部に前提し、存在させなければならないのである。このことは、資本主義の生成過程におけるいわゆる資本の本源的蓄積過程において現実に示されている。資本の本源的蓄積過程は、本来生産過程とは外的な、流通形態としての資本が、社会の現実の主体たるためには、人間（労働者）と自然力（土地）との直接的関係を強制的に切り離し――しかも決して商品経済的要因によってだけではなく、国家的権力＝暴力をふるって――、労働者に無償では自然力（土地）を使わせない社会関係を形成することが不可欠の条件であった。資本の社会的成立は、人間（労働者）対自然力（土地）の直接的関係の強制的切り離しによってしか実現しえないのである[15]。しかし、このような人間（労働者）と自然力（土地）の直接的関係の切断と資本による包摂関係の形成は、両要因の担い手によるそれらの商品化によるのであるが、それは労働力の担い手を資本の外部に存在させるとともに、土地自然力の担い手をもその外部に存在させざるをえないのである[16]。

こうして「原理論」は、資本主義においてなぜ資本家に対して労働者と土地所有者を資本家の外部に階級として形成させるのかという、階級関係形成の根拠を理論的に明らかにするものである。それは、流通形態としての資本が社会の現実の主体になるところから生じるのであり、したがって労働者、土地所有者は資本家に対し対等の立場で対峙するのではなく、商品経済的関係を通して産業資本によって包摂され、支配されるのである。[17]

「原理論」の基本構成は、第一編で資本主義経済の現実的主体としての資本の規定性を明らかにし、これをふまえ資本（産業資本）の社会的存立、発展の根本条件としての労働力の支配、処理の方法を第二編で、土地（自然力）の資本による利用の仕方と土地・土地所有の商品経済的処理の方法を第三編で解明する――『資本論』をベースとする「原理論」の構成はこのように整理することが可能である、と考える。

「原理論」の内容についての第二点は、法則、－経済法則の理論的解明という点である。従来人間社会の「法則」についての理解は決して十分ではなかった。一方では、自然法則と同じように、人間の意思、行為と無関係に形成され、人間の意思、行為に規制作用を及ぼすもの――したがって人間としては少なくとも社会的にはこれに従わざるをえないもの、逆にいえば依拠すべき規準となるもの――ととらえられた。しかし、人間社会の関係は、それぞれの人間、あるいは人間集団の意思、行為なしには形成されない。だから他方では人間社会にはこれを外的に規制する法則などは形成されない、という考えも形成された。ところが、人間の社会関係のうちに、個々の人間の行動を規制し支配する客観的法則が形成されるのである。それは、商品経済的関係においてであった。そこでは人間と人間の関係は、物（商品または貨幣）と物（商品または貨幣）との関係を通してしか形成されない。物の関係が人間関係を媒介することによって、人間関係は客体化されて、直接的な人間の意思関係から独立する。この商品経済的関係こそが、人間関係、人間の社会関係自体において、その直接的意思行為から独立した客観的法則（価値法則）を形成することになる。商品・貨幣をもつ人間の商品経済的関係は、主観的には自由な行為のように思われている。各人は、自らの最大利益を求めて自由な売買を行っているからである。しかしその行為は、商品、貨幣関係に規制された行為でしかないし、その社会的動きと作用に従うものでしかない。これに反した行為を行うことも自由であるが、それを行えば社会的には追放される。商品経済の動きはたしかに自律的であるが、その下での人間の行動は決して自主的、意識的に行われるわけではない。

商品経済が、社会存立・発展の実体的根拠をも包摂する――労働力と土地（自然力）を商品化する――ことになると、商品経済的関係による法則も、社会的に確立する。ここでは、法則的作用が形成されるだけではなく、法則的秩序（規則）が必然的に形成される。労働力の商品化を通して産業資本は生産過程を包摂するが、その生産過程における労働者の必要労働の支出によって生産された必要生産物（一定量の生活資料）が労働力の再生産（生活の維持）に不可欠であるという根拠によって、労働力の価値は必然的に一定の労働量を基準に確定される。この一定労働量を基準とした資本－賃労働間の交換基準の確立を根拠にして、資本間の商品交換関係も必然的に一定労働量を基準に行われるものとなる。いわゆる価値法則の必然的根拠の確立である[18]。

しかし、労働力なる商品は、資本によっては（その生産過程を通しては）生産されない。労働力の再生産は、労働者の個人的生活過程（消費過程）を通して行われるのであり、生活過程は資本主義的な歪みを蒙るけれども、直接には人間生活の実体的過程といってよい。資本の社会的存立条件自体が、資本にとっては自由ではないのである。したがって、資本による労働力需要の増大に対し、労働力の供給が（一般の労働生産物のように）自律的に対応するということにはならない。この資本による労働力商品の社会的確保――労働力の商品経済的処理――の制約が、資本主義経済特有の景気循環の法則を引き起こすことになる[19]。

資本が労働力商品を社会的に確保する前提は労働力の自然的増大であるが、それだけに依存するのでは自らの労働力需要に対応する供給を確保しえない。労働力需要がその供給を上回って賃金が上昇し生活水準が上昇したとしてもそこから労働人口が増大するとは限らない。しかし資本はその需要に対応する労働力の供給を全く確保しえないわけではない。それは、既に雇用している労働者を失業させるという方法であるが、それが社会的に行われるには、資本のいわゆる有機的構成の高度化が、しかも既存設備の廃棄・更新として、個別資本間の競争を通してほぼ一斉に行われるという条件がなければならない。実はこの条件は、不況局面における、合理化――コスト切下げによる競争力強化――の過程に現われる。この合理化－コスト切下げの基本方法が、既存設備の廃棄と新設備導入による有機的構成の高度化であり、それによる雇用労働力の縮小－失業（相対的過剰人口）の形成である。不況下の存亡をかけた資本間の競争は、新設備導入－有機的構成の高度化を個々の資本に社会的に強制し、これを社会的に展開させて相対的過剰人口を形成させるのである。

ところがこの資本の有機的構成の高度化、しかも社会的範囲での高度化は、決して不断に行われるわけではない。

一度導入された固定設備の償却には一定年数の経過が必要であるし、未償却のままの新設備の導入は損失となるからである。新設（未償却の）固定設備があり、また相対的過剰人口が存在する（これも基本的には前者と関連しているが）下では、資本は基本的に有機的構成不変の蓄積を展開することになる。

このような資本の有機的構成高度化の制約――有機的構成不変の蓄積拡大が、労働力需要に対する労働力不足－賃金上昇をもたらし、資本の絶対的過剰による恐慌を必然的にひき起こすのである[20]。恐慌は、資本が社会的に労働力を確保する上での犠牲というべきもの、といってよい[21]。

「原理論」は、資本に対する労働力商品の制約に基づく景気循環法則形成の必然性とその条件を明らかにしている。法則の必然的形成ということは、社会的実体の担い手が、社会的生産の、そして社会関係形成の自主的、意識的主体となっていないことから生じている。すなわち社会的実体の担い手たる労働者が、その労働力を商品化させざるをえず、商品経済的法則作用を被らざるをえないことがその根本原因である。それは、資本の社会的成立が、労働者（と土地所有者）を階級として成立させざるをえないことと根本を同じくする。階級関係形成の必然性が構造的特質だとすれば、法則性の必然性は運動の特質を示すもの、といえよう。

「原理論」の内容に関する第三点は、資本主義における形態の発展とその限度の解明という点である。資本主義経済の発展は何よりも商品経済的関係・形態、そして資本関係・形態の発展としてとらえなければならない。逆にいうと生産力が（外的に）発展しそれが商品経済、資本関係・形態を発展させるというのではなく、後者の発展が、その中にとり込みうる生産力の要素の拡大－生産力の発展をもたらすのである。資本主義経済の論理的解明が、現実的主体的関係としての流通形態の展開によって社会的実体関係の包摂を明らかにするものであったように、形態の発展を生産力発展の現実の主体、動因としてとらえなければならない。すなわち資本形態の発展が、生産力の発展を要請するとともにその下に包摂しうる限りの生産力を発展させる。もちろん「原理論」は産業の種類や生産技術、労働・生産の様式を特定するものとはならない。しかし資本がとり込みうる、そしてその社会的成立、発展の上にとり込まなければならない生産力は包摂しうるものととらえている。だから同じ資本形態の下でも、その下にとり込みうる産業は様々でありうるのであり、産業の種類、構造が変ったから資本形態が変るということにはならない。

商品、貨幣関係の発展、貨幣諸機能の発展自体、商品経

済的形態・関係の発展であるが、これを基盤にして直接には流通を根拠とする資本として商人資本、高利貸資本が形成される。これは直接には流通関係を根拠とする資本形態の発展を示すが、G…G′形式の資本はその純粋の価値増殖関係を示すと同時に自己存立根拠の欠如——形態自体に自立の根拠はないことをも示す。これは純粋形態としての資本の発展限度を示すものといってよい。

　こうして資本の社会的成立は、上述のように労働力の商品化と土地私有を条件に生産過程を包摂する産業資本によることになる。産業資本の下での生産力の発展が当然問題となるが、生産力の発展は、個々の産業資本の利潤追求運動を直接の動力とするが、有機的構成の高度化として現われる社会的な生産力の発展は、資本に対する労働力の制約を現実的に解決するものとして行われるのである。しかしそれは資本の価値増殖欲求の実現に対して過剰な生産力（それは労働力に対する資本の過剰蓄積として現われる）の、恐慌・不況による破壊を内包し、死活の競争戦を通した産業資本の自己再生として行われる。だから生産力の発展は産業資本の運動を超えるものとはならない。

　産業資本の運動の発展は、その価値増殖を制約する要因の解除を図るものとして行われる。それは、価値増殖の制約要因を価値増殖に役立てて行くこと——ついにはその根拠自体にすること——である。価値増殖を制約する流通期間や準備金の節約をめざす商業信用、銀行信用は、産業資本の価値増殖の効率性を高める。銀行信用の形成は、銀行の下に集中した資金の貸付けを通して貸付資本を成立させる。これは、産業資本運動の創造物であるが、形態としては高利貸資本と同じであり、貸付けること自体で利子を生む——価値増殖するものとして現われる。それは、形態としては自己増殖の純粋形態の形成（再生）である。しかし貸付資本が産業資本を根拠に運動する限りでは、その形態的自立は現実には達成できない。ところが純粋な流通費を資本化させる商業資本が成立すると、この活動自体に価値形成・増殖する根拠はない——したがって利子率を規制する資金供給根拠を持たない——のに、貸付資本はこれに貸付けて利子を獲得する。商業資本の活動はそれ自体価値形成・増殖を行うものではなく純形態的流通活動であり、それが利潤を生むというのはこの純粋形態運動自体が価値増殖根拠とみなされることになる。したがって商業資本との関係においては、貸付資本はこの活動によって規制されるのではなく、それとは外的に、いわばそれ自体で利子を生むように現われ、あるいはそう観念される。

　しかも産業資本の運動自体が、経営・労務管理や営業活動などを労働者が担うことによって、本来の実体的労働

（それは価値形成・増殖の根拠である）と形態的活動が区別されずに一体化されむしろ後者に同化される（少なくともそういう観念が生じる）ことになると、貸付資本－産業資本関係についても、前者はその所有自体が利子を生むものとして、後者は形態的活動によって利潤（むしろ賃金）を生むものとして現われ、あるいはそう観念される。

資本形態の発展というのは、このように形態主体化の発展であり、形態実体化の観念の形成である、ということができる。現実の関係としては、所有－貸付けによる利子形成と流通・生産活動による利潤（というより賃金）形成という関係の分離・独立化であり、観念としては、資本＝所有－利子形成、流通＝経営活動－賃金形成という所得獲得根拠の二重化、二元化である。ここに、いわゆる所有（利子）と経営（利得）の分離現象が生じるけれども、その完全な分離は現実的関係としては成立せず（というのは貸付資本－利子は、本来の価値形成・増殖根拠なくしては成り立たないからである）、観念にとどまる。同時に労働者（直接には被搾取階級としての）の観念としても、流通＝経営活動と本来の生産活動とが一体化されて、企業の論理が浸透する。しかもこうした観念は、現実の運動、活動のいわば精神として、運動、活動の論理、推進力ともなっているのである。「原理論」は資本主義の現実の発展の中で形成される商品経済に即した行動基準＝倫理さえをも明らかにするものとなっている。資本主義の発展とは、形態実体化の観念形成と現実的関係へのその規制力である。

ところでそれ自身に利子を生む資本は、現実には銀行の下に形成される貸付資本として成立するしかないのであるが、現実資本（利潤を生む資本としての産業資本、商業資本、銀行資本）も資本としては利子を生むという観念の下に包摂されるとともに、この観念自体を現実化する形態が形成される。それはしかし現実的な関係自体としてではなく、何らかの源泉から生じる所得を利子とみなし、その源泉が利子を生む価値をもつかのように擬制される関係として成立する。それは現実には、利潤を利子とみなしその利子を生む価値が擬制される株式資本と、一定の土地を貸付けて生じる地代を利子とみなしその地代を生む価値が擬制される土地価格である。[22] それ自身に利子を生む資本という資本の理想的な自己実現形態は、その実際の存在を擬制資本によって現わす。擬制資本こそ資本主義のいわば最高の、したがって極限の発展形態であるということができる。というのは、それは資本の理想形態（観念＝精神）を体現するものであり、しかも現実資本のうちにではなく、擬制（Fiction）的関係によってしか成立しえないものだからである。現実の価値・価値増殖運動は、産業資本（商業資本、銀行資本を含む）としての現実資本しかない。ところがこの現実資本が生む利潤が利子とみなされ、利子を生む価値がこの現実資本とは別にあるものと擬制される。そして実際にもこの擬制された価値を基準に商品化され、取引の対象になる。しかしあくまでこの擬制資本価値は、現実資本価値の運動なくしては成立しえないのであり、それ自体自立しうるものではないのである。擬制として、したがって自己自体で自立しえないものとして、資本はその理想形態を現実化するしかないということは、資本形態の発展の限度であるといえよう(23)。

「原理論」は、資本の論理の展開によってその発展の限度さえも明らかにする。それはこの体制を変革しようとする者の主観やイデオロギーによってではなく、資本自体によって自らの発展限度を語らせるのである。しかしこの資本の発展の限界は、本質的には労働力が決して資本によって自由に生産され、処理、操作される物ではないという労働力＝人間物化の限界に基づいている。

注

(15) 加藤氏のように、重商主義段階を自由主義段階と区別せず、資本主義純化・自立化の前期的過程ととらえるのでは、この資本の本源的蓄積過程における国家の暴力介入の不可避性はおそらく全く理解できないであろう。重商主義段階から自由主義段階への移行は決して商品経済の自立的発展だけでは不可能なのであって、経済外的要因＝暴力によらざるをえない、したがって商品経済の発展としては断絶があるからこそ、重商主義を自由主義とは区別した「段階」と規定しなければならないのである。

資本の社会的成立―資本による社会関係の支配が、人間（労働者）と自然力（土地）との強制的切り離しを条件とするという認識は、今日ロシアの資本主義化の完成が可能かどうか、その条件はどこにあるかを解明する上に、決定的な理論的基準となるであろう。

(16) 産業資本の成立が、労働力の商品化とともに土地（自然力）の私有を条件とすることは「貨幣の資本への転化」論で明らかにされなければならない（鎌倉、前掲書、一一〇～一一四ページ）。しかしさらに産業資本（家）が土地（自然力）を所有するかどうかについては地価の形成（利子率の社会的成立と土地貸付―地代関係の成立）を前提とする。一般に地代率（地代／地価）が利潤率より低ければ、産業資本（家）としては土地を買い入れて所有するのではなく、借り入れを選択する方が合理的である（同上、二八六～二八七ページ、及び〔補注二四〕三三八～三三九ページ）。前掲、本書第Ⅰ部第一章参照。

(17) 『資本論』の基本的課題は、資本主義における階級形成の必然性の解明にあったといってよいが、唯物史観的方法に依拠していた限り理論的に明確にしえなかった。この課題は、資本を流通形態ととらえることによってはじめて可能になるのである（鎌倉、前掲書、三三五～三三六ページ）。

（18）価値法則の必然的根拠の確立については、同前、一四四～一五〇ページ参照。

（19）景気循環法則の必然性については、同前、二一七～二二三ページ参照。

（20）この点についても、同前、二一一～二一七ページ、二六〇～二六三ページ参照）。

（21）資本運動への労働力商品の包摂の制約は、利潤率の傾向的低下——それは資本の価値増殖の制約に基づくものである——として現われる。それは、生産力発展の特殊資本主義的表現といってよい（同前、二六三～二六七ページ参照）。

（22）従来、株式会社の基幹をなす株券の価格＝株式資本の形成を、合名・合資会社の発展や現実の株式会社制度の形成から、あるいは生産力の発展＝固定資本の巨大化に基づいて、明らかにしようという試みがなされてきたが、それでは少なくとも株式資本のこの擬制資本としての意味は明らかにされない。何よりも株式資本は擬制資本であることが重要なのであり、しかも擬制資本は決して株式資本だけではないのだから、現実の株式会社の歴史によっては、この擬制性は明らかにしえないのである。

（23）「原理論」第三編は、資本の成立の外的前提であるが、しかし生産手段として不可欠な土地・土地所有と、資本の運動との関係を明らかにすることを基本的課題とするといってよいが、それは生産手段として土地を使用することを通して形成される地代の問題とともに、地代を利子とみなして形成される擬制資本としての土地価格の成立を明らかにするものである。それはまた産業資本（家）が土地を所有するかどうかの基準をも明らかにする。一定の土地価格をもった土地に対する地代の比率（地代率）が利潤率より低ければ、資本は一般に土地を所有しない——土地購入に資本を投下せず、借り入れを選ぶことになる。実は、宇野が、株式の売買は一般に「原理論」では説けないといったことが奇妙に誤解されて、売買関係が現実に実現しえないならば、これを「原理論」から除外すべきだとされる傾向が生じた（大内力氏に代表される）のであったが、少なくとも株式価格の基準形成とともに、資本（家）が一般に株式を所有するかどうかの基準——それは株価に対する配当利回りと現実資本の利潤率との関係に基づいている——をも明らかにしなければ「原理論」は完成しないのである。

第三節　現実分析に対する理論的基準としての「原理論」

「原理論」の基本内容を以上のようにとらえることによって、「原理論」は資本主義経済の現実分析（段階論をも媒介とした現状分析をこのようにとらえておく）に対して、基本的な、しかし確かな理論的基準を与えるものとなる。若干具体的な事例をも加えながら、重要なポイントを指摘してみよう。

(一)「原理論」の抽象性と限界性

「原理論」が現実分析に対する理論的基準たりうるのは、逆説的であるがその抽象性に基づいている。上述したように、「原理論」は資本主義経済の純化傾向とともに、その限度――純化の時間的・空間的限界――を客観的根拠として構成される論理的構成像である。このように歴史的傾向の中で現われる対象に根拠をもつ以上、そしてそれを除いては「原理」の客観的発現はありえない以上、「原理論」の構成は歴史性をもつ。しかしこれは、しばしば誤解されているように「原理論」は、資本主義の歴史過程自体を(あるいは世界資本主義の生成・発展とかを)模写して構成されるというものではない。現実にこのような模写は不可能というべきだし、模写といいながらすでに模写すべき対象を観念的に構成するものとなっている場合が多い。あるいは歴史過程自体を模写することで「原理論」が構成されるとすれば、それだけで現実が解明されうることになるが、しかし歴史過程が終らない限り――つまり体制が消滅しない限り――「原理論」構成は無限に延長されるものとなるだろう。「原理論」構成の歴史性というのは、逆にいうと現実の歴史過程自体を対象にするものではない、ということである。

このような「原理論」構成の歴史性こそが、その論理の抽象性――特定の時期、国、あるいは生産力の水準とかの限定をもたない――を可能にし、その一般的妥当性を保証する。しかしこのことは同時に資本主義の歴史過程を含めた現実の動きは、「原理論」だけでは把握できないという限界性をも意味する。「原理論」は商品経済的に純化された論理を示すものであり、その意味で資本主義経済の現実分析の基礎となりうるが、純化の限度を根拠にして構成されるというその性格は、現実の過程は決して純粋な商品経済的関係から成立しているわけではないことを示唆するものである。「原理論」の抽象性は、その論理の一般的妥当性を保証するが、その限界性は同時にその論理による現実分析の限界性を示す。まずこの認識が、課題にとって決定的に重要なのである。

(二)構造と発展(移行)の論理

「原理論」の基本的内容は上述したが、それをふまえながら、資本主義の現実に対しその論理がいかに一般的妥当性をもつかを指摘しよう。一般的にいうと「原理論」の論理は、資本主義経済自立の積極的条件と反面消極的にいうと、自立が不能、あるいは困難になる条件とを示している。

第一に、構造的関係からいえば、

①資本の社会的自立の根本条件は、基本的には労働力の資本主義内的再生産・確保である。労働力を不断に土地・生産手段から切り離しながら、労働者の生活の再生産を実現するということである。逆にいうと資本を現実の主体とした社会的関係において労働力の再生産・確保が困難であったり困難化したりすれば、資本の自立的展開は困難になる。もしこの場合に資本主義を維持・発展させようとすれば必ず経済外的要因——国家的暴力や法律的強制——が介在する[24]。逆に資本主義が自立的発展に必要な労働力を確保すれば、それを超えて土地（自然力）と労働者を切り離し、共同体を分解させるまでもない。

②資本（現実資本）がそれ自身で土地（自然力）を所有するかどうかの一般的基準は地代率（地代／地価）が利潤率より低いこと、前者は基本的には利子率によって規制されることを「原理論」は明らかにしうるのであるが、ここから「原理論」は現実資本家は一般には土地（自然力）を所有することは合理的でないことを明らかにする。これを逆にとらえると、現実資本による土地私有は利子率より利潤率が高いという関係が成立しない条件が生じていること、それだけ現実資本の価値増殖に制約があり、投機性が強まっていることを示唆する[25]。

③資本主義経済の自立的発展の根拠は、価値形成・増殖の実現であり、これはいわゆる生産的労働に基づいている。「原理論」は、流通関係における流通活動（＝形態的活動）と、価値形成・増殖の根拠となる実体的労働とを区別して認識する（認識しなければならない）。商業、投機活動は決して価値形成にならないこと、その独立的展開は自己を破壊するほかないことを示す。逆にいうとこれらの活動が肥大化し、持続的に自己展開を示すとすれば、そこには何らかの外的要因の作用があること——しかしそれが構造を攪乱させるであろうことを示唆する。

第二に、運動論（法則論）の面でいうと、

①「原理論」は法則確立の形態的条件を個別資本を主体とする競争関係ととらえている。資本（資本家的企業）の行動は、市場競争の刺激の中での自己責任、すなわち弱肉強食である。この条件が経済法則形成、確立の条件であることを明確にしておくならば、この条件が何らかの要因、例えば自由競争を制限する独占や国の政策による規制などによって、制限されれば、法則は攪乱され、機構も不均衡化することになろう。資本の共同性（協力、協調）は決してその本性ではなく、特殊の外的条件の作用として考えられる。

②景気循環法則に関していうと、投資した基幹的固定設備を基盤にした有機的構成不変の蓄積と、恐慌後の不況局

面での既存設備の更新による新設備導入とその社会化が、資本の自立的蓄積運動の条件となっていることを「原理論」は明らかにする。いわば資本運動の内部における生産力の発展と過剰化した生産力の内的処理が、循環法則形成、展開の条件となっている。したがって、何らかの要因で好況局面の蓄積過程で不断の有機的構成の高度化が可能とされることになれば、——それは、資本蓄積の内的関係以外の要因によると考えるほかないが[26]——これによって労働力の制約をある程度解除しうるけれども、反面固定設備の過剰化をもたらすことになり、循環法則を攪乱させることになることが示唆される。

第三に、「原理論」は上述のように商品経済的形態、資本形態の発展（移行）と、その論理の内的性格を明らかにしているのであるが、この論理は、現実の資本主義の発展過程——あくまで商品経済的関係の側面に限定されるが——を示すものとなっている。

①「原理論」の第一編は流通形態の発展（移行）を商品、貨幣、資本の論理的展開として示すが[27]、それは資本主義確立以前において形成・展開してきた商品経済の発展関係を示すものとなっているし、資本主義確立をふまえた商品経済の浸透、拡大の過程においても示されているのである。それはそれぞれの概念を純粋に形態規定として抽象することによって明らかにされうる。——例えば商品がその交換性＝価値の実現を求めることが貨幣形成の動力なのであるが、その交換性の社会的実現は自らが形成した貨幣によって可能となるという、発展動力とその条件の外部依存性（外部といっても自己にとってであり、その外部要因は自己自身のより発展した形態なのである[28]）——を示している。しかし決定的に重要なのは、流通形態の展開から実体要因としての労働力と土地（自然力）の資本運動への包摂を説く論理の特徴であり、これは流通形態の展開だけでは内的には説けない。実体的要因は、流通形態の内部にはない。ここで流通形態の内的展開の論理は断絶する。この断絶の論理こそ、実は資本主義生成過程における、国家の暴力をも介在させた本源的蓄積過程を反映するものなのであり、このことによって資本主義の特殊歴史性が示されるのである。

②「原理論」第三編の現実資本の貸付資本化と、その現実具体的形態としての擬制資本形成の論理の特徴である。この現実資本の貸付資本化は、上述のように直接には観念形態として形成される。ということは、貸付資本がいかに独立したように現われ、あるいは機能をしたとしても、現実資本の存在を根拠にしなければならないのであり、これを現実的には超えられないことを示している。しかし観念的にせよ貸付資本化するということは、現実資本としても

その理念的性格（純形態的本質）は自己増殖的価値であることを示すものである。現実資本としてはそれはいわば理念的目標——しかし現実の運動においては「生産手段と労働力とを一刻も無駄にしてはならないという、資本家的方法のいわば精神をなすもの」（宇野、『経済原論』、岩波全書版、二一八ページ）であり、資本の行動の〝戒律〟となる。

さらにこの利子生み資本観念は、定期的収入（利潤、地代）を利子とみなし、その利子を生むという「逆転」（宇野、前掲『経済学方法論』、二九六ページ）——果実が先にありそれを生んだ元本がその果実から逆規定される——を通して形成される擬制資本として、現実具体的存在形態を得る。いわば資本の理念は、〝擬制〟によってしか現実具体化しえないという論理である。

この「逆転」－擬制による資本理念の具体化の論理は、擬制資本は現実資本の発展だけから現実的関係として形成されるものではないことを示している。それは、現実資本（利潤生み資本）が機能している限りでは、現実資本としては株式や土地を買い入れて所有するという関係は一般に形成されないということである。この「それ自身に利子を生むものとしての資本」は、「金融資本において歴史的に具体化するもの」（宇野、前掲『経済政策論』、一九二ページ）といってよいが、とするとこの「逆転」－擬制の「原理論」の論理は、産業資本の発展だけからは金融資本は形成されないこと、そこには特殊な歴史的条件が前提されていなければならないことを示唆するもの、といえよう。

「原理論」の形態移行・発展の論理は、資本主義の現実の歴史過程における商品経済的発展の側面をその論理のうちに示す（論理が歴史を示すのであって歴史を反映・模写して論理が形成されるのではない）と同時に、移行・発展の論理の性格（いわば内的発展の断絶）のうちに、現実の歴史的発展における特殊歴史的条件の必然的介在さえ示唆するものとなっている。

注

(24)「原理論」は、資本主義における一般的イデオロギー形成の根拠（商品経済的形態の支配）とともに、これに反するイデオロギー形成の根拠（実体的関係）を明らかにする。しかし、現実にこの後者のイデオロギーがいかに形成され、社会的影響を与えるかは実践の問題であって、理論的に明らかにしうることではない。この点は、鎌倉孝夫『国家論のプロブレマティク』（社会評論社、一九九一年）参照。

(25) それ自身資金形成根拠のない投機の持続は、銀行券の継続的発行——それは管理通貨制を条件とする——によって可能となる。

(26)「原理論」の信用制度の展開によっては、この不断の有機的構成高度化を可能とする資金の貸付けは行われえない。資金貸付けは基本的には流動資本的貸付けに限定せざるをえない。前者は後述するように、株式会社制度の導入によって現実に可能となるのであるが、それは株式の売買を可能にする歴史的現実的条件の形成にかかっている。なお鎌倉、前掲『資本主義の経済理論』〔補注一九〕（二六三ページ）参照。

(27) 宇野は「……原理論の流通形態規定は、旧来の諸社会に部分的に、補足的に発展してきた商品経済にも、形態的には共通するもの、したがってかかる商品経済の分析にも適用されるものである」（前掲『経済学方法論』、四六ページ）といっている。

(28) 貨幣形成以前にも商品、商品交換は当然存在するが特殊的に限られた条件の下であるし、資本形成以前にも貨幣も商品も（商品流通も）存在するが、それも限られた条件の下である——これらの制約された条件が、資本の形成とその支配の下で解除されて商品経済の発展が可能になる——これが形態移行の論理なのである。

㈢段階論に対する理論的基準

資本主義の世界史的発展段階の特徴を解明する段階論は、すでにたんなる現実の構造、運動の反映・模写によって構成されるのではなく、現実の事実に対して「原理論」の論理を基準にして——その全体像とともにその論理内容を活用することによって——現実の事実の特徴を分析、整理、総合して構成される。「原理論」の論理がなければ、事実の特徴——歴史的位置や運動の性格を客観的にとらえることはほとんど不可能であろう。「原理論」なくして、無限ともいえる歴史的現実の中から、いかなる要因、要因間の関係を選び抽象するのか、その要因の因果関係をどうとらえるかは、主観（主観的関心や課題設定）によるものとならざるをえない。例えば、生産力の発展水準とか、産業構造とかを分析基軸とするといっても、なぜそれを基軸としうるのかを理論的に説明しえなければならないのであり、それは「原理論」を基準にすることによる以外主観性を免れない。せいぜい共通要素を分類的に整理し、類型（M・ウェーバ的な意味で）構成するしかないであろう。

「原理論」の論理は、資本を現実的主体とし、商品経済的関係によって構成される経済的関係と運動を論理的に解明したものであるから、これを理論的基準にする現実分析へのアプローチは、多様な（時間的、空間的）諸事象に対して、この「原理」像がどこまで妥当し、どこが妥当しないかを分析することになるとともに、現実的主体としての資本が歴史的現実の中でいかなる具体的形態をもって現われるかが、分析の基軸をなすものとなる。したがって、歴史的条件によって規定された資本の現実具体的形態の検出が現実分析の中心となる。もし、資本主義の歴史的事実において資本のこの現実具体的形態が不断に変化し、あるいは時々のその資本が資本主義の支配する領域（場）において何ら規制力をもちえないものであるならば、現実分析としては特殊個別的分析（現状分析的な）を行うほかない。ところが資本主義の歴史的現実は、一定時期を画する資本の具体的形態を現わすとともに、その資本が、国内的にも世界的関係においても、支配力、規制力をもって運動したのであった。宇野の「段階論」を構成する資本主義発生期（もちろんなぜ「発生期」といえるのかさえ「原理論」によって根拠づけられうるのであるが）の商人資本、発展・確立期の産業資本、爛熟期の金融資本は、「原理論」を基準に検出された「段階」を画する資本の現実具体的存在形態であった。もちろんこの商人資本、産業資本、金融資本は、「原理論」を構成する要因ではなく、歴史的条件に規定された具体的存在であるから、「原理論」の論理だけでは解明しえない。しかし「原理論」はこの世界史的「段階」を画する資本の現実具体的存在に対し、その歴史的位置とともに、その運動の特質さえもとらえうる基礎を与えうるのである。そして、資本主義の歴史的展開が、果して金融資本を超える資本の新しい資本形態を形成することになるかどうかさえ、指し示しうるのである。基本的な点だけを指摘しておこう。

いわゆる重商主義段階の支配的資本形態としての商人資本については、「原理論」の論理としては、「貨幣の資本への転化」における商人資本的形式G―W―G′が理論的基準となるだけである。もちろん現実具体的商人資本はすでにたんなる商人資本ではなく、自らの運動の中に手工業的生産ではあったが生産過程（しかしなお個別的であった）を包摂している。しかしその運動は、国内的には小生産者、農民を収奪的に支配し、対外的にも売買差額を利潤の主要な源泉とする商人資本として活動した。「原理論」は、この商人資本の運動に関し、何よりその商人資本的形式の論理によって、「原理」体系全体の中での位置、直接には産業資本に対する位置を示すものとなる。つまり資本はなによりも商人資本的形式として成立したこと、そしてそれはなお自己運動の内的根拠を確立しえていない資本運動であるということから、それがなお社会を支配しうる位置にないことを確認しうる。この確認こそ、商人資本が支配的資本となっている時期を、資本主義の「発生」期と位置づけうる根拠である。

と同時に、商人資本的形式の利潤根拠の外的依存性と場所的、時間的売買益の獲得活動を示す「原理論」の論理は、現実の商人資本運動の性格の基本的側面を示すものであり、「段階論」はこの商人資本がどのような歴史的条件によってどのように利潤を実現したか――商品経済外的条件が利潤源泉として不可欠であった――そして利潤の確保・拡大をめざし、どのような政策を要求し実現したか（しえなかったか）を、明らかにすることになる。何よりこの支配的資本運動の展開を基軸とした、この展開に関わる現実的条件（産業基盤を含む）とそれらの諸条件に対する影響（分解、同化作用―しばしば自己をも解体させる）の分析が段階論の課題である。さらに、上述した商人資本、高利貸資本的形式から産業資本形式への発展における論理的〝断絶〟という「原理論」の論理は、「段階」を画する発生期の商人資本自身が産業資本に転化、発展するものではないこと、(29) そこには具体的な特殊歴史的条件（しかも商品経済外的条件を含む）が介在し、これによって転化自体が規制されるのである。だからこの移行過程自体は段階論では解明されえない。

確立期を画する産業資本については殆ど説明を必要としないであろう。労働力商品化と土地私有の条件の下で、社会存立、発展の実体的根拠を包摂して社会を確立させるのが産業資本であり、それは「原理論」の主役である。だからこそ産業資本が支配的資本形態となっている時期は、「確立・発展」期と規定される。もちろん「段階論」としては、産業資本運動の具体的歴史的条件（産業基盤や対外的関係）を明らかにしなければならない。これらの歴史的条件（国家の政策も含めて）は、産業資本の運動が必要とする限りで、資本主義的関係に分解・同化されて行くことが明らかにされよう。

問題の焦点は、「爛熟」期の支配的資本形態としての金融資本である。宇野は、上述したように「それ自身に利子を生むものとしての資本」が「歴史的に具体化」された形態として金融資本をとらえ、「一般に資本自身が自らかかるもの〔それ自身に利子を生むものとしての資本〕として あらわれ、資本自身のかかる発展形態を基準として、金融資本の歴史的形態も解明せられなければならない」（前掲、『経済政策論』、一九二～一九三ページ）といっている。ところがこの重大な指摘がいわゆる宇野派にあっても忘れ去られ、全く生かされてこなかった。しかし、それは「原理論」において株式資本（擬制資本としての）論理が未整理であったことに原因があるように思われる。(30)

「爛熟」期の支配的資本としての金融資本は、イギリス、ドイツ、アメリカで具体的に異なる様相を示しているが、いずれも基本は株式会社――株式資本形態をもっているのであり、その性格、運動は、何よりも株式資本の性格、運動を基準として把握されなければならないといってよい。その理論的基準は「原理論」において与えられるのである。

ところが、従来の株式資本論は、「原理」的把握とされながらも、一面では信用制度の発展から、資本の調達・動員方式として、他面では産業資本の蓄積の展開―固定資本の巨大化から、説かれる傾向が強かった。しかしこれらの展開は、現実の歴史過程における株式会社制度に直接基づいていたのであり、特殊的条件に制約された説明であって、「原理論」の論理としての抽象性（一般性）において把握されていなかった。もっとも重大な問題は、株式資本を擬制資本として把握しえないという点にあった、といえよう。

すでに述べたように、①株式資本（直接には株式価格）は、土地価格とともに擬制資本として成立する。ということは、株式会社においては、資本（産業資本としてとらえておく）は二重化され、現実資本（価値形成・増殖＝利潤を生む資本）と擬制資本としての株式資本（株式価格）に独立化する。[31] もちろん現実資本こそが根拠なのであり、株式資本はこの運動に基づいてしか成立しえないが、この現実資本自体が貸付資本化されて現われるのである。しかし、②この擬制資本としての株式資本は、現実資本の運動に基づきながらも、これから独立して独自な動きを示す。株式価格の基準は、配当／利子率によって決まるが、配当は利潤によって規制されながら、その決定には予想も含むし配当政策も介入する。しかもそれだけでなく利子率の動きによっても株式価格は動かされるし、ここにも予想が入る。株式は直接には株式市場の需給関係でその価格が左右される商品であり、その価格基準自体が不確実であることにより投機的に変動する。③もちろん、株式の所有者は、その持分に応じて現実資本を分有するものである。だから株式の売買（所有権の変換）によって、現実資本の所有者も変換し、所有者の変更による現実資本の経営者の変更を生じる（所有と経営の一定の分離）。しかし逆に株式所有者には株価に対してほぼ利子率に応じた配当を支払って（利潤が得られなければ無配もある）資金を調達できるので、株式会社（現実資本）としては自己資本（支配的株主自身による）の調達となる。現実資本の分有という点では、株式会社は共同出資形態を示すが、株式所有者が一般に獲得するのは株価（株式購入＝投資価格）に対しては利子率なみの配当であり、しかも現実に会社の経営権は支配株主に握られる。この点からいえば、利潤を生む資本（現実資本）としては、株式に資本を投じるのは、利潤率＞利子率が一般的である限り合理的ではない――そこには別の要因が介在する――ということがいえる。また銀行自身に集中している資金が、株式に投下されることも、株式自体は商品形態をもち商品として売らなければならないこと、しかもその価格は不確定でありこれに投資した資金が確実に回収される（期間を含めて）とはいえないことによって、一般的に行われるとはいえない。銀行に集中している資金は借入れたものであって、返済を要するものであるから、その運用も、元本回収と期間を確定した貸付けによって行われるほかないのである。株式資本は貸付資本に擬制されるが、貸付資本ではないのである。

以上のような「原理論」の株式資本（擬制資本）の論理によって、その現実具体的形態としての金融資本の性格、運動の基本を解明する手がかりがえられる。

第一に、株式資本は擬制的関係を通して形成されるのであるから、現実の貸付資本―産業資本関係の発展自体から形成されるとはいえないことである。この点は、③で述べたように、産業資本自体が自ら株式所有者になることも、また銀行自体が集中した資金を株式に投下することも一般にいえないことによっても示される。このことは、株式資本の現実の成立は、信用制度の発展だけではない現実具体的条件の下で行われることを示すものであり、また産業資本の蓄積の進展の下での固定設備の巨大化――従来の所有関係を超えた規模の拡大――も、信用関係だけで展開されることにはならないし、株式の売買―所有が産業資本自体の内的関係からは説けない以上、この前提自体が一般に成立しえない（固定資本の巨大化は逆に株式制度の下で可能とされたのである）。したがって、株式売買―株式所有（土地売買―土地私有を含め）がどのような歴史的現実的条件の下で一般に可能となるかの解明が、「段階論」の重要な課題となる(32)。

第二に、株式資本による資本の二重化ということは、現実的形態として成立する金融資本も決して一元的形態をもつことにはならず、その様相を異にする、ということである。少なくとも根拠としての現実資本運動を強固な基盤とする金融資本に対し、これから遊離した株式所有による支配、あるいは株式市場での投機的取引を基本とする金融資本を成立させることになる。もっとも前者にも後者の面が多かれ少なかれ伴っている（逆も同様）。段階を画する支配的資本が一元的形態を持たなければならないとか、支配的資本である限り、世界的にもその資本が基軸となって規制力を持たなければならないとするのは主観的断定であり、資本の二重化に基づく金融資本は、こうした性格を持ちえないということが重要なのである。

第三に、株式資本による資本の二重化に関連して、金融資本の特徴についても基本的認識がえられる。すなわち、株式＝擬制資本（土地価格＝不動産取引を含めて）市場は、現実資本から独立して独自な運動を、しばしば投機的運動を展開するが、しかし株式市場における株式の売買（土地の売買も含めて）がそれ自体としていかに利得を獲得しえたとしても、それは所詮擬制的価値に関する限りであり、現実には価値形成・資金形成に関わらないこと（その根拠をもたないこと）をとらえることができる。したがって、株式市場の投機は、それ自体利子率を上昇させて自己破綻をとげること――しかしそこへの資金吸収、利子率上昇、あるいは破産や不良債権形成が現実資本にも影響を与えること――をとらえることができる。株式＝擬制資本論は、経済のバブル化とその破綻――その現実資本の運動への影響に対しても、確かな分析基準を与えている。

最後に、株式資本は（土地価格とともに）、資本の理念の現実具体化形態であるから、資本主義はこれを超える新たな資本を形成しえない。金融資本を、この株式資本の歴史的に具体化された形態であるととらえることができるならば、金融資本を資本主義の最高の発展形態として規定することができよう。そして同時に金融資本が支配的形態となっている資本主義の時期＝「爛熟期」は、資本主義の最高で、かつ最後の段階として規定することができるのである。これを超える資本形態が現実に形成されてきたであろうか。あるいは新しく発見したととらえた「型態」は、金融資本形態自体の特殊の姿なのではないか。

もちろん金融資本の具体的様相、それが包摂する産業、産業基盤、その経営管理・運営方法、国家の政策に対する金融資本の要求やその政策の現実化と影響、各国金融資本の国内的、国際的支配の構造や動きは、歴史的具体的に解明されなければならないが、これらの歴史的諸条件が、金融資本の成立、運動に関わり、あるいはそれによって直接影響を被る限りにおいて、「段階論」として解明されなければならないといえよう。したがって、金融資本を基軸とするだけでは経済、社会関係がもはや展開しえない――体制が維持できない――という現実が現われたとき、その現実分析は、現状分析の課題をなすもの、ととらえることができよう。

注

(29)　宇野は次のようにいっている。「商人資本から産業資本、産業資本から金融資本への発展は、資本がそれ自身に展開するものではない。資本主義的発展の諸条件の変化とともに変化してきたのである。発生期の商人資本は、それだけでは発展期の産業資本に転化するものではない。」（前掲、『経済学方法論』、五一ページ）

(30)　上述したように、「原理論」を循環法則の解明と独断的に限定してしまった大内力氏は、そこから株式資本論を追放し、そのことによって金融資本解明の理論的基準を放棄してしまったのである。鎌倉前掲『資本主義の経済理論』は、原理論において展開できる限りでの株式資本（擬制資本）論を示してみた（同書、三二四～三三四ページ）。

（31）念のためいうと、この資本の二重化は、機能資本と貨幣資本の二重化ではない。現実資本はその所有関係なくしてはありえないし、株式資本は実は貨幣資本ではない（それは貸付資本に擬されているがそれ自体は商品形態をもつのである）。

（32）企業の土地売買―土地所有に関しては、鎌倉前掲書、［補注二四］（三三八～三三九ページ）を参照されたい。

㈣現状分析の課題

加藤、馬場氏が第一次世界戦争後の現代資本主義についても「段階論」の対象とすべきだと主張されるのは、この時期を資本主義から社会主義への体制移行期だという従来の理解が、ソ連・東欧「社会主義」の解体によって――それを社会主義自体の崩壊ととらえたところから――、通用しえなくなったととらえたからであろう。ということは、「現状分析」としての分析対象は、体制移行期――いわゆる過渡期――であるという考えが前提されていたことによると思われる。たしかに宇野は、「原理論」は恐慌の必然性を、「段階論」は戦争（直接には帝国主義戦争）の必然性を、「現状分析」は革命の必然性を問題する[33]、としていた。ここからいえば、現状分析は革命の必然性が現実の課題となるいわゆる過渡期を対象とするというのが宇野の考えであった、と解することもできる。

しかし、第一次世界戦争後の資本主義を「段階論」として解明するといっても、すでに指摘したように、少なくとも帝国主義段階の支配的資本形態に代る新たな資本形態はとらえられていないし、したがってこの段階が（帝国主義段階とは別の）資本主義のどのような段階なのかも規定しえていない。そればかりでなく、資本主義に対するソ連「社会主義」のインパクト、あるいは冷戦体制という明らかに資本主義外的要因、あるいはその現実の作用さえも「段階論」の論理の中に含めなければならないことになるが、この外的要因、その作用の状況によって、「段階」的にとらえられるとされる関係が規制されることになるので、この関係を果して資本主義の「段階論」として規定できるのか疑問である。さらにいえば、ソ連・東欧「社会主義」の解体を社会主義自体の崩壊であるとする理解も余りにも短絡的であり、その崩壊はむしろ資本主義によって歪曲された「社会主義」の崩壊としてとらえなければならないし、それによって社会主義の思想と運動が――弱体化したことは確かだが――消滅したわけでも、資本主義体制への影響力が失われたわけでもない[34]。いわゆる過渡期のとらえ方に関しては、資本主義の下で資本の最高の発展形態（株式資本）が現実的主体となっている中で、宇野のいうように

「人間の主体的行動」——「それはもはや政策的行動のような、いわば客体的過程に対する、主観的行動ではなく、歴史の客観的過程自身を規定する、主体的行動」である——が「重要な役割を演ずること」(『資本論と社会主義』〔『宇野弘蔵著作集』第一〇巻〕、四七ページ)になっているかどうかが、「過渡期」であるかどうかの判断基準である、といえよう。いわゆる過渡期の分析については後にある程度立ち帰ることにして、さしあたり段階論とは別の次元としての現状分析の対象、課題はどこにあるか、あるいはそれはなぜ段階論としてはとらえられないのかを要点的に示しておこう。

段階論が、資本主義の段階を画する支配的な資本形態によって、現実の資本主義が、その国内的関係に関しても国際的関係に関しても、規制されている関係・動きを解明する——したがってその支配的資本の論理(その目的=価値と行動基準)によって基本的に規定される——のに対し、現状分析は一般的にいえば、現実の資本主義の関係、動きが、支配的資本によって規制されず、むしろこの支配的資本の運動が、外的諸要因—政治的要因を含む経済外的要因や非資本主義的要因の影響・作用によって規制されている事態を分析対象とする、ということができる。段階を画する主導国の支配的資本自体についても、それを規制する特殊歴史的要因による作用を多少とも受けている限り、現状分析を要するといってよいが、この点からいえば、現状分析の主要課題となるのは、

①資本主義が形成されていながら、その関係、動きが、世界的な主導国の支配的資本によって規制されているいわゆる後発的資本主義国の分析。——この場合にはその国の現実的主体としての資本の動きは、その国の歴史的特殊的要因の影響とともに、主導国の支配的資本の動きによっていわば二重に規制されることになる——。

②段階の移行過程、すなわち支配的資本形態の転換過程の分析。——重商主義段階を規制した商人資本の自由主義段階を支配する産業資本への移行過程は、決して商人資本自体の内的発展によって行われたのではなく、そこには国家の政治的暴力による労働者と土地の強制的分離が不可欠の要因であったし、自由主義段階から帝国主義段階への移行も、少なくとも株式資本の現実化——株式の売買関係の現実化を必要とし、また可能とする歴史的な特殊の条件の存在が不可欠であって、この条件自体はすでに上述したように、産業資本自体の内的発展にとっては外的なものであった。しかしこの条件が新たな資本形態としての金融資本の現実的形成にとって不可欠なものであった。

③各段階の支配的資本の運動に対して、実体的要因、と

くにその担い手の主体的行動が、その運動への包摂を困難にするような矛盾を現出させ、しかもこの矛盾を支配的資本を主体とした行動によっては現実的に解消（処理）しえない事態において、社会的関係に対する支配を外的要因、とりわけ国家の政策介入（政治暴力を含む）によって維持しなければならない状況、あるいは局面の資本主義の分析。この場合、実体的要因としては、産業構造、産業編成等も含まれるが、自然力（土地）と労働力（労働者）が基本である。資本の運動に対し阻害的影響を与えるまでになった環境問題もこれに含めてよいであろう。

上掲①、②の場合もこの③の自体が多かれ少なかれ生じていたといってよいが、しかしそれは基本的には資本の新たな形態形成（資本主義の発展）によって現実に処理しえた。また例えば、労働実体の担い手である労働者の、資本の運動（資本家の行動）に対する反発（ストライキのような意識的、組織的行動にせよ、サボタージュなどのような感覚的行動にせよ）によって、資本運動が阻害され、中断することも、自由主義段階でもあった。しかし例えば資本自体による労働条件改善（現実には景気上昇によって可能となる）によって、この事態が解消される限りでは、国家による対応は必要とされない。その限りでは支配的資本の論理の枠内で処理された、といってよい。しかし、労働者の意識的、組織的行動――しかもたんなる資本への抵抗でなく社会的主体たらんとする思想・志向をもった行動（それが社会主義運動である）――によって資本運動―支配的資本の運動―が阻害され、しかも資本自体によって容易にこれに対応しえない事態が生じたとき、資本主義の維持は経済外的要因、直接には国家によって支えられざるをえないのである。この国家による体制維持政策は、労働者の思想状況、組織・運動状況によって規制され、しかもこれに対して支配的資本自体がその論理の枠内で処理しえない事態において必要とされるのであるが、この事態の形成が、支配的資本にとって外的な要因（労働者の意識や行動状況）による以上、それは段階論的解明に対して現状分析が必要とされる、のである。

この③の自体が現実に、そして一時的でなく生じている時期が、第一次大戦後の現代資本主義である。しかもすでに資本の最高の発展形態としての金融資本が現実具体化され、その運動の展開による矛盾を噴出させながら、これを資本自体の発展（それは基本的には形成されない）では処理しえない、というよりこれを現実的に処理しようとする国家の政策をはじめとする対応が、新たな矛盾を噴出させている。

この金融資本自体の運動に関わり、しかもそれ自体では処理しえない矛盾をもたらす要因には様々なものがあるけれども、重要な要因としては少なくともソ連・東欧「社会主義」崩壊にいたるまでは、その存在とその国際的な、そして資本主義の支配自体に対する影響であったことは否定しえない。大戦間はそれは、主に思想的、イデオロギー的影響であったのに対し、大戦後は明らかに現実的、物理的、物質的影響となった。この資本主義に外的なソ連・東欧「社会主義」の存在と影響力は、もちろん資本主義国内の労働者運動に少なくとも思想的影響を与えた。しかしこの影響があったから資本主義国内において社会主義をめざす労働運動が展開されたというだけでなく、その国内において金融資本による形態的支配自体が、例えば大量失業や人間間の格差形成等によって、実体の担い手である労働者の(人間的な)反発、対抗を招き、社会主義を志向させたことをとらえなければならない。この「社会主義」の影響という外的要因に対する対応は、国家的には軍事力強化であり、これを可能にする管理通貨制度の導入とともに、国際的には政治的、軍事的協調関係であった。管理通貨制度は、金融資本自体の経済的要求に対応する政策ではなく、資本主義に対抗する外的要因としての「社会主義」に対する政治的、軍事的対抗策と不可分離なのであった。と同時に、資本主義国内の労働者運動に対する対応も、その思想性と組織的運動の状況に規制されて、国家的対策を必要とさせたのである。それは、主要には福祉政策であり、そして思想・イデオロギーの同化策であった。ここでも管理通貨制度が不可欠であったが、これも明らかに金融資本的政策としてはとらえられない、国家の政治的・思想的統合策であったし、したがって資本の動向によって規定されるというより、労働者運動の性格や規制力に左右されるのであり、その事態は現状分析として解明されなければならないのである。要するに資本運動に包摂され、国家に統合されながらも、社会の本来の実体の担い手・主体である労働者の行動自体が、「客観的過程自身を規定する」事態——これはまさに過渡期ということができる——、それが現代資本主義なのである。

最後に、ポスト冷戦における資本主義の事態に関し、若干のクリティカルな点を指摘しておこう。

ソ連・東欧「社会主義」の崩壊は、たしかに資本主義世界に対する外的影響力、直接には軍事的対抗関係をほとんど解消させるものとなった、といってよい。したがって、それは、冷戦体制下における資本主義の軍事的対抗関係、そして資本主義国間の政治、軍事的協調の姿勢を解消させるものとなる。その点からいえば、ほとんど第一次世界戦争前のいわば古典的帝国主義段階に回帰する——つまり資本主義国相互の経済的利害関係の対立と、後進国市場の争奪戦という事態――ことになるといえよう。そして一面ではたしかにこの対立関係が、新たな経済ブロック形成の動きに示されるように、生じている。だが反面、今日の資本主義はもはや決して古典的帝国主義の事態を単純に再現する――もしそうだとすれば段階論の論理が再復活するといえるだろうが――ことにはならない。というのは、ソ連・東欧「社会主義」に対決してきた約五〇年の歴史が、資本主義世界にもはや古典的帝国主義に回帰しえない決定的変化――実体関係に関わる構造的変化――をもたらしたのである。その基本は、国際的な――さしあたりは資本主義国間の――産業構造、産業編成の変化、不可分離的な相互依存・連関関係の形成である。これは、資本主義の、直接には金融資本の自律的展開がもたらしたものではない。政治・軍事的な「社会主義」への協調的対抗関係が、決定的影響を与えたことを否定することはできないであろう。「社会主義」に対する、金融資本の論理を越えた国家的、国際的な対応が、資本主義国間の不可分離的産業編成をもたらした――いわば資本自体ではおそらく形成不能だったであろう産業の世界的連関関係を形成したのである。そしてこのような実体要因である産業構造・編成の国際的連関関係の形成（情報の国際化を含めて）が、金融資本の運動（その論理）を越える要因によって形成された以上、それは金融資本自体では、あるいはそれを軸とした国際的関係では絶対に処理しうるものではない。しかも資本主義体制を維持しようとすれば、個々の、あるいはそれぞれの国の金融資本の利害を犠牲にしても、この産業構造の変化・編成に、対応しなければならないのである。

この点で重要なのは、国際関係を結ぶ基軸通貨に関してである。産業間の国際的連関関係の形成は、この関係を結ぶ国際的に通用する通貨を必要とさせるが、しかし現実にはある国の通貨が基軸通貨として用いられるのであり、文字通りの世界通貨は形成されない――世界中央銀行による中央銀行券発行の試みはなされたが――。現実にはアメリカ・ドルが世界基軸通貨として用いられている。しかし七一年のドル・金交換の停止以降、アメリカの世界的経済的地位からいっても、国際収支の継続的赤字、さらに対外純債務の巨額累積からいっても、ドルは基軸通貨の根拠を喪失している。にもかかわらずドルが基軸通貨として機能し続けている根拠はどこにあるか。それは、産業構造の国際的連関自体がそうであったように、ソ連・東欧「社会主義」への対抗を要因として形成されたパクス・アメリカーナが、ドルの基軸通貨としての根拠となっているのであり、産業連関に基づく金融システムだけではなく、それ自体が財政支出と関わる軍事的、政治的関係、権力的関係と不可分離となっている――その上に成立しているのが基軸通貨ドルである。各資本主義国の通貨が不換銀行券でありながら、通用しているのは、次にみるように、たんなる金融メカニズムの形成に基盤をもっているだけでなく、政治的統合に関わる福祉等の財政支出と不可分離であるように、国際関係においても政治的・軍事的、権力的関係が、ドル体制を維持している。アメリカの軍事力は、ソ連解体後は、他の資本主義国の独自利害追求――独自勢力圏形成に対する牽制力であり、ドル体制維持負担を強要する要因となっている。[35]

もう一点として、今日の資本主義における対労働者政策について指摘しておこう。現存「社会主義」の動揺と、資本主義国内の社会主義運動の弱体化は、資本の要求に対する抵抗力、規制力を殺ぐことによって、いわゆる民営化―市場競争原理の推進、その生活・労働分野への浸透を招いた。福祉政策の分野でも、自己負担・自己責任が叫ばれ、市場原理導入―福祉政策の転換が進んだ。少なくともイデオロギー的には自由主義段階への回帰というべき状況となっている。ソ連・東欧「社会主義」の挫折は、この傾向をさらに進めている。

しかし福祉政策の全面的転換は容易に実現されないし、労働・生活分野への規制緩和、市場原理の導入も意図通りには進まない。一定水準の生活維持、それを破壊しない程度の労働規制による労働条件の維持は、人間の生存権、社会権の保障として現代資本主義において一般的に制度化されたのであったが、これには労働者運動の要求というだけでなく、「社会主義」への対抗という政治的要請が働いていた。したがってこの後者の要因が失われれば、福祉政策の見直しが当然推進される。しかしそれが決して全面化されず、徹底しえないのは、「社会主義」への対抗が大きな契機であったとはいえ一定の制度的保障が確立すれば、それは人間の生存条件として定着し、いわば実体化するということであり、また人間である以上これを当然ととらえる民衆の意識が定着する。したがって生存権保障が生活実体に根づいている以上、「社会主義」への対抗という外部の要因がなくなっても、少なくとも基盤的福祉政策は転換させえない。いわば資本主義に対する外部要因が、その内部の要因（実は実体的要因として資本にとっては外部なのだが）に転化した、ということである。

しかし、重要なのは労働者・民衆の意識状況である。それが、人間としてだれでも等しく一定水準の生活を享受する権利があるという状況であれば、現実に福祉政策の全面転換は実現しえないだろう。しかし労働者・民衆が、利己主義的利益を追求し弱肉強食の競争を当然視し、〝実力〟なき者は淘汰されてよいという、まさに資本家的企業と同じ価値観に同化されるならば、事態は大きく転換しよう。だからこそ労働者・民衆のイデオロギーを、資本主義に一般的なイデオロギーに同化させるべく――まさに形態の実体化による実体の解体である――、国家は（財界とともに）イデオロギー統合機能を担わなければならないのである。労働者・民衆の思想・意識状況が客観的過程を左右する――これこそ現状分析の課題をなすものといえよう。

注

(33)　『資本論と社会主義』（一九五八年、岩波書店）、『宇野弘蔵著作集』第一〇巻、四七ページ

(34)　こうした点に関しては、鎌倉前掲『資本主義の経済理論』〔補注四〕（三九～四〇ページ）参照。

(35)　この点についても、同前〔補注二一〕（三〇五～三〇六ページ）参照。

（初出：埼玉大学経済学会『社会科学論集』第八九号、一九九六年一〇月）

第三章　現状分析に不可欠な論点

第一節　問題

マルクスの『共産党宣言』一五〇周年（一九九八年）にさいして、私は「『共産党宣言』に関する二つの論点」という小論を書いた[1]。二つの論点というのは、まず第一に、『共産党宣言』の階級（資本主義社会における）の把握には、土地所有者階級が欠けている、ということである。資本家階級から独立した土地所有者階級の存在、そして土地価格の形成や土地の私有という関係は、資本主義経済の理解にとって決定的に重要である。『資本論』が、資本家階級、労働者階級とともに、土地所有者を、社会の一階級としてとらえていることは、周知のところであるが、『共産党宣言』はなぜ土地所有者階級を欠落させたのであろうか。それは何を意味するのか。

第二の論点は、『共産党宣言』の実践的提起、「万国のプロレタリア団結せよ」に関わることであるが、歴史的にみてもまた今日でも労働者階級の実践運動は、国家の枠組みを脱しえていない、ということである。今日、グローバリゼーションが進展しているが、その中でむしろあらためて国家とか民族性とかの役割や意味が再措定されてきている面もある。これをどうとらえたらよいのか。資本主義は果して国家を超えうるのか、という問題である。

これら二つの論点を、現代資本主義分析にどう生かしうるか、本章の課題はここにある[2]。これらの論点は、従来必ずしも重視されてこなかった。『共産党宣言』一五〇周年に関わる日本の諸論議でも、第一の論点を取上げた者はほとんど見かけない。第二の論点、とくに民族性の問題は、むしろ否定的に扱われてきたのであり、世界性、グローバリゼーションの側面が現状分析にとって生かすべき積極面として取上げられている。しかし、これらの論点は、資本主義経済の、とくに現代資本主義経済の特徴をとらえる上で、欠かすことのできない分析視点を提起するものと思う。そこでこれらの論点をふまえながら、以下現代資本主義とりわけソビエト「社会主義」崩壊後のポスト冷戦下における資本主義分析に関する若干の問題を提起してみたい。

第一に、現状の経済動向の決定的特徴であり、例えば二九年恐慌、三〇年代大不況時にはみられなかった国際的な基軸通貨の流動性過剰、それに基づく国際的な投機に現われる擬制的経済について考えてみる。これはいわば最後の基軸通貨・ドルがどうなるのか、に関わってくる。

第二に、現在の日本経済においていわゆる資産デフレ——不良債権問題が深刻な問題になっているが、株式・土地の企業による所有というわば日本的企業活動の特徴をとらえなければ、問題は十分明らかにされないであろう。ということから現代資本主義の擬制的特徴を分析する理論的基準として、若干くり返しにはなるが、株式・土地価格等擬制資本の理論が不可欠であることを、擬制資本論を若干具体化しながら論じてみる。

銀行・証券資本、とくに短期資金を駆使するヘッジ・ファンドなど国際的投機師たちの投機によって、いま世界中が撹乱されており、東アジア（タイ、インドネシア、韓国）、ロシア、南米等々で通貨、金融危機が生じ、そして実体経済が撹乱されているのであるが、これが現象的にはグローバリゼーションの進展として現われ、各国の国家的（あるいは地域的）政策の余地を狭めているのであるが、しかしこの攪乱、とりわけ実体経済の危機に伴う大量失業、生活の危機に対し、いまあらためて国家あるいは民族という、非商品経済的な関係に基づく共同関係形成の意義が再提起されてきている。そこには一九三〇年代のいわゆるナチス的民族排外主義がはっきり台頭しているが、そういういわば〝右翼〟的、排外主義的民族主義ではない民族性再措定の動きも形成されてきている。そこで第三点として、あらためて国家とか、民族・民族性について検討しなければならないと思う。観念的な〝友愛〟的共同関係形成の構想などではなく、生きる基盤に基づいた現実的共同関係の確立を考える上に、民族・民族性の問題は、見過ごせない重要な問題なのではないか、と考える。

これらの論点を通して、資本主義体制の歴史的限界がどういう形、内容で成熟するのか——それは今日の現実においては「実体」を包摂しきれない「形態」の限界というよりも、「形態」による「実体」の解体化作用によって危機が生じているように思えるのであり、その中で「実体」の担い手、資本主義体制変革の主体自体が解体化されようとしているので、再生の展望が見えないという状況になっているが——、について考えなければならない（さしあたり後掲第Ⅰ部第五章参照）。

注

（1）『季刊　経済と社会』第一二号、一九九八年冬季号、時潮社。なおここに掲載された拙稿の全文は以下の通り。
『共産党宣言』の現代的意義に関して論ずべきことは多いが、ここでは従来余り論議されてきたとはいえない理論的問題と実践的問題について、ひとつずつ取上げる。

まず理論的問題、資本主義の分析に関してであるが、それは階級関係の理解についてである。周知のように『共産党宣言』の階級論は、「ブルジョアとプロレタリア」という二大階級論である。『資本論』の階級論はいうまでもなく、三大階級論であり、上掲二階級のほか、土地所有者（地主）を独立した階級としてとらえている。なぜ『共産党宣言』は、土地所有者階級を独立した階級として取上げなかったのだろうか。しかも第二章末尾の「生産様式の変革への手段」として提起される「方策」の第一項は「土地所有を収奪し、地代を国家支出に振り向ける」こととされているし、第七項でも「共同計画による土地の耕作化と改良」が指摘され、土地所有、農業が重視されていることからしても、土地所有論の不備は問題とされるべきであろう。スミスの階級論も三大階級論、リカードにあっては地主（貴族）は産業資本家に対立する階級として位置づけられ、重視されていたことを考えれば、問題は増幅する。

おそらくその理由は、『共産党宣言』では、土地所有者を、資本家とともに生産手段の所有者として、支配階級として一体的にとらえたからであろう。ということは、労働によって再生産可能な生産手段に対する自然力としての土地の特殊性を十分認識していなかったこと、理論的にいえば、資本投資に対する利潤と、土地貸付けに対する（利子に相応する）地代の明確な区別とその意味の認識を欠いていた、といえよう。

自然力としての土地の所有の資本家階級に対する独立的な存在、そして擬制資本としての土地価格は、株式資本とともに、現代資本主義の解明にとって決定的に重要なのである（鎌倉、前掲『資本主義の経済理論』有斐閣、一九九六年参照）。

次に実践上の問題についてでは、「労働者は祖国を持たない」という点を取上げておく。これは「万国のプロレタリア団結せよ」というテーゼと直結する指摘であり、階級性、革命性を表す提起とされてきた。もちろん『共産党宣言』は、自国ブルジョアジーの打倒、「国民」的国家の権力獲得を指摘してはいたが、それは「形式的」なことであり、過渡的なこととされていた。そればかりか「ブルジョア階級の発展」――商業の自由と世界市場の拡大の中で、「諸国民の国民的分離や対立」は消滅しつつある、とされている。

これらの指摘は、今日のGlobalizationの進展を示唆した先見的なものと評価するむきが多い。だが、歴史的にみて、革命は明らかに一国的単位で起きてきたし、労働者の運動も、国民的あるいは民族的枠組みを脱してはいない。今日のGlobalizationにおいても、多国籍企業の活動に起因する各国の――例えば大量失業などによる――経済的社会的混乱に対して直接対処しうるのは、それぞれの国の国家なのである。資本主義は国家を超えられないのである。

「労働者は祖国を持たない」という指摘によって、むしろマルクス主義における国家論とともに〝民族〟〝民族性〟の分析、認識が不十分にされてきたといわざるをえない。

そしてこうした問題は、上述した土地所有者の理解における不備に関わっているように思われる。資本主義は、労働者から土地を切離し、それを無償では使わせないことによって成立する。それには土地私有の確立と法律的確定、したがって領土の確定が不可欠なのである。その確定は国家の権力によってなされなければならないのである。

現代資本主義の分析にとって、また革命実践にとって、土地、土地所有、領土問題とともに民族問題の検討が必要である。これらの点の不備に、『共産党宣言』の理念先行的観念性と、歴史的制約性をとらえなければならない。

（2）　現状分析に関する経済学原理論の理論的基準としての意義については、鎌倉、「現実分析の理論的基準としての経済学原理論」（埼玉大学『社会科学論集』第八九号、一九九六年十月［本書第Ⅰ部第二章所収］）を参照されたい。なお、現代資本主義の諸問題について、簡単ではあるが鎌倉、前掲『資本主義の経済理論』、補注八、一〇、一二、二〇～二四等を参照されたい。

第二節　現代資本主義のインフレ的、「擬制」的性格

㈠資本主義の、とくに帝国主義段階の資本主義の「擬制的」性格については、すでに指摘されてきたことである。『資本論』でも、株式制度に関わって、「新しい金融貴族を再生産し、企画屋や発起人や名目だけの役員の姿をとった新しい種類の寄生虫を再生産し、会社の創立や株式発行や株式取引についての思惑と詐欺との全制度を再生産する」とか、「信用はこれらの少数者にますます純粋な山師の性格を与える。所有はここでは株式の形で存在するのだから、その運動や移転はまったくただ取引所投機の結果になるのであって、そこでは小魚は鮫に呑みこまれ、羊は取引所狼に呑み込まれてしまうのである」（第三巻第五編第二七章）という指摘がある。レーニンの『帝国主義論』でも帝国主義段階を支配する金融資本の下での「寄生性」と「腐朽化」を指摘している。いずれも信用と株式会社を基礎とした指摘であり、現代資本主義分析にとって重要な示唆を与えるもの、といってよい。しかし、マルクスにおいては、株式・株式会社については十分理論的に展開されていなかったし、信用－貸付資本・利子関係と株式・株式資本との区別と関係、擬制資本としての株式資本についても、明確にしていたとはいえなかった。株式に関しては、むしろ第一巻第七編資本の蓄積過程における指摘――資本集中のテコとしての株式会社（第二三章第二節）――が、レーニンの『帝国主義論』で独占形成の基礎として取上げられたこともあって、中心的に取上げられてきた。しかし、資本の集積・集中に関連する限りでは、株式の擬制的、そして投機的性格は明らかにされない。――レーニンの『帝国主義論』の指摘に関しても、「寄生性」は「金利生活者」＝「利札切り」を中心としたものであった。レーニンの場合も、株式の擬制的性格の側面は決して明確とはいえなかっ

た。信用–株式会社は、基本的には資本の集積・集中と独占形成という現実資本に関わる、端的にいえば生産力の発展に関わる性格の側面でとらえられていた。

(二)現在の不況、直接には日本経済の九七年半ば以降の金融危機を伴う不況の深化を、一九三〇年代初めの大恐慌・大不況と対置して、ほとんど三〇年代型恐慌・不況の分析視点、諸要因、その関連性分析を基準に説明する、という試みが行われている(3)。たしかに類似の経済現象はあるし、同種の要因と作用も考えられる。しかし、この手法については、方法論的には安易すぎるといわざるをえない。現象的に同じでもその原因や影響について決して同じではない事態を、誤り解することにもなる。日本経済の八〇年代の経済のバブル化、九〇年代のバブル破綻による不況、そしてその国際的な基盤に関しては、歴史的にみて全く新しい現象が生じているのであり、三〇年代論による安易な類推では解明されるはずはない。ごく基本的な、三〇年代に対する現代の違いを、示しておこう。それは、現状の解明への分析枠組みともなる。

一九二〇年代から世界大恐慌の過程で、ポンド体制が解体するまでの経緯に対し、ドル体制の危機深化過程——解体への過程といってよいがなお解体が現実に生じていない——の特徴・違いを明らかにしなければならない。英・ポンドが、基軸通貨としての地位を喪失する過程は大要次のように進んだ。①ポンドの金本位復活（二五年）におけるポンドの過大評価、それによってイギリスは輸出競争力が低下し、貿易収支の赤字が増大する。②貿易収支赤字に対し高金利政策を採用し、合理化を進めるとともに、資金の外国からの借入れを図る。③しかし不況の継続の下で財政赤字も拡大し、国債増発を行う。④対外借入れ増大による対外債務累積。⑤アメリカの景気過熱(株式ブーム)、利子率上昇(金本位制による)、さらにバブル破綻による高金利によって、対英貸付資金が引揚げられ、イギリスの資金借入れが困難になる。⑥イギリスは、財政引締め、デフレ政策を行うが、英国債の不安から国債相場大暴落。⑦そしてついにポンドの大暴落・金との交換停止——ポンド体制の解体となる。

これに対しドル体制の危機進行の特徴を指摘する。

まず第一に、ポンド体制の解体は、再建金本位制の下で生じた。そしてポンド体制解体の下で管理通貨制が一般化した。ところが、現在のドル危機は、ドル自体を含めて全面的な管理通貨制の下で生じている。この点がまず決定的に異なっている。ということは、ドルが管理通貨化した七一年八月以降、アメリカの国際収支の赤字が続く限り、ドルの流出、過剰化、要するにドル・インフレの状況にある、ということである。

第二に、基軸通貨保有国イギリスは、借金、とくにアメリカからの借金によって国際収支の赤字をカヴァし、ポンド体制を維持してきたが、これが継続しえなくなったのは、アメリカの株式ブームとその崩壊—大恐慌の発生の下での高金利であった。現在、アメリカの国際収支は巨額の赤字であり、これを外国からの資金借入れによってカヴァしている。その点は二〇年代のイギリスと類似している。と同時に、アメリカに対する資金の出し手・日本が、恐慌に見舞われて、対米貸付が困難となり、ドル体制解体の危機が生じるのではないか、と危惧されている。実際日本の不況は深刻化し、金融も危機的状況にある。

しかし、二九年恐慌時点のアメリカは、金本位制下であり、大恐慌はいわば自動調整的生じたのに対し、九〇年代の日本の不況では、バブル破綻下の九一〜九四年不況時点から、国債増発—財政支出拡大による不況対策が行われてきているのであり、しかもそれにも拘らず不況が克服されず一段と深刻化しているところに問題がある。本来インフレ—デフレとは、財政支出の膨張—収縮による通貨増発—収縮現象をいうのであるが、この点からいうと今日の事態はデフレではなく明らかにインフレであり、インフレの効果がほとんど失われている——通貨発行は膨張しながら、資金として貸付けに回らず、実体経済の回復をもたらさない——ところに問題がある、ということなのである。と同時に、資金の貸し手である日本は、アメリカに対して政策的に低金利を続けている。

そして第三に、現在、自体は確実に上掲ポンド体制崩壊過程④まで進行しているにも拘らず、ドル体制はなお解体せず、ドル価値は維持されている。それは、経常収支の赤字に対し、アメリカはドルで支払い、世界的にドルがたれ流され、過剰ドルが累積しているのに、そのドルをアメリカが積極的に借入れていること、逆にいえば過剰ドルをかかえている日本などの国は、放置しておけば確実にドル価値が暴落しかねないので、これを貸付けに回している、のである。日本は、不況が進行し、金融危機が生じているのに、累積した過剰ドルをアメリカに貸付け続けている。そのため低金利を維持するとともに、財政支出を増やし続けている。ドル過剰の上に、円の過剰が加わり、ここから大きな通貨の過剰流動性が生じている。これが浮動資金となって世界的な投機に使われている。

アメリカの側からみると、経常収支の赤字によって自ら支払ったドルを、借入れているので、対外純債務は巨額（九七年末で一兆三二二四億ドル）に達しているのであるが、経常収支が資本収支の黒字でカヴァされ、ドル価値は実力以上に高めになっている。ドル価値が維持されているので、輸入は増え、輸出は減少し、貿易収支は一層赤字を増大させる。借入れに伴う利子支払いで経常収支赤字もさらに増える。しかし輸入物価の低下で物価水準は低下、安定し、借入れた資金を株式等の投機に使用し、経済のバブル化が生じ、外観的には好景気になっている。

以上のような三〇年代大不況に対する今日の事態の特徴は、アメリカ・ドルが最後の基軸通貨であることに基因するものといえよう。もちろん各国がドルを用いざるをえないのは、経済的連関、資本主義国間でいうと産業構造、産業編成において不可分離的な相互依存関係が形成されていること——これがグローバリゼーションの産業的基盤である——に基づいている(4)。しかしアメリカが、この最後の基軸通貨保有国の特権をふるっていることによって、世界経済の攪乱とともに、自らのドル体制の危機を確実に深めざるをえないのである。

いまや産業的連関と生産–消費連関に基づく国際的貿易関係に対し、これと全く無関係な通貨・金融取引——外国為替市場、証券市場の取引が膨大な規模(5)に達している。ドル過剰の上にドルの対米還流を図るための各国の低金利政策が、流動性の過剰を激化させ、これが投機資金となって貿易取引と無関係に世界的に動き回り、バブルを引き起こし、これを破綻させ、各国経済を大攪乱させている。しかしアメリカ中心の多国籍銀行・証券会社、そしてヘッジ・ファンドなどの国際的投機集団は、貸付け–引揚げによる投機の過程で利得を獲得するが、相手先国が経済を崩壊させれば利得源泉を失う。過剰資金はほとんど全面的にアメリカに集中してきているが、それも、国債等長期資金の借入れから、短期の、しかも民間金融機関中心の借入れに、したがって投機性の高い借入れに重点が移ってきている。こうしてアメリカ経済はいよいよ投機性、擬制性を強める。

しかしそれはどこまで持続しうるであろうか。それが、どのような過程を経過するかは予想の限りではないが、アメリカは借金及び利子の支払いを、借金によって行うという状況から、こうした借入れが困難になれば、結局のところ、価値増殖の本来の根拠——それは実体経済を基盤とする価値・剰余価値の生産にしかありえない——に基づいて、利子を支払いうるかどうかにかかっている。いかに管理通貨制の下でのインフレマネー創出が続けられようと、実体経済を根拠とする価値・剰余価値生産——それがアメリカ国内であるか多国籍企業の支配下の国外であるかを問わず——以外に、経済の根拠はありえない。アメリカ資本主義に、この価値・剰余価値根拠が欠如しているとすれば、外国に対する収奪を強めるほかないが、それはそれら収奪を受けた諸国の経済を危機に陥れ、結局それら諸国からの資金借入れを困難化することによって、アメリカ経済の虚構性が露呈することになろう。

注

（3）例えば侘美光彦『「大恐慌型」大不況』（講談社、一九九八年）を参照。

（4）前掲拙稿「現実分析の理論的基準としての経済学原理論」（本書前掲第二章）参照。

（5）実体経済に基づく実需と遊離した資金の国際的移動は、九〇年代後半から激増している。BISの調査（九八年十月十八日）によれば、一営業日平均の外為取引高（外国為替取引・為替スワップ取引の合計）は、八九年には五、九〇〇億ドルであったが、九八年には一兆四、九〇〇億ドルに激増している。九七年一年間の世界全体の貿易（輸出）額は、五兆七、〇〇〇億ドルであるから、上掲外為取引額一兆四、九〇〇億ドルというのは、わずか四日営業日で年間貿易に必要な資金額を超えることになる。年間営業日を二五〇日とすると、実需に関わる貿易取引額の七〇倍、約三七〇兆ドルもの外為取引が行われていることになる。

なお、日本の状況についてみると（大蔵省）、九八年四月中の貿易額七兆五七八億円に対し、外為取引高は四一六兆五、六八二億円であり、後者は前者の五九倍である。

第三節　擬制資本の理論
——現状分析の理論的基準として——

㈠従来、株式資本に関する理論は、信用制度の発展から、資金調達・動員の方式として、あるいはより具体的には固定資本の巨大化を実現する資金集中方式として扱われることが多かった。もちろんこの側面を否定するものではないが、しかし理論的な説明といっても、もっぱら現実の、とりわけ一九世紀末以降の株式会社の産業企業への普及という現実に依拠した歴史的記述というべきものであった。したがって、株式会社を設立させる特殊歴史的条件が不分明に株式資本の理論の中に混在し、その本質を不鮮明にした、といってよい。少なくとも、株式資本の擬制資本的性格は明確にとらえられなかったし、土地価格と同時に論じるということもほとんどみられなかった。

その理由は、マルクス、レーニンの株式制度、株式資本の理論的扱い方に引きつけられたこと、経済原論では資本形態を現実の主体としておく論理を立てながら、現実分析では、原論の論理を生かすことなく、産業構造やその変化、結局生産力の発展を基軸に分析しようとするいわゆる唯物史観的方法への安易な依存にある、といえよう。株式の発行、売買の現実的展開が、重工業の固定資本設備の巨大化を可能にしたのであって、固定資本巨大化の要請から株式制度、株式会社が直接内的に形成され、実現されたのでは必ずしもない――株式資本は、決して固定資本巨大化を実現するということだけから形成されたのではない――という点が、とらえられないことにもなっている。

株式資本に関しては、土地価格とともに、最低限、以下の理論的認識が不可欠であろう。

第一に、株式資本は、現実資本として一般に利潤を生む資本が、貸付資本化されて――貸付資本とみなされるという擬制を通して――成立する。株式資本の成立は、あくまで現実資本でありながら、それが生む利潤――現実にはそのうち配当に回される部分――が、利子とみなされ、その利子を生む元本があるものと擬制されて成立する。株券の相場価格として現われる株式資本は、直接は配当を利子とみなして成立する擬制資本なのである。土地価格も、一定の土地を貸付けて形成される地代を、利子とみなし、その利子を生み出す元本価値が擬制されて成立するが、土地価格にはその成立根拠としての現実資本はなく、収入（地代）自体の（その形成根拠を問わず）利子化といういわば純粋の擬制資本であるといってよい。

第二に、擬制資本としての株式資本の価格基準は、配当／利子率であり、配当支払いの根拠は現実資本による利潤の形成にあるが、しかし株価（相場価格）を規制するのは現実の配当だけでなく、その予測が介入するし、同時に利子率変動とその予測が介入する。したがって株価の形成基準自体不断に変動を免れない。その上株式（株券）の需給関係が、価格変動の予測を含めて、株価を変動させるので、株価はきわめて不確実であり、そこには必ず投機が入り込む。時には株式投機によって――それを可能にする過剰資金の存在や通貨の継続的投入があれば――、株価は現実資本価値、そしてその利潤形成と無関係に暴騰する。しかしいかに株価が騰貴し、その過程でこれに伴う売買益を獲得することがあっても、社会的にその売買自体によっては、価値・剰余価値は全く形成されないのであり、株券の売買関係自体には何ら株価上昇を支える根拠はない。現実に、株式投機は、それ自体としては、必ず利子率を上昇させて、投機を自滅させる。株式投機には継続的に資金借入―資金需要が必要であり、株価を引上げようとすれば資金需要は必ず増大する一方、株式の売買自体決して資金形成根拠はないのだから、貸付けられる資金の供給は行われず、資金需給の逼迫を招くのである。この点は、地価―土地投機―の場合も同様である。

第三に、株式は現実資本の持ち分であって、その点では価値の根拠がある（それは額面価格に示される）が、その持手＝株主としては、相場価格（購入・投資価格）に対して（売買益を別とすれば）、利子率なみの配当しかえられない。したがって、利潤を生みうる資本をもつ者としては、「利子率＜利潤率」が一般的である限り、株式を保有することは――その点だけからいえば――合理的ではない。同時に、利潤を生む現実資本（資本家的企業）が、土地を保有することも、「地代率＜利潤率」（地代率は地代／地価）が一般的である限り、合理的ではない。さらに、銀行に集中している資金が、株式（土地も同様）に投下されることについても、株券自体は商品であり、しかも価格が不確実な商品である限り、貸付けのように資金の元本が保証されているものではない。というのは銀行に集中している資金は、借入れた資金であり、返済を必要とするものであるから、その資金の運用も、元本の回収と貸付期間を確定した貸付けとして行われるほかないのである。もちろんこのことは、銀行資本による株式保有や株式投機が行われないということではないが、それは株式保有それ自体に関わる利得獲得以外の意図から行われるものなのである。

第四に、現代資本主義は、株式、土地価格などの擬制資本の投機的売買にとどまらず、多様な金融派生商品（デリバティブ）の投機的売買、そして直接実体経済に関わらない通貨、為替、商品カラ取引等々、あらゆるものを投機的売買の対象にする。しかし、こうした投機的売買は、それ自体決して価値・剰余価値を形成するものではないのであり、インフレマネーの継続的つぎ込み等の要因がないとすれば、必ず利子率を上昇させて、自滅する。――こうした問題は株式、土地価格という擬制資本の擬制性と投機性を理解することによって、基本的に明らかにされるもの、といえよう。この擬制資本は、その売買形態、方式がどんなに新しくなろうと、これを越える資本の新たな形態はありえない――その意味で、擬制資本は資本主義のいわば究極の形態であり、これが資本主義経済のあらゆる部面を支配すること――同時にその擬制的本質を必ず露呈させること――こそ、資本主義の最期的姿なのである。

㈡さて株式、土地価格に関する上掲第三点との関係で、産業企業や銀行による株式・土地保有に関わる問題を指摘しておこう。日本では、法人企業自体の株式保有、さらに土地保有はほとんど当り前の状況にあるし、銀行による資金融資に関しても、土地・株式担保の貸付けが一般的に行われている。しかしこうした法人企業による株式・土地保有は、それ自体合理的とは必ずしもいえないのである。

上述したように、「利子率＜利潤率」あるいは「地代率＜利潤率」が一般的である限り、利潤を生む（あるいは生みうる）資本が、株式や土地に投下されることは決して合理的とはいえないのである。したがって一般に利潤を生む資本（資本家的企業）が、株式を保有するのは、配当獲得を目当てとしてのことではなく——というのは、株式の相場価格に対する配当の割合、すなわち利回りは、ほとんど利子率並みでしかないのであるから——、他の意図があってのことだ、といってもよい。株式についていえば、その意図は何よりも企業＝現実資本の支配、経営の実権掌握にある、といってよい。しかし株式所有の普及、分散化とともに、可能な限り株式保有比率を低めながら、支配を維持しようとする。それは、支配の効率性の進化といってもよいが、しかしそれも、株式を所有すること自体が決して合理的でないことが根拠にあるからだ、ととらえることができる。

企業＝現実資本の土地保有に関していえば、企業が一般に地代率以上の利潤率を獲得している限り、土地は所有せず、借入れる方を選ぶことになる。労働者から、生産手段としての土地・自然力を切り離すこと、そのような社会的、制度的条件を確立するところに、資本主義の社会的成立条件があるのだが、しかし資本＝現実資本自体が、土地を所有することは決して合理的ではなく、一般には資本家（資本家的企業）は土地所有者にならない。だから資本家階級に対し、土地所有者が独自の階級として成立することになるのである。

ところで日本の企業、とくに大法人企業については、株式の相互保有とともに、土地を企業自体が所有することが一般的に行われている。株式保有については、企業経営に対する支配権の確保がその意図といってよいが、土地所有に関しては、むしろ地価の上昇を期待しての資産としての保有、それに基づく信用力の確保ということに保有の意図があった、といってよい。しかし、株価とともに地価も、不断に右上がりに上昇し続けることはありえない（まさにそれは、神話でしかない）。日本の法人企業による土地所有に関しては、明治維新における地租改正—法律による土地私有関係の形成と、企業の利潤率の不安定性、法人企業が当初から株式形態を導入して資金調達を行わなければならなかったなどの歴史的条件の上で、検討されなければならない。また戦後の土地所有に関しては、占領軍の民主化政策の一環としての農地解放による小規模地主の広汎な形成などの条件が考慮されなければならないであろう[6]。いずれにせよ、企業＝現実資本による土地所有は、決して資本主義にとって普通のことではなく、日本的特殊に属することなのである。——したがって、バブル経済破綻後の不況の下で、株価、地価が継続的に下落し続ける——その基本的要因はそれらの形成根拠である企業の収益自体の減少、実体経済の縮小自体である——中で、法人企業、とくに株式・土地を自ら保有し、またそれを担保として巨額の融資を続けた金融機関が不良債権の処理を行いえず、危機的状況に陥っているのは、法人企業の株式、土地所有という日本的に特殊な条件によるところが大きいのである。

注

(6) 日本の法人企業の土地所有に関しては、他の諸国との対比を含め、さらに歴史的にも、理論的にも十分な解明が必要である。なお、鎌倉前掲書、注三一（一一四ページ）、補注二四（三三八〜三三九ページ）で、一定の指摘を行った。

第四節　民族・国家の再登場・強化とその意味

(一)次のような見解がある。「……国家間の協調は困難であり、資本が変えていった世界市場はもはや国家のコントロールの及ばないものとなってしまっているというのが実状である。このような状況では〈資本と国家の共同管理体制〉はほとんど見通しが立たない。そうであるならば、国際通貨不安の根底にある、基軸通貨と各国通貨の交換ということ自体を除去するしかない。具体的には、世界中央銀行を設立し、世界中央銀行券を発行し、世界を単一の通貨の下におくというものである。しかしこの考えは、国民国家の経済的主権とナショナリズムの象徴である国民通貨の廃止と、国民通貨のコントロールを介した各国の独自の経済政策の制限につながる。そして、ついには経済的単位としての国民国家の解体を迫ることとなる」(7)。

たしかにグローバリゼーションといわれる状況の中で、ここで指摘されているような傾向が進展している。しかし、事態は決してこの傾向へと一面的に進んでいるとはいえないだけではなく、逆に国家の再措定、強化をもたらしている面があることをとらえなければならない。むしろグローバリゼーションが、資本＝多国籍企業を基軸とするものである限り、それがもたらす各国国民経済の攪乱、解体化に対し、民族、「国民国家」の強化の動きが強まるのである。その根拠は、多国籍企業の活動が引き起こす経済の攪乱による労働者・勤労者の失業、生活難に対する〝生の要求〟の噴出にある。これに直接対応しうるのは、それぞれの国家しかない。資本主義はついに国家を越ええないだけでなく、自ら引き起こした危機の下で、国家に頼らざるをえないのである。しかも重要なのは、現代資本主義が、擬制性を強め、もっぱら通貨・金融面を中心に（実体経済の支配に基づかずに）世界経済を支配すればするほど、それによる各国国民経済攪乱作用に対し、まさにそれだけ〝国民〟的反発を強めるものとなる、ということである。――要するに実体と遊離した（それと本来外的な）形態的体質をもつ資本（とくに銀行・証券資本、投機的資本）は、それ自体が内的根拠をもって自立しえないということと同時に、民族性、国民性という人間生活の実体に関わる関係が、人間の生きる基盤である限りこれを解体させることはできない、ということである。

といっても、民族性、国民性の再措定は、きわめて複雑な多元的要素（決して人種的特性によるだけでなく、生産・生活の共同関係の中から歴史的に形成された風習、コミュニケーションの仕方、文化、慣習、宗教、形式化された制度等々）から成っているだけに、その性質も複雑である。大不況―大量失業という経済危機や政治的危機の中から、歴史的にも、そして今日においても、排外主義的民族主義がしばしば発生してきた。これは、観念的な共同性に、非合理的で、一種の動物的本能的結合に類似した集合性向に、基づいているといってよいが、これは世界が同一民族になる以外に解決しえないというまさに非現実的性格をもつものである。しかし、資本の攪乱作用はこの種の反発をも生じさせることはとらえておくべきである。

アジアの金融・経済危機の中で、インドネシアでは、IMFの管理――増税、公共料金引上げ、リストラ・首切り――に対抗して、民衆の反乱が生じ、政権を交代させた。韓国でも民衆の、労働組合の反抗が生じている。民衆の反乱は、なお反帝国主義・反多国籍企業に向う方向性と展望を確立しているとはいえず、インドネシアにおいて交代した政権は借入れより直接投資の受入れに期待する、という従属的性格を示している。しかし、民衆の反抗は、生きる基盤の解体化に抗した現実の運動であり、労働・生活という人間生活の実体的根拠の再生を求める質をもつ（もちうる）もの、といえよう。生きる基盤としての労働と生活の共同性が、何よりも歴史的に形成、確立してきた民族性、国民性と切り離されずに存在しているので、実体解体に対抗する民衆の運動は、さしあたり民族自主、自立的民族経済の確立を求めるものとなる。反帝国主義・反多国籍企業を通した生きる基盤の自立的再生（というより創造）を求めるという自覚性と方向性が確立するならば、対抗の根拠は、実体の担い手である民衆の共同形成へ、民族自主をふまえた各民族の共同、連帯形成へ、と向いうるもの、といえよう。

㈡これまで民族性と国民性とをほとんど並列的に扱ってきた。しかし〝国民〟という概念は、〝国家〟概念の下で形成されたものであり、それは決して民族性と同じではない。同一民族が分断されている現実があるし、同一国家の中に多民族が存在することも何ら例外ではない。むしろ国家は、政治的、権力的に、その意味で人為的に、構成されたものである。資本主義の国家は、社会的実体の担い手である労働者を、土地・自然力から切り離す（無償では使わせない）社会関係を条件として成立する。しかし上述したように、資本主義の現実的主体としての資本は、自ら土地・自然力の所有者たりえない。必ずその外部に土地の私有者を（歴史的事情によっては法律を通して）形成させる。と同時に自国の労働者とともに他国の労働者をも自由に（無償で）土地・自然力を使用させないための領土の確定を必要とする。資本自体では処理しえない土地・自然力の所有関係の確定は、結局国家権力に依存せざるをえない。

このことは、社会存立の実体的要因に対して外的な資本の形態的本質に基づいていることであって、資本による実体的要因の包摂上の限界を示すものといってよい。土地・自然力包摂上の限界とともに、労働力包摂上の限界が、資本主義自体のもたらす、そして現代の多国籍金融資本の経済的支配がもたらす国民経済の攪乱、大量失業、生活基盤の解体化として現われるのであるが、そこから噴出する労働者の反乱に対し、資本はこれに対処しえない。結局、資本の支配体制の維持は、その形態的限界によって、国家権力に頼らざるをえないのである。(8)

民族性は、上述のように多様な要素をもつし、相互交流の中で、人種的、文化・慣習的、そしてことばを含めたコミュニケーション的関係も、同化する傾向が進んでいる。しかし、民族性が、労働と生活の現実の共同関係をとおして形成されたものとして、人間としての生きる基盤に根拠をもつ関係としての側面をもつ限り、それは決して解消されることにはならないであろう。むしろ、人間としてこの生きる基盤の共同性を確立する中で、民族の自主と共同関係の形成が進むならば、人為的に構成された国家の枠を突破する質をもちうるものといいうるのではなかろうか。なお、追究しなければならない課題である。

注

（7）片桐幸雄「国際通貨の何が問題か」（経済理論学会編『年報』第二五集、一二四ページ）。片桐氏も指摘されているようにマルクスは「資本の文明化作用」として国家の解消の傾向を示唆したが、それは資本の形態的性格の十分な認識の欠如によるものではないか、と考えられる。

（8）資本主義国家に関しては、拙著『国家論のプロブレマティク』（社会評論社、一九九〇年）を参照されたい。

（初出：埼玉大学経済学会『社会科学論集』第九七号、一九九九年三月）

第四章　資本主義体制の歴史的限界・論証

第一節　課題――〝ラディカル〟であること

(一)危機の根本原因にメスを

「批判の武器はもちろん武器の批判に取って代わることはできず、物質的な力は物質的な力によって倒されなければならない。しかし、理論もまた、それが大衆をつかむや否や、物質的な力となる。理論は、それが人間に即して論証を行うや否や、大衆をつかみうるものとなるのであり、理論がラディカル〔根本的〕になるや否や、それは人間に即しての論証となる。ラディカルであるとは、事柄を根本において把握することである。だが、人間にとっての根本は、人間自身である」――これは若きマルクス（二五歳）の文章である（「ヘーゲル法哲学批判序説」一八四三年、城塚登訳岩波文庫）。

いま現実に〝ラディカル〟であることが決定的に問われている。

「現在の世界的な景気後退は、資本主義の体制的な危機であり、その歴史的な限界とその革命的な打倒の必要性を示している」（第一一回共産党労働者党国際会議デリー宣言、二〇〇九年一一月二二日。『思想運動』〇九年一二月一日）。「……多くの人々が、職もなく、家もない状況に放置されている。失業は、空前の水準に増大し、公式推計で五千万人を超えている。世界中で不平等が拡大し、富める者はさらに富み、貧しき者はさらに貧しくなっている。一〇億人以上が、すなわち人類の六分の一が飢餓に苦しんでいる」（同上）。教育が受けられない、医者にかかれないというだけではない。食うことさえできない――まさに生きられなくなっている。それは、アメリカ、西欧、日本の資本主義国を中心に、資本主義各国の多国籍金融・産業独占体の進出・支配の下で市場経済化、資本主義化を進めてきたいわゆる発展途上国、資本主義志向国を襲っている（しかし一言しておくと、全世界のすべてが資本主義、あるいは資本主義化の下に支配されているとはいえない。〝グローバル資本主義〟などという言葉がはやっているが、資本主義体制は決して全世界化するほど普遍性をもつ体制ではない――人間＝実体に即した体制ではないからである）。

この社会・経済体制の下では、人間が人間として生きられなくなっている――これこそこの体制の歴史的限界を示すものといってよい。

たしかに新自由主義〝改革〟――その中心は巨大金融・産業独占体の行動に対して行われてきた一定の規制を緩和・撤廃し、彼らの行動の自由、利己的利潤の〝自由〟な追求を推進するというところにある――を進めてきた米、日の政権は倒壊し、民主党政権に代わりケインズ主義的〝改良〟政策を再導入しなければならなくなっている。だがオバマ政権も、鳩山政権も、超低金利・通貨の量的拡大策、そして国債大量発行に依存した財政支出拡大政策によって、危機に陥ったこの体制、直接には金融・産業独占体の支配体制を維持することによって景気回復を図っている。失業対策、生活対策を一定程度採らざるをえなくなっているが、全く対症療法的で見かけだけの対策でしかなく、例えば鳩山政権の政策に示されていたように、子ども手当新設と引きかえに扶養控除をなくすというように、民衆の生活全体を改善するものとなっていない。

オバマ版ニューディール政策に対し、私は「……この金融・経済危機をもたらしている根本原因にメスを入れえず、これを解決しえない中での危機対策は、事後対応策としても不十分であるだけでなく、危機をもたらした原因自体を増幅させる」[1]、（『「資本論」で読む金融・経済危機』時潮社、二〇〇九年六月、一六二ページ）と書いた。オバマ政権の政策は、財政支出（税金投入と国債増発）によって、この危機をもたらした主役としての金融大資本そして産業独占体を救済・復活させ、しかもバブルの原因となった過剰マネーの供給をさらに増大させるものであって、「またしてもバブルが、擬制的金融膨張が生じる。危機対策は危機を深め、人民の生活をさらに破壊させる。どんな対策を講じても金融独占体の支配の下では、人民は人間として生きられなくなっている」（同上、一六八ページ）。事態はまさにこの通りになっている。ひと握りの大金融企業（大銀行・証券会社）は、バブル的株式価格上昇で急速に利潤を増大させる反面、失業者はさらに増大し、貧困、生活破綻は拡大している。

注

（1）　問題の根本原因に何らメスを入れないまま、結果として起っている問題に対症療法的に対応することが、さらに危機を増幅させる――その端的な例はアメリカ政府による、現在ではオバマ政権によるテロ撲滅策である。オバマ大統領は、〇九年一二月、アフガニスタンに三万人の軍隊増派を決め、テロリスト・アルカイダー掃討作戦、タリバン勢力減殺作戦を拡大したが、これによってテロは絶対になくならないばかりか、むしろさらに拡大・激化している。アメリカの帝国主義支配に対抗する勢力に対し、軍事暴力でこれを制圧しようとすること自体が、反米テロの原因なのであるから、それ自体をなくす以外に問題は解決しようがない。

㈡なぜ資本主義に幻想をもつのか

「21世紀の世界を大きな視野で見ると、資本主義という体制の是非が問われる時代に入っていることが、強く実感される。この間、日本でも、世界でも、〈資本主義の限界〉ということが、メディアでも広く言われるようになっている」（日本共産党「第二五回党大会決議案」〇九年一一月二七日）。「これは世界的規模での資本主義の矛盾の深まりを反映したものである」と。――しかしなぜ「メディア」にいわせるだけで、自らの考えはこうだ、といわないのか。「資本主義的生産の真の制限は、資本そのものである」というマルクスの文章を引用して「資本主義の矛盾・制限とは、それがより大きな剰余価値の生産を、生産の動機および目的としていることにある」、つまり「利潤第一主義」だ、といい、その矛盾（というより弊害）の現れとして、貧困・格差、飢餓人口の激増、「資本主義の〈死にいたる病〉である恐慌」、地球環境破壊等を指摘する。[2]「利潤第一主義」の下で人間生活が破壊され、地球環境が破壊されているとするならば、当然この転換―これを行動基準とする資本主義体制の変革が提起されなければならないはずである。

ところが「これらの問題に対して、日本でまずめざすべきは資本主義の枠内での民主的改革――〈ルールある経済社会〉への改革であり、国際的には、〈すべての国の経済主権の尊重および平等・公平を基礎とする民主的な経済秩序〉をつくることが課題となる」と日本共産党は提起する。資本主義体制の変革ではなく、その体制の「枠内」、ということは「利潤第一主義」がなお支配している中で「ルールある経済社会」への「改革」をめざす、というのである。[3]その上で「そうした改革をぎりぎりまで追求したとしても、〈利潤第一主義〉という枠組みでは、なお諸問題の根本的な解決がはかられず、資本主義を乗り越える新しい体制への前進の条件が熟してくる。これが、私たちの展望である」とするのである。

すでに「利潤第一主義」の「枠組み」では、人間生活も自然環境も破壊される——この現実を突きつけられ、そして日本共産党としてもこれを十分認識しているはずなのに、なぜこの「枠組み」の下での「改革」に自らの思想と行動を限定させるのであろうか。一体どこまで破壊が進んだら「新しい体制への前進の条件が熟してくる」というのか。しかし、なぜ破壊が進むことが体制変革の「条件」になるのか。人間の破壊は変革主体の破壊となってしまうのではないか。

注

（2）ここで引用されている「資本主義的生産の真の制限は、資本そのもの」というマルクスの指摘（第三巻第三編第一五章、第二節）は、「手段—社会的生産力の無条件的発展」と「既存資本の増殖という制限された目的」との「衝突」—資本の下での生産力発展の制限—を内容とするいわゆる唯物史観の方法に基づく提起であった。この提起自体問題なのであるが（後述）、「決議案」は価値増殖「目的」が何に対する「制限」となるのかを示していない。

また「決議案」は「恐慌」を「資本主義の〈死にいたる病〉」ととらえているが、資本主義の下では「恐慌」をなくすことはできないけれども、資本主義は「恐慌」によって死ぬ（崩壊する）わけではない。「決議案」のこのとらえ方は、ほとんど自動崩壊論である。

（3）「決議案」は日本資本主義は「ルールなき資本主義」と特徴づけ「ルールある経済社会」をめざす、というのであるが、その内容は「国際条約の到達点」—ＩＬＯが採択した条約のうち日本は四分の一しか批准していない、国連女性差別撤廃条約を形式的には批准しながら実行していない、国連人権規約の学費無償化条項を批准していないなど—、ＥＵで進められている社会労働政策の共通基準—パートタイム労働指令、有期労働指令、派遣労働指令など—が日本にはない、ということである。そして「社会的ルール」があるかどうかによって、「国民に被害があらわれる規模と度合い、その形態は大きく違っている」と指摘している。

しかしこのような「労働」保護規制、人権保障規制の実現を「ルールある経済社会」というのであれば、どうして日本国憲法の基本的人権保障、平和原理の規定の遵守を強調しないのか。日本には西欧に劣らない「ルール」が憲法で明記され保障されている。問題は「ルール」があるかどうかではなく、「ルール」がありながらなぜこれが形骸化され、守られないのか、守らせるにはどうしたらよいのかこそ提起されなければならない。それは政府の「政治の姿勢」というより、労働者・民衆の思想と組織的行動力の問題なのである。

なお「決議案」は、「ルールある経済社会」の実現は、「日本社会と経済の健全な発展への大きな道を開く」、「大企業の健全な発展にもつながる」と指摘している。資本主義の下でも、これが実現しうるようにとらえているのであるが、そう考えるなら資本主義体制を変革するまでもない、ということにならないか。「決議案」は、資本による「利潤第一主義」が問題の原因であるようにとらえながらここでいう「大企業」は利潤原理に立っていないようにとらえてしまっている。

なお友寄英隆氏は、労働量基準の等価交換を実現する市民社会（いわゆる単純商品生産社会）を経た社会主義の実現を提起されている。そこでは「ルール」とは等労働量交換という内容なのであるが、それが現実に実現すると考えているのだろうか。そしてなぜこのような媒介（過渡）を経なければ社会主義には到達しないように考えるのか。（友寄氏の考えに対しては、鎌倉前掲書V、第一章参照）

いかに恐慌・危機対策を講じても、株式・証券＝擬制資本価格が上昇し、バブルが再燃するだけで、雇用は改善されず、生活はさらに破綻する――実体経済は回復するどころか縮小、解体化される。なぜこうなったのか、そしてそれは何を意味するのか。まさにラディカルな理論的解明が要請されている。

㈢検討すべき課題

『資本論』の再読が日本でも活発化してきたことは歓迎すべきことであるが、その理論のエッセンスをとらえるには、自らの主観的解釈（勝手読み）や党派的路線を合理化しようとする意図から脱却しなければならないし、マルクスが追究してきた論理の発展方向を確認し真意をとらえることが必要である。これによって現状解明のラディカルな理論的基礎を得ることができるであろう。本稿はその試みである。

ラディカルな理論的解明―その第一は、資本自体の本質の解明である。『資本論』は資本の本質を理論的に明確にした上で、資本の剰余価値（利潤）追求のあくなき渇望（〝人狼〟的渇望）が、人間＝労働者と、自然力を収奪し、破壊するものであることを明確にしている。新自由主義の展開による規制撤廃の下で、規制の下に隠され抑えられていたこの資本の本質が現実に発揮・展開された。現実の事実に基づいていま資本の本質そのものを把握しうるし、把握しなければならない。

『資本論』は、資本、社会の存立根拠としての生産過程を労働力の商品化を通して支配し価値増殖根拠を得た産業資本の蓄積拡大は、労働力を収奪し、労働者階級を窮乏化させることを説いた。いまあらためて『資本論』における窮乏化の論理を再検討する必要がある。その論理はいかに成り立つのか、そしてその論理の位置づけはどういうところにあったのか、が明らかにされなければならない。

これと関連して、資本蓄積に伴う恐慌の必然性の解明と窮乏化の論理がどう関わるのか、があらためて問われる。恐慌は、資本主義の下では必然的にくり返す（循環法則）ものであって、もちろん資本主義の下で恐慌を解消する（なくす）ことはできないが、しかし恐慌によって資本主義は崩壊するわけではない。と同時に恐慌を含む景気循環過程の中では、雇用の増大―賃金の上昇傾向が現れる局面があるのであって、恐慌から直接に窮乏化を説くという論理は成立しない。

『資本論』における資本蓄積論は、恐慌を含む景気循環の必然性の解明という方向を示しながら、しかし資本主義の歴史的崩壊の根拠を明らかにしなければならない（唯物史観に基づく方法）と考えられていた。論理としてこれがいかに成立しうるのかが問われるのである。(4)

注

（4）直接にはエンゲルスの『反デューリング論』の恐慌に関する叙述に対してであるが、宇野弘蔵は次のように指摘している。「……恐慌の根源としての資本主義社会の矛盾をもって、直ちに資本主義社会の社会主義社会への変革の基礎と同一視したことは、一定の時期には現実的に解決されつつ資本主義の発展動力となる矛盾を、資本主義自身が廃棄されなければ解決されないような、いわば恒常的な矛盾対立と混同せしめることになる」（『経済学方法論』東大出版会、一九六二年、一九三ページ）。なおいわゆる宇野派は、この宇野の指摘によって原理論を恐慌の必然性の論証に純化（矮小化）させたのであったが、宇野の原理論は株式擬制資本の論理と体系の完結性によって、資本主義の歴史的性格（体制廃棄の根拠）を理論的に明らかにしていたのである。

第二に、『資本論』は、資本主義の歴史性の論証を、資本蓄積論の展開によって（この論証は後に検討するように困難であった）ではなく、全三巻全体の論理によって示していたのである。それは、資本主義経済における物神性の解明である。重要なのは、資本自体の発展による物神性の発展の把握であり、物神性の頂点としての「利子生み資本」（その具体化形態が株式・証券＝擬制資本である）の理解である。

現在の金融・経済危機は、株式ばかりでなく、それ自体成立根拠を持つとはいえない様々な収入を資本還元して形成される証券＝金融派生商品が膨脹し〝究極の擬制経済〟を現出させるとともに、その〝擬制〟性が暴露して生じたという根本的特徴がある。この〝究極の擬制経済〟は何を意味するのか、その歴史的位相を明確に把握する必要がある。『資本論』の物神性論は、この解明への理論的基礎を示している。

結論的にいえば、労働力の商品化という条件の下での資本主義経済の矛盾が、恐慌として現れたとすれば、現在のこの〝究極の擬制経済〟の下で示されているのは、労働力はモノではないこと、したがって商品化されるものではないという労働力商品化そのものの限界である、といえよう。「労働力商品は、しかし資本主義社会においても資本によって生産されないばかりではなく、労働者自身によっても本来は商品として生産されるものではない」（宇野弘蔵『経済学方法論』東京大学出版会、一九六二年、一一〇ページ）――いまこのことが現実に示されている、といえるのではないか。このことによって資本主義の歴史性が論証しうる、といえよう。

第三に、以上をふまえて、あらためて資本主義の根本矛盾――体制自体を変えなければ解決しえない矛盾――を理論的にとらえることができる、と思う。マルクスは、「資本」対「賃労働」の対立を明確に提起したのであるが、『資本論』の論理をふまえてより純化させていえば、〝資本＝モノ〟対〝労働者＝人間〟の対立ととらえなければならない。いいかえれば、歴史的形態でしかない資本が、現実の主体となり、社会存立・発展の実体の担い手である労働者を支配・従属させていること、これが資本主義の根本的矛盾であり、その歴史的本質を示すものである。

しかしまさにこの主体の顚倒を転換させ、本来の社会の主人公＝実体の担い手が現実の主体になるためには、実体の認識とともに実体の主体としての意識の確立をふまえた主体的組織的実践が不可欠である。

主体の意識確立と組織的実践による資本主義の変革＝社会主義の実現――これによって展望は拓かれる。

第二節　『資本論』の窮乏化論再考

㈠資本の本質―剰余価値渇望

①流通運動としての資本

新自由主義政策による規制緩和・撤廃の下で、資本がその本来の本質的性格を発揮することになった。この資本の本質の発揮こそが、労働者階級の貧困・格差・生活破壊をもたらす根本原因である。いまこの資本の本質が現実に基づいてとらえられるし、とらえなければならない。

『資本論』以外に資本の本質を明確にとらえた経済学は

ない。A・スミスなどの古典経済学は資本を生産手段（土地以外の、労働によって生産される生産手段）ととらえた。資本主義では生産手段は資本の一形態となっているけれども、生産手段そのものは資本主義以外の社会にも存在する生産過程の一要素である。しかしマルクス自身も、古典経済学批判を通し、資本主義経済の理論的解明の進展を通して資本の本質規定を確定してきたのである。(5)

第一に、資本は、商品流通と商品流通を媒介するそれ自体流通運動（G—W—G′貨幣で商品を買い商品を売って貨幣を増やす）である。ということは、資本は特定の生産関係によって規定されない。したがってそれとは外的性格をもつということである。資本主義以前の社会においても資本は存在した（商人資本、高利貸資本として）。さらにいえば、資本は社会存立の根拠としての実体（生産過程）にとっては必要不可欠な存在ではない（なくてもよい存在、むしろない方がよい存在——資本がなくても社会は存立・発展しうるということ、歴史的形態であること）、ということである。

そして資本は貨幣の増大（価値増殖）を目的とした運動である。利己的利潤の獲得が、資本の推進的動機であり、目的である。だから他人を蹴おとし、社会を欺してまで利己的利潤獲得をめざす。それは資本の本性的行動である。〝友愛〟は資本の本性にはない。それは資本の本質を隠す欺瞞でしかない。

第二に、このような本質をもつ資本が社会を、そしてその存立の根拠である経済（社会的生産過程）を支配している社会が資本主義社会である。資本が社会を支配するにはその存立根拠としての経済（実体経済）を支配（商品経済を通して）しなければならない。その根本条件が、土地（自然力）とともに人間労働者の労働力の商品化である。土地（自然力）と人間の労働力は、どんな社会でも絶対に必要不可欠な実体的要素（実体経済の基礎）である。これを資本は自らの流通運動の中に商品経済的関係を通してとり込まなければ社会として確立しえない。（G—W…P…W′—G′　Pは生産過程）

土地（自然力）と人間労働力の商品化——その社会的実現には、国家の政治的暴力を伴なう農民・手工業者からの土地・生産手段の収奪による無産者化が不可欠の条件であった。『資本論』はこれを資本の本源的蓄積過程として国家権力と結託した資本（直接には流通過程を支配していた商人・高利貸資本）による農民・手工業者に対するすさまじい収奪の現実を記述している（第一巻第二四章）。手工業的小生産者の競争を通し勤勉な者が資本家（産業資本家）に、怠け者が賃金労働者になったという〝成功物語〟は今でもてはやされているが、「現実の歴史においては、……征服、圧制、強盗殺人、要するに暴力Gewaltが大きな役割を演ずる。／資本は頭から爪先まで、毛穴という毛穴から、血と脂を滴らしつつ生まれるのである」（同上）。――資本、今日では多国籍資本が、新たなフロンティアを求めて世界的に支配の拡大を図るとき（アフガニスタンやイラクへのアメリカの侵攻に示されるように）まさに巨大な暴力による自然力と民衆収奪がくり返されている。

第三に、土地・生産手段を奪われた農民・手工業者＝労働者は、商品経済が支配する関係の中で自己責任で、自ら市場に関わることによって生活・生存を維持しなければならない。それは自らの身体に持つ労働力を商品として売り、貨幣を獲得する以外にない。労働力を売ることによって生活費を得る、それによって生活に必要な生活資料を買う――しかしこのような賃金労働者の生存の仕方は、資本による労働力の購入（労働力需要＝雇用）によって労働者の生存が左右されることを意味する。

他方資本は、生産手段とともに労働力を商品として買入れることを通し、生産過程を自らの価値増殖運動の中にとり込む（包摂する）。労働者に一定の価値（賃金＝労働者の生活維持費）を支払って労働力を買った（その使用権を獲得した）資本（産業資本）は、労働力を使用し、労働させて、生産物を生産し価値を形成する。生産物の生産、価値（付加価値）の形成は労働者自身の労働によって行われるのであるが、それは資本が代価を払って買った労働力と生産手段を使用して生産したものであるから、全部資本の所有物となる。資本によるその所有は商品経済的には〝合法〟とされる。「貨幣の資本への最初の転化は、商品生産の経済的諸法則とそれから派生する所有権とに、厳密に一致して行われる」（第一巻第二二章第一節）。

労働者の労働による価値形成―資本は労働者に支払った賃金に相応する価値以上の価値を労働者の労働を通して形成しそれを剰余価値として獲得する。労働者は資本主義においても生産過程の本来の主体であり、その労働による生産的活動が社会を支える根拠なのであるが、生産手段を奪われ労働力を商品として売らざるをえない社会的条件の下で、現実には資本に支配され、労働者自らの労働によって生産した価値は（そのうちの賃金部分はとり戻すけれども）資本に搾取される―剰余価値を形成することになる。

しかしいまこの価値・剰余価値形成の根拠である労働力の再生産・生活維持自体が解体されつつある。

注

（5）マルクス自身資本をG―W―G′という流通運動として規定するまでには厳しい思索と概念・論理の見直しが不可

欠であった。例えば、資本を特殊な「生産関係」ととらえる理解があったが、産業資本が確立すると、資本主義特有の生産関係―資本対賃労働の関係が成立するが、その理解だけでは賃労働を支配する資本が流通運動だという理解は形成されない。この点に関しては、『資本論エッセンス』(時潮社から出版予定)で詳論される。

②資本の剰余価値渇望―労働力・土地収奪

資本(産業資本)による剰余価値生産の増大は、一定の賃金を支払って雇った労働者の労働を可能な限り増大させること、労働時間の延長と労働強化にある(「絶対的剰余価値の生産」)。この点は今日においても変らないだけでなく、いよいよこの剰余価値獲得の方法が推進されている。

「資本は、剰余労働を求めるその無際限な盲目的な衝動、その人狼的渇望をもって、労働日〔一日の労働時間〕の精神的な最大限度だけではなく、純粋に肉体的な最大限度をも踏み越える。資本は〔労働者の〕身体の成長、発達のためや健康維持のための時間を横取りする。……資本は労働力の寿命を問題にしない。資本が関心を持つのは、ただただ一労働日に流動化されうる労働力の最大限だけである。資本が労働力の寿命の短縮によってこの目標に到達するのは、ちょうど、貪欲な農業者が土地の豊度の略奪によって収穫の増大に成功するようなものである」(第一巻第八章第五節)とマルクスは述べている。明らかにこれが今日現実に示されている。

この資本による雇った労働者の「寿命」さえ無視した労働力の略奪と関連して『資本論』の叙述に関わる若干の問題を示しておこう。

第一に、この「労働日」をめぐる資本家と労働者の対立に関し、マルクスはこれは「どちらも等しく商品交換の法則によって保証されている権利対権利」の対立であること、そして「同等な権利と権利との間では暴力がことを決する」(第八章第一節)といっていることに関してである。資本側は、一定の対価(賃金)を支払って買った商品は自分の所有物だからそれを自由に消費する―労働力の消費は労働である―権利を持つ、要するに買い手の権利である。これに対し労働者側は「売り手としての権利」を主張する―少なくとも平均的に生き続けられる期間に亘って自分の労働力をくり返し供給・販売しうるためには労働力の正常な持続と健全な発達に必要な時間－生活維持にとって必要な時間を確保すること、したがって資本による労働時間の制限が必要であることを主張する。

現実には、恐慌・不況の下で失業者が増大し、労働者は売り手の権利を行使することが困難――それを主張すれば解雇され、低賃金、長労働時間でも職をえたいという労働者に代えられてしまう――となっている。買い手たる資本の権利が圧倒的に優位を占めている。そのことによって労働者の生活は破滅させられている。

たしかに商品経済的な売り手、買い手の関係からいえば、資本の権利と労働者の権利は「対等」といえよう。しかし権利の内容が全く異なることをとらえなければならない。しかし資本の権利は、金で買った物を消費＝使用するといういわば財産権＝物権であるのに対して、労働者側の権利は人間として生きる権利＝人権である。したがって人権を守るためには、物を使用するのと同じように使用されてはならない。労働者の生命――たんに肉体的生命だけではなく、精神的生命、ものごとを考え、認識し自らの判断力、意識を持つという人間的生命を維持、確保しなければならない。そのための時間を絶対に確保しなければならない――資本による労働時間の略奪を規制し制限しなければならないのである。マルクスも労働者が売るのは人間の能力としての労働力という「独自な性質」をもつものであることを明らかにしていた。

今日とくに強調しておきたいのは、労働者の労働力は社会の存立発展の根拠である実体の主体的要素であり、その維持と発展――技術をはじめとする知識だけでなく教養・文化を含めた人間的資質の維持・発展――に社会の存続・発展がかかっている、という認識である。

第二に、労働者が労働を行い、価値・剰余価値を形成することは実は資本自体の存立・発展の根拠でもあるのであり、資本としてもこのために無制限な労働時間の延長に一定の歯どめをかけなければならないことを認めざるをえない。しかしこの歯どめについても、個々の資本自体の自発的意思としてではなく、一種の社会的強制によることを明確にとらえなければならない。

(一)労働時間の制限は、資本主義の発展・確立を世界的にリードしたイギリスにおいて、直接には子どもと婦人労働者の雇用及び労働時間の制限を行う工場法の制定によって行われた。（一八三三年の工場法は、九歳以下の子どもの使用は原則禁止、九歳～一三歳の子どもの労働は一日八時間に制限した。一八四四年の工場法は一八歳以上の婦人の労働時間を一二時間に制限し、夜間労働を禁止した。）

工場法が制定・適用されなかった時に個々の資本は一〇歳にも満たない幼児を長時間労働させ、多くの婦人労働者もほとんど無制限に労働させた。後述するように機械の導入による労働の単純化がこれを一挙に促進させた。しかしそのことによって社会的には労働力の再生産＝労働人口の確保自体が困難にされることになった。労働力の再生産、一定の人間的能力の維持・確保――これを社会的に行わなければならなくなった。

しかしこの工場法の制定、適用も、直接には、社会的には商品売買の当事者たりえない子どもや婦人の雇用の規制として、いわば商品経済的ルールの逸脱に対する規制として行われたのであり、商品売買の当事者たりうる成年男子労働者には自己責任が要求され、市場の法則的ルールに従うべきこと（したがって法的規制によらないこと）が要求された（成年男子労働者に対する労働時間の制限には、労働組合の組織的闘争が不可欠であった。そこには社会主義の思想・運動に対する資本総体、直接には国家の対抗という意図があった）。

この工場法による児童・婦人労働の制限に対しても、個々の資本はその法の抜け穴をねらってその制限を無視、形骸化した。労働時間の制限を突破する交替制やリレー制度の採用等々である。（これらの具体的事例については是非『資本論』第一巻第八章の叙述をみられたい。）ここで示されているのは、あくまでも個々の資本としては自ら自発的に労働時間を規制するのではなく、あくまで社会的に強制されて、自らとしては意図に反して、制限せざるをえない、ということである。

と同時に法による社会的規制の強化は、競争力の強い大資本による弱体な中小資本の淘汰と前者による専制的支配を実現するものとなる。「労働者階級の肉体的精神的保護手段として工場立法の一般化が不可避になってきたとすれば、それはまた他方では……矮小規模の分散的な労働過程から大きな社会的規模の結合された労働過程への転化を、したがって資本の集積と工場制度の単独支配とを一般化し促進する」（第一三章第九節）。

新自由主義の下での資本の投機的行動や既存の法・慣行等を無視した暴走に対し、規制を強化しようという動きがあるが、資本の支配を前提にしたままでのこれらの規制は、弱小資本の没落、大資本の支配強化をもたらすことになる。

(二)個々の資本は、利己的利潤を求めて、労働力（そして土地・自然力）を濫費する。資本は、他人の利益、社会全体の利益、要するに博愛などは考慮しない。しかし個々の資本は、それ自体としては決して自立しえない存在であって、社会の一構成員として社会的必要を充たす（社会的経済原則の充足の一環となる）ことが要求される。

この社会的必要の充足は、しかし個々の資本としての自主的、自覚的行為として行われるのではなく、社会的関係を通して強制的に従わせられるものとして行われる。これが資本主義的商品経済特有の法則による規制、直接には無政府的な需要供給関係を通した商品経済的法則の強制である。個々の資本としてはこの法則はそれに従わなければ存立しえない外的強制として現われる。

個々の資本としては、何をどれだけ生産し販売するかは利己的利潤獲得動機で行動する。そして可能な限り販売価格を高くして利益を得ようとする。

しかし社会的需要にマッチしていなければ価格は下落し、企業も倒産することにもなる。これがまさに商品の価値法則の作用である。価値法則は、個々の資本の無政府的利潤追求行動に対する資本家社会的規制（自律的規制）であり、社会的調整である。

労働力に関しても資本と労働力との需給関係を通した価値法則が現われる。この点は後に蓄積法則の考察で述べるが、ここでは『資本論』の次の一節（最近よく利用される）にふれておこう。

資本の利己的利潤追求に関しマルクスは「われ亡きあとに洪水はきたれ！　これが、すべての資本家、すべての資本家国の標語なのである。だから資本は、労働者の健康や寿命には、社会によって顧慮を強制されない限り、顧慮を払わないのである。肉体的、精神的な萎縮、早すぎる死、過度労働の責苦等に関する苦情に対して、資本はこう答える。この苦しみはわれわれの楽しみ（利潤）を増すものであるのに、それがわれわれを何で苦しめるというのか？と。しかし、一般的に言って、これもまた個々の資本家の意思の善悪によることではない。自由競争が資本主義的生産の内在的諸法則を、個々の資本家に対しては外的強制法則として貫徹させるのである」（第八章第五節）。

ここで指摘される顧慮が「社会によって強制される」ということを、労働者の組織的闘争による規制（協定、さらに法による）と解釈する傾向があるが、（この側面を含んでいるととらえてよいが）、マルクスがいっているのは労働力に関しても需給法則による強制が働いている、ということであった。

個々の資本による労働力の濫費、労働力の再生産の破壊による資本の労働力需要に対する労働力供給の不足が、恐慌そして不況期のサバイバル競争戦の中での新技術、設備の導入（有機的構成の高度化）によって解消される――しかしそこには恐慌を必然的に伴う景気循環の法則による「強制」が貫徹する、という理解であった。

恐慌・不況は、資本の需要に対する労働力不足を強制的に解決する過程なのである。

㈢しかしこのような無政府的法則の作用の下では、労働者の生活・生存は（好況期における一時的な賃金上昇、生活水準の向上を含みながら）不安定であり、失業・生活苦にさらされる。資本の労働力濫費に対する規制、そして労働者民衆の生活の維持は、労働者の組織的階級的闘いによってしか効果を発揮しえない。そしてこの闘いは、（資本主義の下では）労働力の需給法則に即してではなく、その作用に対抗する規制によって、歯どめ（失業者が存在し労働力が過剰であっても、賃金引下げを許さないという）をかけるものでなければならない。不況で資本家的企業の経営が厳しい――だから労働組合としても賃金引上げを自粛する（あるいは雇用削減を止むをえないとする）というのではなく、生活の維持・防衛のために闘いを強めなければならない。

この点に関する『資本論』の叙述を紹介しておこう。

「市場では彼〔労働者〕は『労働力』という商品の所持者として他の商品所持者たちに相対していた。……彼が自分の労働力を資本家に売ったときの契約は、彼が自由に自分自身を処分できるということを、いわば白紙に黒く書いたように証明した。取引がすんだあとで発見されるのは、彼が少しも『自由な当事者』ではなかったということであり、自分の労働力を売ることが彼の自由である時間は彼がそれを売ることを強制されている時間だということであり、じっさい彼の吸血鬼は『まだ搾取される一片の肉、一筋の腱、一滴の血でもある間は』手放さない、ということである。彼らを悩ました蛇に対する『防衛』のために、労働者たちは団結しなければならない。そして、彼らは階級として、彼ら自身が資本との自由意志的契約によって自分たちと同族とを死と奴隷状態とに売り渡すことを妨げる一つの国法を、超強力な社会的障害物を、強要しなければならない」（第八章第七節）。

「〔相対的過剰人口の存在〕の基礎の上で行われる労働〔力〕の需要供給の法則の運動は、資本の専制を完成する。それだからこそ労働者たちが……自分たちの労働生産力が増進するにつれて自分たちにとっては資本の価値増殖手段としての自分の機能までがますます不安定になるというのは、一体どうしてなのかという秘密を見抜いてしまうや否や、また彼らが、彼ら自身の間の競争の強さの程度はまったくただ、相対的過剰人口の圧力によって左右されるものだということを発見するや否や、したがってまた、彼らが労働組合などによって就業者と失業者との計画的協力を組織して、かの資本主義的生産の自然法則が彼らの階級に与える破滅的な結果を克服または緩和しようとするや否や、資本とその追従者である経済学者とは、『永遠な』いわば『神聖な』需要供給の法則の侵害について叫び立てるのである。すなわち、就業者と失業者との連結は、すべて、かの法則の『純粋な』働きをかき乱すからである」（第二三章第三節）。

今日の資本の「追従者」たちは、日雇派遣労働の禁止は労働者の雇用を縮小させるとして労働力の売買に対して新自由主義的〝自由〟を後退させるな、と叫んでいる。それは明らかに「神聖」な労働力需給法則を侵害するなということであり、労働者をモノを処理するように自由に処理すべきであるという叫びである。

(二)資本主義における機械・技術の役割

①剰余価値生産の増大が目的

現代の技術の進歩は著しい。IT・情報技術、宇宙開発技術、さらには遺伝子組かえ技術等々。たんに産業・商業・金融分野に使われているだけではなく、人々の生活の中に入り込んでいる。しかしこれらの技術が、人間の生活にとって、より明確にいえば人間性を高める上で果してどれだけ必要なのであろうか。むしろ多くは人間・人間関係にとっては必要ではない、というよりはそれを破壊するものとなっている。IT・情報・宇宙技術などは、人間生活を豊かにする分野に用いられるよりも、大量の人間を殺す兵器・軍事技術として使われている(もともとその目的で開発された)。情報技術は、今日の金融危機で示されたように証券投機による利潤獲得に使われ、実体経済、人間生活を攪乱させている。遺伝子組かえ技術も生活向上というより、農薬・化学関係の資本、穀物商社などの売上げ・利潤拡大のために利用されている。そのことによって人間生活が破壊されている。人間が開発した技術が人間・人間関係を破壊する。なぜこのような事態が生じるのか。

『資本論』はこの点に関してその根本的な原因を明らかにしている。もちろん『資本論』は、一八世紀中葉以降の産業革命から一九世紀六〇~七〇年代までの技術の発展と応用——それは主に実体経済に関わる分野に使われたといってよい——をふまえての考察であったから一定の制約はあるが、今日の事態をも解明しうる理論的基礎を示している(第一巻第一三章)。

機械・技術は、労働者(集団)による物質的生産過程における労働手段として用いられ、労働生産力を高める要因である。労働者の協業(共同労働)、分業(労働の分割・分担による労働)とともに、機械・技術は労働生産力要因として、資本主義だけでなく他の社会形態においても生産力の基盤・存立根拠に関わる要因である。その点では「結合された総労働者すなわち社会的労働体が支配的な主体」(同第四節「工場」)である。資本主義においても(資本の生産過程においても)、その点は変らない——生産過程の本来の主体は労働者であって、資本家あるいはその意を受けた管理者ではない。技術を開発し、発展させている主体も、技術者としての労働者であって、資本家、管理者ではない。だから資本主義が確立しても、労働者・技術者のこの本来の主体的活動が、資本自体の発展の根拠なのであり（資本自体に自らを発展させる根拠はない）、この主体的活動が解体したら資本も存立しえない。

しかし資本主義においては、この労働生産力は、資本によって雇われた労働者によって行われる。したがって労働生産力は、資本の生産過程における生産力として、資本の生産力となる。と同時に資本による生産力の上昇は、剰余価値生産の増大を目的とするものとなる。

個々の資本としては、機械・技術を開発し、改良された機械・技術を、他の資本（直接には競争相手の企業）にさきがけて導入することによって、コストを低め、特別利潤（特別剰余価値）の獲得をめざす。改良された機械・技術の導入によって生産力を高め、製品の社会的価値よりも低い価値（個別的価値）を実現しながら、社会的価値の水準でそれを売ることによって特別剰余価値を得る。

〝競争がなければ発展がない〟ということがよく言われるが、それは、資本主義における個々の資本間の競争をとらえたものであり、それは、人間を主体とした競争をとらえたものではない。資本を現実の主体とする利己的利益獲得のため、相手を蹴落す競争を内容とするものである。

資本主義においては、個々の資本による改良された機械・技術の導入はそれによって競争相手の資本を出し抜き、できれば市場から退場させようと不断に画策して行われるのだが、しかしその現実の導入は不況期における自己を含めたサバイバル競争という刺激、社会的強制によって行われる。と同時に骨格となる生産設備の導入は、その設備の償却（それに投資した価値の回収）には一定の期間を必要とするので、その償却が行われない間は新技術・新設備導入が制約される（この点は後述）。労働生産力を高め、低コスト（労働量）で従来よりも産出量を増大させるという社会的に利益をもたらしうる新機械・技術の導入も、資本主義においては、必ず個々の資本の利己的利潤拡大を目的に行われるのであって、社会全体に利益をもたらすことを目的とするものではない。

それればかりか、個々の資本の競争を通して行われる新技術・機械の導入によって社会的に生産力が高まり、労働者の生活に必要な生活資料の生産量が増大しその個々の価値が低下するという社会的効果が実現されても、その利益を確保するのは資本（資本家的企業）である。

例えば生活資料としての衣服の生産力が高まりその単位価値が低下すれば、本来は労働者は安い費用で衣服を買えるし従来よりももっと多くの衣服を買うことができるはずなのだが、資本の側はそれを許さない。衣服の価値が下がればそれに対応して賃金を引き下げる――賃金は生活費を基準とする。生活資料の価値低下は生活費を下げる。資本は生活費が下がったことを理由に賃金を下げるのである。労働者が従来と同じ労働条件（労働時間、労働強度）で働いて労働量（形成する付加価値量）は変らなくとも、資本側は賃金を引下げて剰余価値を増やすことになる（これが相対的剰余価値の生産である）。

労働生産力の上昇は、一定の労働量によって生産される生産物を増大させ、社会的発展をもたらす物質的根拠である。資本主義においても、それを根拠に労働者の生活水準を高めうるものである。しかし資本は生産力上昇—生活資料の価値低下を賃金（労働力価値）の引下げに利用し、剰余価値生産の増大を実現する。社会全体、労働者全体がえられうる利益が、個々の資本の利益として吸収されてしまう。——現在たしかに労働者民衆の生活に必要な種々の生活資料の価値（直接は販売価格）は下がっている。にも拘らず労働者民衆はますます貧しくなる。この生活資料の価格低下自体が、今日では新技術導入による生産力上昇によるのではなく、徹底的な賃金切下げ、雇用削減（さらに中国、アジアにおける低賃金を利用した低価格商品の生産・輸入）によるものであるとともに、生活資料の価格低下がさらに賃金引下げに利用されているのである。資本主義の下での生活資料の価格引下げが、労働者の生活を高めるものとなるのではなく、それをさらに押し下げるものとなるのはなぜか、をとらえなければならない。そして同時に〝低米価・低賃金政策〟——米価を抑え生活費を抑えて賃金を抑える資本家的政策——の本質をあらためて想起しよう。

②機械導入による労働者支配・労働力収奪

資本主義における機械・技術の導入、改良は、それ自体としては社会の発展をもたらしうるものでありながら、直接には個々の資本の利己的利潤獲得を目的とするものである。

そしてこのような利潤獲得目的による機械・技術の導入によって、本来の生産主体としての労働者は資本によって支配され、労働力は資本の利益拡大のため、とことん収奪される。と同時に、利潤拡大——搾取強化が目的であることによって、資本主義における技術・機械に特殊な歪みがもたらされる。『資本論』の叙述をベースに重要なポイントを示しておこう。

「機械は、それ自体として見れば労働時間を短縮するが、資本主義的に充用されれば労働日を延長し、それ自体としては労働を軽くするが、資本主義的に充用されれば労働の強度を高くし、それ自体としては自然力に対する人間の勝利であるが、資本主義的に充用されれば人間を自然力〔直接には労働手段〕によって抑圧し、それ自体としては生産者の富を増やすが資本主義的に充用されれば生産者を貧民化する」（第一三章第六節）。これがマルクスの結論である。

まず第一に、資本による（資本の生産過程における）機械の導入は、労働者の特殊な技術、熟練を奪い、労働を単純化する。労働の単純化――技術・熟練を持たない子どもあるいは女性でも労働者として雇いうることになるとともに、種々の生産部門におけるその導入は労働者の部門間移動、あるいは労働者の置きかえ（自由な解雇）を実現する。

資本の生産過程における機械の導入――機械体系の形成は、資本の目的に即して動かされる「機械的自動装置」を形成するとともに、「自動装置そのものが〔現実の〕主体であり、労働者はただ意識のある器官として自動装置の意識のない器官と並列させられ、この器官と一緒に中心的動力に従属させられているだけ」という状況をもたらす。むしろ自動装置自体の動きが、労働者の労働を支配し従属させる――「工場全体への、したがって資本家への、労働者の絶望的従属」の完成である（同、第四節）。資本は、機械体系によって生産過程における現実の主体となる。

第二に、このような機械体系を通した資本による労働者支配によって、資本は雇った労働者に対し労働時間の延長――機械体系が動いている限り労働者は労働せざるをえない――、労働強化――機械の運動速度を高めることによって、さらに機械の取扱数を増やすことによって労働密度は高まる――を実現する。「機械労働は、神経系統を極度に疲れさせると同時に、筋肉の全面的な働きを抑圧し、身心の一切の自由な活動を封じてしまう。労働の軽減でさえも責め苦の手段となる」（同上）。

機械の導入による資本の労働者支配、搾取強化は、労働者による資本に対する本格的闘争をもたらす。「およそ資本主義的生産様式は労働条件にも労働生産物にも労働者に対して独立化され疎外された姿を与えるのであるが、この姿はこうして機械によって完全な対立に発展する。それゆえ、機械とともにはじめて労働手段に対する労働者の強烈な反逆が始まる」（同第五節「労働者と機械との闘争」）。

機械に対する労働者の反逆は、当初はラッダイツ運動のように機械そのものに向けられた闘いであったが、実践運動をふまえた学習を通して機械そのものではなく、それを搾取強化目的で使う資本に（その担い手としての資本家に）向けた闘いへと発展する。労働者の資本に対する闘いの主要な方策はストライキである。――しかし資本は労働者のストライキへの対抗手段としても機械を使う。「機械は、労働者に敵対する力として、資本によって声高く、また底意をもって宣言され操作される。機械は、資本の専制に反抗するくり返される労働者の反逆、ストライキなどを打ち倒すためのもっとも強力な武器になる」(同上)。機械は反抗する労働者を排除して生産を継続する手段となり、反抗する労働者を子どもや女性に置きかえることを可能にする。むしろストライキはかえって資本による機械の発達を速めるものともなった。

第三に、マルクスが資本主義における機械導入を通して強調したのは、資本による労働力の収奪、そして窮乏化であった。大工業の発展が「労働者の生活状態の一切の静穏と固定性と確実性をなくしてしまうか、そして彼の手から労働手段とともに絶えず生活手段をもたたき落とそうとし、彼の部分機能とともに、彼自身も余計なものにしようとするか、を見た。また、どのようにこの矛盾が労働者階級の不断の犠牲と労働力の無際限な乱費と社会的無政府性の中であばれ回るか、を見た」(同第九節「工場立法(保健・教育条項)」)。「農業でも、製造工業の場合と同様に、生産過程の資本主義的変革は同時に生産者たちの殉難史として現われ、労働手段は労働者の抑圧手段、搾取手段、貧困手段として現われ、労働過程の社会的結合は労働者の個人的な活気や自由や独立の組織的圧迫として現われる。……都市工業の場合と同様に、現代の農業では労働の生産力の上昇と流動化の増進とは、労働力そのものの荒廃と病弱化とによってあがなわれる」(同第一六節「大工業と農業」)

このような資本による機械導入を通した労働力(と土地・自然力)の濫費、そして労働者階級の窮乏化は、いうまでもなく、資本を現実の主体とし、もっぱら利己的利潤目的で技術・機械を利用することによってもたらされているのである。今日ではこの事態は、物質的生産過程(農業を含む)、エネルギー部門(とくに原子力発電など核の利用)から、環境部門、さらには生活に関連した教育・医療保健、福祉部門に及んでいる。利潤獲得・拡大目的として導入される技術・機械は、自然とともに人間自体をも破壊してしまう。このこととともに、もっぱら利潤拡大を目的とした、資本による技術・機械の導入は、利潤の得られない分野(それがどんなに人間生存に不可欠でも)における技術の開発・発展を妨げている。社会の、人間の社会的発達という点からいうと、資本主義は技術の大きな歪み(不要な技術の拡大、必要不可欠な技術の遅れ、放棄)をもたらしている。

このような人間社会の、直接には労働者(と自然力)の破壊をもたらす側面とともに、マルクスは技術、機械の発達に資本主義の歴史的限界を、労働者が現実の主体となる社会主義の物質的根拠となりうることをとらえた。

③現実的主体の転換はいかに可能か

労働者の労働力（と土地・自然力）を収奪し、労働者を貧困化させる資本主義的大工業は、しかし他面新たな社会、労働者が生産過程の現実の主体となる社会主義社会の物質的根拠とともに、変革契機を準備する。これがマルクスによる機械制大工業の結論的な提起であった。

労働者全体を豊かにしうる工業的生産力の発展が資本主義の下では逆に労働者階級を窮乏化させ、社会の存続をも困難に陥れるものとなっているということから、ここに資本主義体制の歴史的な限界が示されていること、つまり資本が主体となっているこの体制では、人間社会は発展しえないし維持することもできない――人間が人間として生存しえない、ととらえるとともに、「一つの歴史的生産形態の諸矛盾の発展は、その解体と新形成との唯一の歴史的進路である」（第一三章第九節）とマルクスはとらえた。

金融・経済危機とその回復を図る各国の財政・金融政策の下で、一方では巨大資本の支配体制が維持・存続しながら、他方全世界的規模で大量失業―労働者階級の窮乏化が進展している。この支配体制の下では労働者は生きられなくなっている。明らかにこれはこの体制の歴史的限界を示すものといってよい。『資本論』の窮乏化論はいま現実にその妥当性が証明されている。――しかし今日生じている窮乏化に関しては、その現代的特徴、条件を十分解明した上で、とらえなければならない。財政・金融政策を総動員してこの体制の維持を図ろうとしても、この体制は支えられなくなっていることをとらえなければならない。ストレートに『資本論』の窮乏化の提起を当てはめるだけでは十分ではない（後述）。それだけでなく、機械制大工業の発展による窮乏化論と体制限界の指摘は、重要な問題提起があることを受けとめなければならないが、その中には理論的には補わなければならない問題があった。

何より重要な問題提起として生かさなければならない点は、機械制大工業の発展によって生産力が高まる――労働過程でいえば、労働者の共同労働、労働の社会的結合をもたらすこと、それは社会主義の物質的根拠になることを指摘するだけではなく、この発展した生産力の担い手が、利己的利潤追求を目的とした資本である限り、生産力の本来の担い手である労働者の労働力は収奪され、主体的力量（技術、意識状況を含めて）、主体としての自発性・創造性も奪われ、徹底的に窮乏化させられるということ、生産力を社会の発展のために生かしうるかどうかは、その担い手・現実の主体に関わっている、という把握である。生産力を、社会的労働＝共同労働を可能にする物的生産手段を中心にとらえるのではなく、なによりその担い手を通してとらえている、ということである。

本来生産力の主体たりえない資本が、その担い手・現実の主体となり、本来の担い手である労働者を金儲けの手段として使う――このような顚倒の下で資本が自由にその目的を追求することによって、本来の主体が崩壊する。これは「大工業の破局」とともに、社会の「破局」をもたらす――だからこそ社会を維持・発展させるには、この主体の顚倒が不可欠なのだ、という決定的な問題を提起していたのである。

しかし資本の支配の下で収奪され、窮乏化させられた（窮乏化は後述するように、意識の窮乏化―認識力、判断力の欠如を伴う）労働者が、いかに労働過程の主体としての自覚と力量をとりもどしうるのか。――この問題は今日瀕死《ひんし》の状態にある労働運動の再生にとって決定的な問題でもある。マルクスはこの点を「工場法」の「保健・教育条項」の検討において（第一三章第九節）指摘しているのであるが、そこには論理というよりも楽観的な見通しという傾向が強くあった。

大工業の導入・発展は、労働の単純化を通し種々の部門への労働者の移動を容易にする。しかしそれは今日のフリーターによっても示されているように、労働者にとって技術は全く身につかないばかりか労働力の正常な再生産をも困難にする。その点は『資本論』も当時の現状をふまえて明らかにしているのであるが、反面次のように述べる。「大工業は、いろいろな労働の転換、したがってまた労働者のできるだけの多面性を一般的な社会的生産法則として承認し、この法則の正常な実現に諸関係を適合させることを、大工業の破局そのものを通じて、生死の問題にする。大工業は、変転する資本の搾取欲求のために予備として保有され自由に利用されるみじめな労働人口という奇怪事の代わりに、変転する労働要求のための人間の絶対的な利用可能性をもってくることを、すなわち一つの社会的細部機能の担い手でしかない部分個人の代わりに、いろいろな社会的機能を自分のいろいろな活動様式としてかわるがわる行なうような全体的に発達した個人をもってくることを、一つの生死の問題にする」と。

マルクスはここで、工場法によって保証された（それは、労働者が資本から「もぎ取った」ものである）「初等教育と工場労働との結合」――工学・農学の学校、そして「職業学校」による生産労働に結びつく教育の意義を強調している。これは「全体的に発達した個人」――実体経済の主体的担い手として必要な資質の形成にとって、重要であることはいうまでもない。そして「労働者階級による不可避的な政権獲得」は、「理論的、実際的な技術教育」に十分な地位を保証することになる、とマルクスは指摘している。

しかし問題は、労働者階級による「政権獲得」がいかに実現されるか、である。人間社会の発展は、それに対して外部にある自然法則の認識とそれへの適応によって行われるのではなく、意識をもって行動する人間の関係によるものである。

機械制大工業の下での生産力の発展自体が人間関係—階級関係を（あたかも自然法則の展開のように）変えるのではなく、その生産力自体が資本—賃労働という人間＝階級関係に規定されて動くのである。だから大工業とそれによって形成される技術の自然科学的認識（技術教育）だけでは、労働者が資本に変って大工業的生産力の現実的担い手にならなければ社会体制は変革されないという認識・意識は形成されない。マルクスはここで大工業的生産力の発展をあたかも自然法則的発展のようにとらえ、自然法則の認識とその適用という方法を採用して社会の発展法則の（楽観的に）見通しを示した、といえよう[6]（この点は本章の最後で再提起する）。

次に、機械制大工業の発展から労働者の窮乏化そして体制の限界・新社会形成を説くさいの理論的問題を指摘すれば、第一に、機械制大工業の発展が、資本に主導されその利潤獲得・拡大目的の下で行われることから生じる技術・機械の歪みとともに、社会主義の生産的基盤となりうるととらえられている「共同労働」に関しても、そのまま社会主義の生産基盤にならないこと——資本主義の下での労働編成には労働者に対する搾取強化を目的とした階級的管理労働が介入していること、それは生産活動にとって必要ではないばかりでなく、その活動を阻害するものであるという認識が重要である。

資本にとって〝合理的〟効率的労働編成は、生産的労働者自体にとって合理的であることにはならない、ということである。だから、大工業的生産力、技術に対する主体的選択とともに、労働・生産の主体である労働者の目的意識的編成が行われなければならない。これは、社会主義経済建設にとって重要な課題である。

第二に、機械制大工業の発展から直接に労働者の窮乏化を理論的に説くことは問題である。窮乏化は資本主義的蓄積法則を通して明らかにされなければならない、という点である。大工業の発展によって、これまで示してきたように、労働者の労働力の収奪、窮乏化がたしかに進展する。しかし大工業の発展の直接の手段としての機械＝固定資本は決して個々の資本にとって自由に導入しうるものではないし、一度導入すればそれが償却しきれない間は新たな機械の導入が制限される。『資本論』で指摘されているように、資本がいつでも活用できる低賃金労働者が豊富に存在していれば（相対的過剰人口の形成）、資本としては機械導入の刺激がむしろ減少する。――資本主義は、資本による労働力需要―それに対応する労働力供給（失業者を含めた）の関係を基軸に、特有な蓄積法則を展開する。窮乏化の説明には、まず何よりもこの蓄積法則の説明が前提されるのである。ということで、次に蓄積法則との関連を通し窮乏化論を検討しよう。

注

（6）マルクスの資本主義社会認識は、生産力の発展を根拠に生産関係（階級関係）の変化・発展をとらえるという社会発展の法則を、資本主義に適用するという方法から出発した。そこから自然法則的な社会発展法則の認識とその適応による社会主義の実現というとらえ方が形成された。しかし人間社会の動き、その発展は、自然法則のような社会関係からは外部の法則によって規定されるのではなく、社会の主体である人間の意識と行動自体によって規定される。資本主義における機械的大工業の生産力も、労働者に対する資本（家）の関係によって規定される。『資本論』はこのような社会関係の特徴を資本主義の解明を通して明らかにしてきたのであった。しかし資本主義における資本の支配から生じる矛盾――社会の主体の解体化―から社会主義への展望を示そうとするときには、いぜん自然法則的な社会発展法則に基づくという歴史観に頼ることになっている。体制の変革は変革主体の意識形成と主体的実践によること、そして変革の意識は、技術教育だけではなく、経済学の学習が必要であることを強調しておきたい。

㈢蓄積法則と窮乏化

①恐慌のとらえ方の変化

資本主義経済を必然的に襲う恐慌。恐慌が典型的な周期的恐慌として起きた自由主義段階（一八二〇～七〇年）においては、恐慌は好況期の高揚の後突然生じた。「近代産業の特徴的な生活行程、すなわち、中位の活況、生産の繁忙、恐慌、沈滞の各時期が、より小さい変動に中断されつつ一〇年ごとの循環をなすという形態」（第二三章「資本主義的蓄積の一般的法則」第三節「相対的過剰人口または産業予備軍の累進的生産」）とマルクスはいっている。資本の蓄積拡大による景気上昇過程の中で生じる矛盾、価値増殖における矛盾（制約）の強制的爆発が恐慌であった。しかし恐慌とその後の沈滞＝不況を通してこの矛盾は現実的に処理され、再び景気上昇が現われた。それがまたくり返し恐慌をひき起こすのであるが、しかしそこから直ちに資本主義が崩壊する（「死」にいたる）ということにはならなかった。

マルクスは、一八四〇年代から六〇年代まで資本主義の下で必然的に生じる恐慌を、たしかに資本主義の〝死に至る病〟ととらえた。社会の発展の根拠となる生産力の発展を、資本自体の目的に即して、つまり利潤獲得目的で、十分に活用しきれない——そこに資本主義の歴史的限界を見出した、といってよい。恐慌は、資本主義経済の矛盾の爆発であり、それがたしかに現実的には処理されてもさらに大きな矛盾をもたらし恐慌を激化させて行く——恐慌のくり返しを通しながら、ついにこの矛盾を処理しえない限界にいたる。「世界市場と恐慌」——それは資本主義体制崩壊の契機、社会主義への転化の契機としてとらえられた。マルクスの「経済学批判体系プラン」は、資本主義の理論的解明を、「資本・賃労働・土地所有、国家・外国貿易・世界市場と恐慌」という順序で叙述するものとされていた。この最後の恐慌の位置づけこそ、恐慌を体制転換の契機とする考えを示している。恐慌を「死にいたる病」ととらえる理解は、これを踏襲したものである。

しかし少なくともマルクスが生きて現実の資本主義を解明していた時期には、恐慌はくり返されても、資本主義は崩壊しなかった——そしてどれだけ恐慌がくり返されれば崩壊の契機が生じるかも（その予見はともかく理論的には）確定しうるものではなかった。資本の論理を展開して行く中で、マルクス自身恐慌を体制の崩壊と結びつける理解を変えて行ったのである。崩壊と結びつける理解ではなく、資本主義経済特有の運動法則＝景気循環法則の一環として恐慌をとらえる、という方向である。個々の資本としては最大の利潤をめざして競争し蓄積拡大を図ることによって価値増殖の制限を必然的にもたらしながら、しかし個々の資本自身では自らの運動に歯どめをかけられない——無政府的競争にあおられその矛盾を激化させてしまう。（資本の絶対的過剰＝後述）。その調整—価値増殖条件の再形成は、社会的強制（直接には貸付資本—利子に規制されて）によってしか行われない。これが恐慌の必然性なのである。価値増殖条件の再生が行われない（体制崩壊をもたらす）わけではないが、それは資本の自主的意識的調整によってではなく、資本家社会的強制によって、個々の資本運動を強制的に中断、さらには崩壊（倒産）させる「無規律性の盲目的に作用する」法則的強制によってしか、行われない。しかし逆にいえば、このような法則的強制によって再調整が行われる限り（つまり恐慌がひき起こされる限り）、資本主義は再生産・蓄積を維持し続ける——自らの運動がもたらした価値増殖の制限を自らの運動の中断を強制されながらしかし体制内で現実的に解消する。後述するように相対的過剰人口を基盤に労働力の商品化を社会的に確保しうることが、再生産・蓄積の再生・維持を可能にする。このように恐慌の解明は、それを通して体制崩壊をとらえることから、景気循環（「産業循環」と表現している）の法則的解明へと向うことになる。しかし『資本論』はそれをなお完成させるには至らなかったが、その重要な基礎を提示している（次項②で考察）。

しかしマルクスは資本主義体制の歴史的限界を理論的に解明するという課題を放棄したわけではない。この課題は、上述のように資本による機械制大工業の発展に伴う労働者階級の窮乏化（そして土地自然力の収奪による破壊）によって明らかにされる、と考えた。恐慌ではなく、資本主義における労働・生産過程の真の主体自体の解体――それこそ資本主義の歴史的限界の証明であるといってよい。そしてこの提起は今日明確に妥当する。しかしこの提起を理論的に解明する上にはなお解決すべき重要な問題があった。この点もすでに指摘したが、機械の導入に伴う労働者階級の窮乏化は、資本の蓄積過程を通して、現実には蓄積法則（景気循環の法則）を伴いながら、進行する。だから理論的には資本の蓄積法則の解明を通さなければ明らかにならない。明らかに『資本論』第一巻第七篇「資本の蓄積過程」はこの課題に応えようとするものであった。

恐慌を必然的に伴う蓄積法則の展開をふまえて労働者階級の窮乏化を説く――しかしそれは理論的には困難な問題があった。景気循環の好況局面では、雇用も増え、賃金も上昇する――生活難という点から窮乏化をとらえるならばこれは窮乏化を解消することになる。こういう局面を含みながら、窮乏化傾向がどう貫徹するのか。窮乏化を通して資本主義の歴史的限界を示す――この課題を示そうとすることによって、一方的では景気循環の法則の解明が制約されるとともに、景気循環法則を理論的に解明しようとすると、窮乏化の一面的進行は説けなくなる。そしてそこから読みとらなければならないことは、蓄積法則だけからは、労働者の窮乏化は説けないこと、窮乏化の理論的解明には、恐慌・不況を通した「資本の絶対的過剰」の現実的処理が困難になる（むしろ恐慌を起こせなくなる）ことによって、景気上昇局面が生じても雇用・賃金は改善されずむしろ悪化し続けるという事態がどう生じるのかの解明が必要なのである。[7]

注

（7）直ぐ述べるように、相対的過剰人口（失業者）の形成によって賃金が低下することが、販売価格が下落している状況でも、資本に利潤の獲得を可能にし、それが景気上昇の要因となる。しかし今日生じている事態は、雇用削減、賃金切下げを強行しても、景気の上昇も、雇用・賃金の改善の傾向も生じないということであり、なぜこの事態が生じるのかは、『資本論』の窮乏化論をそのまま当てはめるだけでは明らかにならない。今日の事態は、利潤獲得・維持のために資本主義において可能なすべての形態（株式など擬制資本）、あるいは制度（管理通貨制度など）の総動員の上で生じている—その形態・制度・政策の総動員がむしろ労働者の生活を破壊し、窮乏化させているのであり、それこそ資本主義の歴史的限界を示すものなのである。少なくとも、雇用・賃金切下げで、大資本の利潤が回復・拡大しても、その利潤は価値増殖根拠をもつ実体経済に投資されず、その根拠のない〝擬制〟的分野（株式・証券投機など）に投資されてしまうことが重要な要因となっていることを明らかにしなければならない。

②景気循環の中の恐慌

以下『資本論』の到達点としてとらえうる景気循環と恐慌の必然性に関する理論の要点を示そう。『資本論』でのこの理論的提起は、一九世紀中葉の自由主義段階の資本主義の現実をふまえ、資本の基軸は産業資本——社会として存立するのに不可欠な生活資料、生産手段の生産を、つまり実体経済を分業によって担っていること、その生産は価値形成・増殖の根拠をもっていること——であり、蓄積＝拡大再生産も、信用（資金借入れ）によって補強されながら基本は自己の剰余価値からの蓄積によって行われる、と想定されている。資本主義の自立的発展をとらえる上に、この想定は必要である。

上述のように、景気循環は、好況—好況のピークから恐慌、その後の不況——そして再び好況という局面を経て展開される。そこで第一に、好況局面、そのピークからなぜ恐慌が生じるのか、から明らかにしよう。

決定的に重要なことは、この好況局面の展開の中で、剰余価値の生産自体が（剰余価値の貨幣への転化＝実現の困難ということではなく）制限され、減少するということである。生産・供給される商品が売れたとしても（それは、好況局面の通常の現象である）、剰余価値の生産が減少するという事態が生じるのである。マルクスはこれを「資本の絶対的過剰」と規定した。資本の資本自体としての過剰——需要に対し供給が相対的に過剰になるということではなく——、投資した資本（直接には貨幣）が価値増殖しない、ということである。

「労働人口に比べて資本が増大しすぎて、この人口が供給する絶対的労働時間も延長できないし、相対的剰余労働時間も拡張できないようになれば（相対的剰余労働時間の拡張は、労働に対する需要が強くて賃金の上昇傾向が強いような場合にはどのみち不可能であろうが）、つまり増大した資本が、増大する前と同じかまたはそれよりも少ない剰余価値量しか生産しなくなれば、そこには資本の絶対的な過剰生産が生じるであろう」（第三巻第一五章「この法則（利潤率の傾向的低下の法則」の内的諸矛盾の展開」第三節「人口の過剰に伴う資本の過剰」)。

好況局面では、雇用の増大に伴い、資本による労働力需要に対し労働力供給が不足する——当然労働力の需給法則が働いて賃金は上昇する。賃金が上昇しても労働時間の延長、労働強化で雇用した労働者の労働量を増やし付加価値生産を増大させれば、剰余価値は減少しないが、それができない(賃金が一定程度上昇すれば労働者は労働時間延長—残業によって賃金を増やさなくとも生活を維持しうるのでそれを拒否する)。好況期は商品の販売に困難はないので、資本は生産拡大のため労働力需要を増やす。これによって労働力不足が生じるが、個々の資本は競争にあおられて賃金をさらに引上げても労働者の確保を図ろうとする。だから資本間競争がある中では、個々の資本としては賃金上昇に歯どめをかけることはできない。そのことによって賃金上昇が強まり、剰余価値がえられなくなる——資本を追加投資しても剰余価値は増大しないばかりか、かえって減少するという「資本の絶対的過剰」が生じる(現実には借入れた資金による追加投資によって形成される利潤が、支払わなければならない利子以下になることによって資本の絶対的過剰が示される)。これこそが恐慌の根本原因なのである。

恐慌の根本原因を商品の供給過剰(貨幣による需要を超える)という商品と貨幣の対立—いわばモノとモノの対立—に求めるのではなく、資本と労働力の関係——すなわちモノの関係と人間の対立——に求めたことは画期的であった。低賃金で労働力を確保し賃金に相応する価値以上の価値を労働者を労働させて獲得する、これが資本運動存立・発展の根本条件である。ところが資本は互いに競争し合って蓄積拡大に走る中で自らの運動自体によってこの根本条件を失わざるをえない。労働力という商品は、人間の能力であって、モノの運動でしかない資本によって自由にその供給を増やすことはできない。モノの関係による労働者=人間支配の限界を資本自ら暴露せざるをえない——それが恐慌なのである。「資本主義的生産の真の制限は、資本そのものである」(同第二節「生産の拡大と価値増殖との衝突」)ということは、この意味でとらえなければならない。[8]

しかし好況局面における資本の蓄積拡大—労働力需要に対する労働力供給の不足(それによる賃金上昇)は、一定の蓄積条件の上で生じる。その蓄積条件の中で重要なのは、好況期の蓄積拡大は、資本の有機的構成がほぼ不変(投資した資本のうちの労働力に投下した資本に対する生産手段に投下した資本の割合が変らないこと)の上で、少なくとも既存の固定設備を使いながらその上に追加投資を増大して行われること、である。

相対的過剰人口の存在によって労働力需要が充足できるという状況を基盤に、固定資本設備に投資した資本が未償却（価値の未回収）である間は、新たな固定設備の導入で既存設備を廃棄・更新することなしに、既存設備を活用しつつ投資を拡大する傾向が生じる。この下で有機的構成不変の蓄積が行われる。

マルクスは、産業革命によって産業資本が確立する以前はこの蓄積方式が行われたこと、産業資本が確立すると有機的構成の「不断」の高度化が蓄積方式の基本となるように説明している（第一巻第二三章第三節）が、それは相対的過剰人口の「累進的生産」によって労働者階級の窮乏化を説こうとしたことによるものと解釈しうるが、しかしこの蓄積方式は産業資本確立後も好況期において現われること、――それは「与えられた技術的基礎の上における単なる生産拡張として蓄積が作用する中間休止期」（同上）と表現されている――を指摘している。そして「固定資本」の規定（第二巻第八章「固定資本と流動資本」）をふまえて、「大量の固定資本が一定の現物形態で投下されてその形態のままで一定の平均寿命だけもちこたえなければならないということが、新しい機械などが徐々にしか採用されないことの原因になっており、したがってまた、改良された労働手段の急速な一般的な採用を妨げる障害にもなっていること、さらにこの固定資本の平均寿命が「大工業のもっとも決定的諸部門については」平均して一〇年の周期をもつ、ということが「周期的な恐慌の一つの物質的基礎」（同第九章「前貸資本の総回転、回転の循環」）となっていることを指摘している。

問題は、すでに資本の労働力需要に対し労働力不足が現われ賃金上昇が生じているとき資本が労働力不足解消を目的として、有機的構成を高める新設備を導入し（既存設備をとりかえて）労働力需要を減少させることができれば労働力不足を資本自ら解消しうる（リカードなどの古典経済学は、機械は賃金上昇解消の手段として導入される、としていた）のに、それはできない、ということである。

その点は、⑴好況期においては、賃金上昇もあって社会的に需要が増大しており、コストを引下げなくとも生産・販売は実現されること（むしろ信用の利用によって供給に対し需要が先行し、販売価格は上昇する傾向が生じる）、このような状況ではコスト引下げを図る新設備導入の刺激は少ないこと、⑵むしろ個々の資本としては追加投資（信用の積極的利用によって）を増やし、生産・供給量を増やし市場をさらに拡張する方向に走る。商品投機がこの傾向を促進するが（それによって実需を超える供給拡大＝過剰生産が激化することは確かであるが）、商品供給の過剰―販売不能によってこの膨脹に歯どめがかけられるのではなく、一方では信用利用＝資金借入れの増大、他方では利潤の減少による資金供給の減少によって（資金需要を増やすが資金供給を増やさない投機が加わってさらに）利子率が上昇し、上述した賃金上昇による剰余価値生産の減少＝利潤率低下による利子支払い困難の下で借入れ不能、そして支払い不能の連鎖が生じ、恐慌が起きる。恐慌による資本運動の停止あるいは崩壊が一挙に需要を減少させて商品供給過剰（生産力過剰）、そして価格暴落をひき起こす。その意味でマルクスは、商品供給の過剰は恐慌の直接の原因ではなく恐慌に伴う現象であるといったのである。

(3)ここでとらえなければならないのは、無政府的な個々の資本の競争である。社会的に労働力不足―資本の過剰が生じていても、個々の資本としては競争の中で利己的利潤追求を展開し過剰に歯どめをかけ調整することはできない。これが必然的に恐慌をひき起こし、それによってまさに暴力的に過剰処理を社会的に強制されるのである。

新設備導入も次に明らかにするように、恐慌後の不況期におけるサバイバル競争によって行わざるをえなくなるのである。――産業独占体が成立し、無政府的競争を部分的に制限して一定の調整力をもつようになれば、(1)(2)で指摘した資本過剰激化への方向を部分社会的に規制しうることになる―労働力不足には新設備導入で失業者を作り出し、いつでも低賃金労働力を利用しうる状態をつくり出し、過度の競争を抑制し生産調整を行なって資本過剰の激化を抑えうる――それによって恐慌の激発による暴力的調整をある程度回避することになるが、社会的には慢性的失業者の形成、労働者間の格差拡大によって、資本過剰も慢性化し、戦争（帝国主義戦争）によってでも解消されなければならない事態をひき起こすのである。

そこで第二に、恐慌そしてその後の不況局面の特徴をとらえよう。

恐慌は、その原因となった資本の絶対的過剰そしてその根拠である労働力不足の資本家社会的解消の、個々の資本としては生産激減、倒産という大きな打撃を伴う暴力的解消の、過程である。過剰投資された資本の価値が破壊される。資本価値破壊は、生産停止あるいは減少による設備の稼働停止、遊休による設備の価値破壊、さらに生産激減自体が需要――投資需要、さらに（失業者の激増による）消費需要も減少させることによって、商品価格暴落を招くことによる設備、商品在庫の価格下落によって、生じる。マルクスはさらに手形や証券価格の下落による資本価値破壊も指摘している（第三巻第一五章第三節）。

決定的に重要なのは、失業の激増である。生産停止、減少に伴い、資本は労働者を解雇する。需給の変動に伴う部門間不均衡、生産・供給過剰部門の雇用削減——それは生産・供給不足部門に吸収されうる——ではなく、すべての資本に影響を与える対労働者に関わる問題から恐慌が生じたことによって、生産縮小・雇用削減はすべての資本に及ぶ。社会的規模で大量の失業が発生する。

生産を縮減しながらなお資本運動を継続している資本も、雇用調整を行うが、労働者の雇用を続けても、大量失業による圧力の下で、賃金は大幅に低下する。雇用削減、賃金の引下げ——それが消費需要を減少させ、さらに生産縮小・雇用削減が進む。

生産縮小—雇用・賃金削減—需要減少——さらに生産縮小—雇用削減……。これがいわゆるデフレスパイラル(9)といわれる状況なのであるが、それは恐慌から不況にいたる局面では必ず生じる事態である。

恐慌が資本の労働力需要に対する労働力不足—賃金上昇に帰因して生じたことに対応して、そこからの脱出は何よりも労働者の解雇・大量失業の形成、それに基づく賃金引下げによるのである。徹底的に労働者を犠牲にすることによってしか、資本は自らもたらした恐慌を現実的に解消しえないということである。

倒産を含む資本の生産縮小—失業形成・賃金減少という恐慌脱出過程において、資本家的企業の再生は激しいサバイバル競争戦を勝ち抜く以外にない。弱肉強食の競争はまさに資本の本性であり、それが恐慌—不況局面に典型的に現われる。そしてこの点は今日においても現実に現われている。

サバイバル競争に勝つ——それには販売価格が下落する中でも利潤を獲得しうるように徹底的にコスト削減、賃金をはじめとするあらゆるコストの削減を図ること、しかも競争相手の資本より早くコスト削減を図ることによるしかない。その競争に勝つ手段が、生産力を高める新設備の開発・導入（そして旧来の設備の破棄・更新の上で）である。

「……価格低下と競争戦とは、どの資本家にも刺激を与えて、新しい機械、新しい改良された作業方法、新たな組合せの充用によって自分の総生産物の個別的価値をその一般的価値よりも低くしようとさせたであろう。すなわち……不変資本に対する可変資本の割合を低くし、したがって労働者を遊離させ、……人為的過剰人口を作り出すことへの刺激を与えたであろう」（同上）。ここでも重要なのは、倒産、生産縮小の下で失業者が形成されている状況において、さらに新技術・設備導入による資本の有機的構成高度化（不況期においては既存の固定設備の価値破壊・廃棄の上でそれが行われる）によって、雇用はさらに削減される。こうして雇用量の絶対的減少―失業者・相対的過剰人口の増大、賃金引下げが生じる。

この賃金引下げは、労働力価値自体の引下げ（新設備導入による生産力増大が生活資料の価値自体を引下げる）が伴なっている。ここでも競争に敗れ、市場から退場する企業を蹴落した資本家的企業は、高度化した生産力に対応する新たな資本―賃労働関係の下で、利潤の回復、拡大を実現し、新たな景気回復・好況を主導することになる。

しかしこの点で重要なのは、この新技術・新設備の導入が、価値増殖根拠のある生産過程（実体経済）において行われることによって、剰余価値生産が再生する、ということである。そしてその限り、新技術・新設備導入による生産力上昇の下で資本は再び好況を展開することになる。

「このようにして循環はまた新たに繰り返されるであろう。……拡大された生産条件の下で、拡大された市場で、高められた生産力によって、同じ悪循環が繰り返されて行くであろう」（同上）。「恐慌はいつでも大きな新投資の出発点をなしている。したがってまた――社会全体として見れば――多かれ少なかれ次の回転循環のための一つの新たな物質的基礎をなすのである」（第二巻第九章）。

恐慌は、資本主義の崩壊ではなく、この限り、新たな資本―賃労働関係＝搾取関係の上で資本の成長をもたらす契機（もちろん新たな「悪循環」の契機）としてとらえられている。

注
（8）「資本主義的生産の真の制限は、資本そのもの」というマルクスの指摘は、直接には剰余価値生産を目的とした資本と「労働の社会的生産力の無条件的発展に向って突進する生産方法」との矛盾という内容であった。この「生産力の無条件的発展」は、「資本主義的生産が行われる社会関係を離れてみれば」という、現実にはありえない想定の下で生じるとされていた。
しかし資本主義における生産力は、資本主義的生産・社会関係自体によって制限されている（社会の民衆の絶対的欲求がどれだけあっても、資本はその欲求が貨幣による需要＝支払い能力を使わなければ供給・販売しないのである）。マルクスの指摘は、（それを生かしうるとすれば）生産者たち、すなわち民衆の必要を充たしうる生産力の発展を、資本主義生産は実現しえない、ということになる。
（9）デフレというのは、本来通貨収縮による物価下落現象であって、現実にはインフレ（通貨膨脹）による物価上昇を抑制する通貨政策として行われた。今日では通貨政策でいえばデフレどころかインフレ的政策が行われている。その下で生じている物価下落は、通貨収縮＝デフレではなく、実需収縮による不況の現象なのである。

③窮乏化論の問題

資本主義における資本の蓄積過程の進展は、労働者階級の窮乏化をもたらす。「最後に、相対的過剰人口または産業予備軍をいつでも蓄積の規模およびエネルギーと均衡を保たせておくという法則は、ヘファイストスのくさびがプロメテウスを岩に釘づけにしたよりももっと固く労働者を資本に釘づけにする。それは、資本の蓄積に対応する貧困の蓄積を必然的にする。だから、一方の極での富の蓄積は、同時に反対の極での、すなわち自分の生産物を資本として生産する階級の側での、貧困、労働苦、奴隷状態、無知、粗暴、道徳的堕落の蓄積なのである」（第一巻第二三章第四節「相対的過剰人口の種々の存在形態　資本主義的蓄積の一般的法則」）。これが窮乏化論である。

この窮乏化論は、『資本論』第一巻のいわば結論的提起と位置づけられている（と思われる）同第二四章「いわゆる本源的蓄積」の第七節「資本主義的蓄積の歴史的傾向」に受け継がれて、資本主義の歴史的限界、体制の崩壊論として提起される。すなわち、機械・技術の発展による生産力の高度化、資本主義体制の国際的性格の発展とともに「この転化過程の一切の利益を横領し独占する大資本家の数がたえず減ってゆくにつれて、貧困、抑圧、隷属、堕落、搾取の度はますます増大してゆくが、しかしまた、絶えず膨脹しながら資本主義的生産過程そのものの機構によって訓練され結合され組織される労働者階級の反抗もまた増大する」として、「資本主義的私有の最期を告げる鐘が鳴る。収奪者が収奪される」とするのである。

すでに指摘したように、労働者階級の窮乏化は、資本主義体制の下では労働者階級、社会の本来の主体は生きられないというこの体制の歴史的限界を示すものである。歴史的限界というのは、人間社会の維持・発展は、もはや資本を現実に主体としては行われないこと、いいかえれば労働力を物として商品化し資本の目的のために利用し対象にするのでは、社会は維持・発展しえないということを意味する。労働者を物（商品）とした関係の中での矛盾が恐慌として現われたとすれば、資本主義の歴史的限界は労働力は物（商品）ではないことによって示される、といってよい[10]。

しかし社会の本来の主体としての労働者階級の窮乏化を、蓄積法則の理論的展開として説くことは困難であった。と同時に、実体の担い手としての労働者が社会・経済の現実の主体とならなければ社会の発展はないことが明らかになっても、窮乏化させられた労働者がいかに主体となりうるかを理論として説けるのか、が問われる。そこで『資本論』第一巻の蓄積論をふまえて、窮乏化論の問題を指摘しておこう。

第一に、窮乏化論の展開は、相対的過剰人口の「累進的生産」の上で生じる。しかし蓄積法則の展開によってそれが説けるか（説けていたか）。(1)相対的過剰人口の「累進的生産」を説くには、資本の蓄積において有機的構成が「不断」に高度化することが条件となる。現実的にいえば旧来の固定資本設備の廃棄・更新の下での新設備導入による有機的構成の高度化である。しかし上述したように、固定資本設備自体がそれが未償却価値を持つ限り新たな設備導入、それによる旧設備の廃棄を制約する。マルクス自身、資本主義確立の下でも有機的構成高度化を伴わない蓄積拡大が展開されることをとらえていた。したがって有機的構成高度化を伴わない条件の下での蓄積―資本投資の増大は、労働力需要の増大、雇用の増大をもたらすのであり、その下では相対的過剰人口は吸収され、失業者は減少する。

未償却の固定資本をかかえながらこれを廃棄して「不断」に有機的構成の高度化――労働力需要の縮小（絶対的減少）が行われれば、相対的過剰人口は「累進的」に増大する。しかしこれは、無政府的に競争し合っている産業資本の蓄積では行われない。そのためには、少なくとも株式発行による社会的資金の自己資本化による設備投資の実現、さらに市場に対する独占的支配力の形成という条件が必要である。

(2)マルクスは、資本の有機的構成高度化による労働力（可変資本）への投資の相対的減少を明らかにしているが、しかし労働力への投資の絶対量、したがって雇用労働者の絶対量の増大を否定していない。「蓄積の進歩は、可変資本部分の相対的大いさを減少させるとはいえ、それと同時に、その絶対的大いさの増大を排除するものでは決してない」（第二三章第二節）、「総資本の増大とともに、その可変的構成部分、または総資本に合体された労働力も増加するには違いないが、しかしそれは、たえず減少する比率においてである」（同第三節）。有機的構成が高度化しても労働力需要、雇用量は相対的（資本投下量に対して）は減少するが、絶対的には増大するとしたら、過剰人口の「累進的増加」はどう説けるのか。（従来の『資本論』解説は、相対的減少の指摘を直ちに絶対的減少としてしまっている）。

だから相対的過剰人口の「累進的生産」が生じるのは、資本の労働力需要、雇用量の増大を大きく上回る自然的労働人口の増大がある場合、ということになろう。[11] マルクスは資本主義の下での労働力人口の自然的増加を否定していないが、相対的過剰人口の「累進的生産」をこの点によってしか説明しえないのでは、資本主義特有の人口法則（労働力の需要供給関係を規制する法則）の展開の中でこれが生じること（その主動因は資本の蓄積自体にあること）の説明にはならない。

⑶結局労働者の窮乏化をもたらす相対的過剰人口の「累進的生産」は、景気循環をくり返す資本主義の蓄積法則からは説明できない。マルクスは、「過剰人口が、あるいは恐慌期において急性的に、あるいは不況期において慢性的に現われるというように、産業循環の局面転換によってそれに押印される大きな周期的に繰り返し現われる諸形態を別とすれば」として「流動的、潜在的、停滞的」過剰人口（それと「受救貧民」を加えて）を指摘し、それに基づいて労働者の窮乏化を説明する。

「資本の膨張力が発展させられるのと同じ原因によって、利用されうる労働力が発展させられる。したがって、産業予備軍の相対的大きさは、富の諸力とともに増大する。しかしまた、この予備軍が、現役労働者軍に比して大きくなればなるほど、その窮乏がその労働量に比例する固定的過剰人口が、ますます大量となる。最後に、労働者階級の極貧層と産業予備軍とが大きくなればなるほど、公認の受救貧民もますます増大する。これが資本主義的蓄積の絶対的一般法則である」（第二三章第四節）。

この窮乏化の展開は、景気循環に伴う相対的過剰人口の増大（そして減少）の説明ではなく、それを「別と」した、具体的現実的に存在している産業予備軍―資本主義がなお確立していない農業や大工業資本の外域でこれに収奪を受けている小経営の分解から生じる、あるいはそこに滞留している産業予備軍、さらには受救貧民層をふまえた上での窮乏化の説明である。

資本の蓄積法則の展開による窮乏化を説くのであれば、それは資本自体がその内的運動の下で窮乏化を進展させることが説かれなければならない。そして現実の資本主義の発展をふまえれば、これら小農・小企業経営などなお非資本主義的状態にある分野も、資本家的経営によって淘汰されるのであり、資本主義的生産が社会的にその支配を確立したことをふまえて、蓄積法則が説明されなければならない。

こうして蓄積法則から労働者階級の窮乏化を説くことはできなかった。恐慌をくり返しながら景気循環を展開するという資本主義の蓄積法則からストレートに相対的過剰人口の累増を説き、窮乏化を説くことには無理があった。

現実には資本自体に大打撃を与える恐慌を資本自らが回避しつつ価値増殖、利潤獲得をめざす資本自体の発展形態――貸付資本、さらに株式・擬制資本の発展――が、不断に失業者を形成し、しかも失業者の圧力で賃金を押しさげうるだけ押しさげ利潤の回復を図りながら、価値増殖根拠（実体経済）の再生、そこへの雇用の拡大ができないという事態が生じている。この事態は、資本主義における価値増殖維持・拡大方法のギリギリの発展の中で（その上に財政・金融政策による資本の蓄積の補充によって）、いわば資本主義の枠内で可能な形態と制度・政策を導入しつくした下で、失業者が増大し労働者の生活破壊、窮乏化が生じている。これが今日の事態であり、資本主義の枠内での資本形態の究極の発展の下でなぜ失業増大、生活破壊が生じるのかが解明されなければならない（後掲第三節　物神性論再考でその基本を検討する）。

そこで上掲の第二の問題、労働者階級の窮乏化の展開からいかに新しい社会―社会主義――を担う主体が形成されるかという問題を考えよう。蓄積論における労働者階級の窮乏化を、労働者階級の中の極貧層（ルンペンプロレタリアート、受救貧民まで含め）をふまえ労働者が「無知、粗暴、道徳的堕落」に陥っているとしながら、「資本主義的生産過程そのものの機構によって訓練され結合され組織される労働者階級」の形成、そして資本の支配に対する「反抗」という行動が生じることを説けるか。少なくとも大工業における基幹的労働者階級が、階級として結合し組織化することを「窮乏化」自体から説くことはできない。

また資本主義的大工業の下で、労働者の協業労働、共同労働が進むけれども、そこで行われる日常的労働実践自体から、労働者の階級的結合、組織化が（あたかも自然発生的に）生じるということもできない。資本家的経営の下での労働者の組織化には、生産過程（実体）に不可欠な労働者の協業だけではなく、労働者を階級的に管理支配する組織化が介在しているし、労働者を管理支配するためには協力し合わなければならない労働者を分断し互いに成績を上げる競争に巻き込むことも行われる。

労働者の階級意識、それに基づく行動は、資本の搾取強化―労働者に対する物扱い、奴隷的操作等の現実に対する反発、抵抗を当然ふまえながら、その根本原因には市場経済を通した資本の本質に基づく支配があることを認識することによって形成される。しかし明確にしなければならないのは、資本の、市場経済の論理の発展自体からは労働者の階級意識は形成されない、ということである。――労働者の階級意識、それに基づく実践行動は、資本の論理の展開では、したがって蓄積論（窮乏化論）自体からは説くことはできない。資本の論理は物の関係（物神性）に基づく論理であり、その論理の展開は徹底的に人間＝労働者を物化することによるものでしかない。労働者の階級意識は、この物の支配に対する人間、人権の論理によって形成されるのであり、それは労働者の人間としての主体的意識の確立に基づいて形成されるものである（この点は、本論文の最後に立ち返る)。

注

(10) 恐慌は、経済の現実の主体としての資本が、その利潤拡大行動自体によってもたらす矛盾、いわば資本自体の自業自得である。だから資本としては恐慌の発生を回避し、あるいはその脱出を図ることが重大な問題となる。しかし労働者にとっては資本による恐慌の回避も、またその脱出も、基本的には労働者の犠牲―首切り、賃金切下げ―によるしかないことを問題としなければならないのであって、恐慌回避やその脱出に期待をするのはナンセンスというべきである。同様に景気回復、上昇も、資本主義の下では、賃金引下げ―コスト削減、要するに搾取強化による利潤回復によって、実現されるのであって、労働者の立場に立って景気上昇に期待するのはナンセンスである。

(11) 国外からの移民―労働者の流入は、低賃金労働者の補充として資本にとって労働力不足・賃金上昇の解消を図る大きな要因である。現代では、資本のグローバルな市場拡大で生活基盤を奪われた途上諸国からの移民が重要な問題となっている。しかし移民労働者自体についていえば、一八～一九世紀中葉のイギリスでは、国内の小農民、小企業の没落によって形成される失業者が、大量に国外(主にアメリカ)に移民(流出)した。だから移民の問題は、資本主義の歴史的具体的条件に関わることであって、蓄積法則自体の問題ではない。

第三節 『資本論』の物神性論再考

鳩山首相(当時)は、新「成長戦略」に関連して「経済のために人間が動かされるのではなく、人間のための経済でなければならない」(〇九年一二月三〇日)といったが、「人間のための経済」をどう実現するのか。今日の経済体制―資本主義体制のままで実現できるように考えているとすれば、それは幻想でしかない。「経済のために人間が動かされる」―それは資本主義の現実の姿なのであるから。この現実がなぜ、いかに生じているのかをこそ分析し、その根本をいかに転換しうるかを明らかにしなければ、それはたんなることばだけ、頭の中の願望(それも本当にあるのかどうかも疑わしいが)だけでしかない。何億円ものカネ(貨幣)をもらっていながらもらったことさえ分からなかったこの首相には、食べることすらできない庶民のカネの苦労など、何の実感もないであろう。現実の労働者・民衆の生活は、カネがなければ破滅し、カネによって動かされ、まさにカネの奴隷とされている。人間、そして人間が行う労働ではなく、カネが最高の価値とされるこの経済、この特徴を物神的性格という。カネという物がまさに、〝神〟になり、人間がこれに支配され、この前にひれ伏す

——これが物神的性格である。

今日の資本主義においては、私たちの生活だけではなく、経済全体が、生産・分配・消費過程そして国の財政、経済政策も、カネで動かされ、支配されている。経済活動の現実の主体となっているのは資本であるが、その資本の運動の本質は、終始カネによるカネのためのカネの運動であり、この担い手である資本家は、このカネの運動を自分の意思で動かしているのではなく、カネの運動に縛られ、従わされているカネの奴隷である。そして自ら労働者を雇い労働させ、労働者の労働によって作った生産物を、カネ儲けができるように販売するという経営の苦労からのがれて、所有するだけでカネを殖やす——これを実現するのが、それ自体が自己増殖する株式・証券、一定の価格を持った土地の所有である。これこそカネによるカネのためのカネの運動のもっとも純化・発展した姿であって、そこには人間的要素はひとかけらもない。しかしこの純粋なカネの運動が、現実の経済を、そして人間の生活を動かし、いまや破滅させつつある。

そこで本節ではこの資本主義経済の物神的性格を明らかにするとともに、この物神性の最高の発展形態によって、資本主義の歴史的限界自体が理論的に解明できることを、明らかにしたい。物神的性格は、資本自体の性格であり、その発展は資本そのものの発展によるものである。だから資本が、最高の発展形態を現出し、しかもこれによって経済全体が撹乱され、人間生活の破滅が生じているということは、資本主義は、もはや社会を発展させる形態・方法を持っていないという意味で資本主義の歴史的限界を示すものといってよい。しかしもちろんその認識によるだけでは資本主義体制をなくすことにはならない。

資本主義体制を変革するのは、労働者（実体の担い手）、その組織された実践による以外にない。資本主義の歴史的限界を示す論理は、資本主義は変革可能な（変革しなければならない）体制であるとの認識を確立するが、変革の実現は、資本の論理を人間の原理に転換させる労働者階級の主体的実践によってのみ現実に可能である。しかしこの体制の限界を論理として示す（認識する）ということは、実践的行動に対し、戦略的目標・展望を示し、実践固有の意義を明らかにするのである。

(一)資本主義経済の物神的性格

①商品の物神的性格

『資本論』第一巻第一章第四節「商品の物神的性格とその秘密」は、商品・商品経済の歴史的特質を「物神的性格」ととらえるとともに、それがどこから生じるのかの

「秘密」を明らかにしている。重要なポイントを示しておこう。

第一に、商品・商品世界の「物神的性格」に関し、「神」を崇拝する「宗教」的観念との類似性が指摘されていることに関してである。「宗教的世界の夢幻境……ここでは人間の頭脳の産物が、固有の生命を与えられて、相互の間及び人間との間で関係を結ぶ自立的姿態として現われる。商品世界における人間の手の（労働の）産物もその通りに見える。これを物神崇拝（Fetischismus）と呼ぶが、それは労働生産物が商品として生産されるや否や労働生産物に付着するのであり、それゆえ商品生産と不可分のものである」。

人間の頭脳の産物である「神」が固有の生命をもつものとしてそれ自身で存在し、それが逆に人間を支配するようにとらえる――そこから「神」への「崇拝」観念が生じる。

商品経済においてもその当事者、そしてその関係の中で生きる人間の観念として商品・商品関係の崇拝――商品として交換される物自体の中に交換性向があり「固有の生命」を持って動き、これに人間が従わせられる――が生じることをとらえている。真珠・ダイヤモンドはその自然的性格の中に他のものと交換される価値という性格をもつ、金も〝生れながらにして〟貨幣、それ自体価値物として何とでも交換できる性格をもっている、というとらえ方である。「これまで一人の化学者として、真珠又はダイヤモンドの中に、交換価値を発見したものはない」――だからこの観念は、神が人間の観念から独立して実在するという観念と同じように誤ったとらえ方である。しかし今でも「貨幣」だけでなく、「資本」のとらえ方になると、このような観念にとらわれている者が多い。土地や生産手段自体が資本である――マルクスは自然そのものを「資本」ととらえなかったと批判する近代経済学者もいる（例えば宇沢弘文氏も）。

しかし、宗教的観念は、神の存在の根拠――それは人間の頭脳がつくったのだ――という認識によって脱却しうる。それでも宗教に頼らざるをえないという人間の心理は、容易には無くならないが、それは宗教自体の問題ではなく、現実の社会の中の生活の不安定さ、厳しさ、そしてそれをもたらしている原因・根拠をとらえられないこと――だから「神の見えざる手」によって動かされている（A・スミス）ととらえるほかないことになる――に起因するものといえよう。

商品経済に関する「物神崇拝」の観念は、それを生み出す原因・根拠を認識しえても、そして商品、貨幣の価値という性格は、その物の自然的性格に基づくものではなく、人間関係（マルクスにおいては人間「労働」の社会的関係としてとらえている）が根拠にあることを認識しえたとしても、つまりその認識によって自らの観念の誤りを理解しえたとしても、そのことによって現実に「物神崇拝」的関係から脱却できることにはならない。

商品経済を根拠に生じる「物神崇拝」的観念は商品経済自体の客観的存在に基づいているのであり、観念の誤りを認識し、その発生根拠をも認識しえても、現実の物神的性格自体、人間関係、「労働」関係が「物的な形態」（商品間の交換関係）をとり、物的関係によって動かされるという現実を、「解消させはしない」。

第二に、だからこの商品経済に客観的に存在する物神的性格自体をとらえなければならない。それは誤った観念、あるいはたんなる外観ではない。

マルクス自身も分り易く「物が人間を支配する」「生産手段や生産過程が人間＝労働者を支配する」ことを物神的性格として説明しているが、たんなる「物」そのものあるいは「生産手段」や「生産過程」自体が人間＝労働者を支配しているのではない。それは特殊の社会的関係（人間関係）の中におかれた「物」、「生産手段」「生産過程」によるのである。「労働生産物が、商品形態をとるや否や生ずる、その謎にみちた性質はどこから発生するのか？ 明らかにこの形態自体からである」。

商品・商品経済の関係は、特殊な人間関係である。交換しようとして物（具体的には商品・貨幣）をもった人間が、同じように物をもった他の人間と、相互の物の交換（商品交換、貨幣と商品の交換）を通してはじめて社会関係を結ぶという人間関係である。ここでは直接の人間と人間の関係は実現されない。交換しうる物（商品）、あるいは何とでも交換しうる物（貨幣）を持たない人間は、社会関係を結べない。交換しようと物（商品）を持っていても、他人がこれと彼の持っている物と交換しようとしない限り（つまり商品が売れない限り）社会関係を結べない。物（財産）を持たない人間は、社会関係を結べない、つまり人間として認められない――このような人間関係（あるいは社会の中での個々人の位置）は、決して普遍的人間関係ではありえない。

商品・商品経済は、人間が物を媒介にして、例えば自分の意志を言葉や文字という物象を通して、他の人間と関係を結ぶ（廣松渉氏などの「物象化」というとらえ方）という人間を主体とした関係ではない。そもそも物を持たなければ人間とみなされない。そして物を持っていてもそれが交換できなければ人間関係を結べない、それが商品・商品経済の特徴なのである。ここでは、物（商品・貨幣）は人間関係のたんなる媒介物（あるいは外皮的現象）ではなく、人間・人間関係を規制するものとなっている。これはたんなる「物象化」ではなく「物神的性格」なのである。

第三に、マルクスはこの商品・商品経済的関係の特殊性＝「物神的性格」を、人間社会の（当然商品自体の）存立根拠である「労働」（実体）に基づいて説明している。「商品世界のこの物神的性格は……商品を生産する労働の独特な社会的性質から生ずる」、「……生産者たちには、彼らの私的労働の社会的関係は……彼らの労働自体における人間の直接的社会的な諸関係としてではなく、むしろ人間の物的諸関係として、そして物の社会的諸関係として現われる」と。人間社会存立の根拠は、社会存立に必要不可欠な物を生産する「労働」（社会的分業による）にある。「労働」を根拠にした「人間の直接的社会的関係」、これが人間社会を支えている。ところが商品経済では、人間「労働」の直接的関係は実現せず、物（商品・貨幣）の関係（交換関係）を通さなければならなくなっている。物を生産する「労働」は、物＝商品価値という物的形態として現われ、物＝商品交換という物的関係を実現しなければ社会的性格を示しえないことになっている。

人間社会の存立の根拠は、社会存立に必要不可欠な物を一定の「労働」を投下して生産・再生産することにある。個々人が担う「労働」の直接の社会的関連（分業を通した社会的共同労働）こそ社会存立の実体的根拠である。

マルクスはこの実体の確定に基づいて、商品経済の特殊な歴史的性格を明らかにしようとしたのである。商品経済を特徴づける「私的労働」の特殊な性格とは、実体としての「労働」が、商品交換＝物的関係によって制約を受け、物的関係によって規制されてしまうという、商品経済の顚倒性、したがってそれは歴史的形態的関係でしかないこと、を明らかにしようとしたのである。

実際マルクスは、商品経済を媒介しない人間・人間社会の労働―ロビンソン島での労働、ヨーロッパ中世の農奴の労働、家夫長制下の農民家族の労働、そして自由な人々の結合体（社会主義）の労働によって、社会存立の実体としての労働を確認する。

これらの社会にあっては、個々人の労働は、社会的共同労働の一環として直接に社会的性格を持っている。そこでは「労働」自体（社会的に有用な生産物を一定の人間労働の量・時間によって生産する）が社会的に評価を受けているのであって、「労働」が物＝商品という形態をとり、その交換を通してはじめて社会的に評価される――ここに物神的性格が生じるのであるが――ということはない。

商品経済の「物神的性格」とは、商品・貨幣という物がとる歴史的関係（歴史的形態）が、本来の社会存立の根拠

＝実体としての人間労働を支配し、規制する――形態による実体の支配――ことを意味する。歴史的存在でしかない商品・貨幣とその関係が、人間・人間関係、そしてその根拠である労働（実体）を支配する、そこに商品経済の顚倒性、したがって歴史性をとらえたのである。

②法則による支配ということの意味

商品経済の物神的性格―人間関係が物の関係によって支配され、規制されることを現実に示すのは、商品経済の法則（価値法則、景気循環の法則）の成立とこの法則による個々の当事者に対する強制的規制作用である。人間自身の経済の活動において、自然法則のような法則が成立し、個々の当事者がこれに従うというのは、個々人が社会的に公正妥当な行動（ルールに即した〝正義〟の行動）を行なうことを意味するものではない。個々の当事者は、利己的利益を求めて争っているのであり、この行動による社会的関係が個々人の意図、行動に対し外的強制的動き（それが法則である）を現わし、個々人は（彼の意図に反して）それに従わなければならない。

(1)「〔交換される商品の〕価値の大きさは、常に交換者の意志、予見、行為から独立して変動する。彼ら自身の社会的運動は、彼らにとっては、物の運動の形態をとり、交換者はこの運動を規制するのではなく、その運動の規制の下にある。相互に独立して営まれるが、社会的分業の自然発生的構成部分として全面的に相互に依存している私的労働が、継続的に社会的に均衡する量に制約されるのは、私的労働の生産物の偶然的で常に変動する交換関係において、その生産に社会的に必要な労働時間が、あたかも家が人の頭上に崩れかかる場合における重力の法則のように、規制的自然法則として強力に貫かれるからである」。自然法則的な商品経済の法則の形成と支配――そのことの意味をとらえなければならない。社会的に必要な物を社会的に必要な労働量によって自主的意識的に生産し、社会的必要を充足することは、物と物の関係（需要供給関係）によって人間が規制される商品経済においては実現されない。そこでは、実体の担い手である人間が社会の主人公として自主的目的意識的に社会関係を調整することができないからである。物と物の関係が、自然の関係ではないにも拘らず、あたかも自然法則のような法則を発現させ、これに個々人は強制的に従わせられる（法則に従わなかったら市場から退場せざるをえないことになる）ということ、それが法則に従うということの意味である。これは無政府的競争を通してしか社会関係を結べず、社会的必要（必要な生産物を、必要な労働時間で充足する）を充たすことができない、という資本主義的商品経済の歴史的特徴を示している。物と物の関係が、人間関係を規制し、支配する——そこに法則が発現する根拠があるのだから、この顚倒した関係を転換させて、人間（実体の担い手）が現実の主体となれば、この法則はなくなる——商品経済を支配する〝神〟を消滅させることになる。

(2)資本主義的商品経済の確立によって価値法則も確立する。社会の存立発展に不可欠な部門は、資本の運動の下に包摂される。と同時に資本主義の確立は、人間労働者の労働力の商品化を根本条件として行われる。労働力の商品化——それは生産過程の本来の主体である労働者の人間的能力である労働力を、商品として買い、買った者（資本運動の担い手）が彼の意図、いうまでもなく価値増殖＝利潤拡大の目的の下に彼の対象・手段として使う、ということを意味する。ここでは、資本という物的関係（商品・貨幣関係）が生産の主体としての労働者を、しかも社会存立の根拠となる領域において、支配する。これが資本の社会的確立——社会としての成立の根拠である。

労働力の商品化を成立条件とする資本主義は、資本という物的運動自体によっては絶対に生産・再生産不可能な人間の能力としての労働力を、資本の必要に応じて調達しなければ、運動を維持、発展させることはできない。しかしそれは決して資本の自由になるものではない。逆に個々の資本の運動は労働力なる商品の需給法則によって規制されることになる。それが上述した様に恐慌の必然性を含む景気循環の法則を発現させ、この法則によって個々の資本の運動が規制されるという事態である。

商品の需給関係を通した価値法則は、個々の当事者（個々の資本）に対し、社会的な必要（需要）にマッチしない供給過剰（あるいは不足）を、個々の資本の生産縮小・倒産による打撃（あるいは価格上昇、生産増大による利潤獲得）によって調整する。恐慌を必然的に伴う景気循環の法則は、恐慌による全資本の生産縮小、倒産—資本運動の全面的中断と価値喪失を必然的にもたらす。

商品需給法則による個々の資本の部門間調整は、部門間への労働力移動を必要とする。その効率的実現は、資本の生産・供給の増大あるいは縮小に即対応しうる労働力の雇用あるいは解雇である。資本の蓄積運動は、資本全体の労働力需要に対応する労働力供給を必要とするが、それは相対的過剰人口の形成によって確保するのであるが、相対的過剰人口の形成は決して個々の資本の自由あるいは社会総体の資本の自由によっては形成・確保しえない。相対的過剰人口は、資本の運動を全社会的に中断させる恐慌と、不況圧力の下での個々の資本のサバイバル競争戦の強制によってしか、確保しえない。労働力という人間の能力を商品化し、金儲けの対象として使うということの無理、それが恐慌によって暴露されるのである。

(二)物神性の発展とその極点

①株式―物神性の頂点

商品では物神的性格はまだ完成していない。「商品形態は、ブルジョア的生産のもっとも一般的なもっとも未発達な形態であり……その物神的性格は、なお比較的容易に見抜きうるように見える」。しかし商品形態を「社会的生産の永久的な自然形態と見誤るならば、……貨幣形態、資本形態等の特殊性をも看過することになる」(第一章第四節注(32))。商品経済を特徴づける諸形態が発展すると、当然その物神的性格も発展する。しかし、それが〝物神〟でしかないこと、つまり自己を存立させる根拠をそれ自体持たない、流通における形態(歴史的形態)であることが容易にはとらえられなくなる。

実際、今日の労働者民衆の中で、商品・貨幣の存在は歴史的なものであり、空気や水などの存在のように人間にとってなくてはならないものではない、という認識を確立している者はどれだけいるだろうか。資本ということになると、それは商品・貨幣とちがってそれ自体関係としてしか存在しない(実は商品の価値自体、他の商品との関係においてしか存在しない)ので、それをとらえること自体決して容易ではないし、関係をとらえず、具体的存在だけをとらえると、資本は生産手段(あるいは土地)だとか、せいぜい貨幣だとしてとらえてしまう。労働者でも〝身体が資本だ〟ととらえる者も多い。だから、資本の存在自体も変えることができない「永久的」なもの、ととらえてしまう。

『資本論』は、まず商品経済のもっとも単純で一般的形態としての「商品」の分析を通してその「物神的性格」を明らかにした。それをふまえながら『資本論』は、商品経済の中のより発展した形態である貨幣、資本が、さらに物神性を発展させることを明らかにする。

物神性の発展とはどういうことか。物神性の最高の発展、行きつく究極の形態はどういうものなのか。『資本論』での展開をふまえながら、そのエッセンスを示してみよう。

まずいきなり資本主義的商品経済における最高の物神的形態をとらえてみよう。それは、具体的には株式に代表される。株式(株券)は本来共同出資して設立した会社の自分の出資分(持ち分)を示す証書なのであるが、今日では株式を持つ意味は、その会社の獲得した利潤を根拠にした配当を得ること、さらにその配当を(利子とみなして)資本還元して形成される一定の価格(株価)で売却して、利得（売買益）を獲得することにある。

株式を一定の価格で取得した者（株主）は、彼自身その一部を分有する会社の所有者ではあるが、大部分の株主は会社の経営には関わらないで、まずその会社の利潤を基礎に分配される配当に関心を持つ。株式はそれを持つ（所有する）だけで、配当という果実を生む。だから株式自体、価値を増やす価値（一定の価格を持つ財産）ということになる。つまり株式という物自体が資本（資本の本来の規定は、価値を増やす価値―カネを増やすカネである）になる。資本が一つの物自体の性格になっている。これこそ物神性の最高の姿である。

ところが、この株の価格はもともとは会社に投資した貨幣額（出資分）に基づいているのであるが、売買されるときには独自の価格をもつ。それは配当をある元本が生み出した利子であるとみなして資本還元（利子率で還元）して形成される〝擬制〟的価格である。擬制（フィクション）による価格――だからそれは現実の価値（商品やカネ自体の持つ価値）をもってはいない。それから遊離した、あるものとみなされた価値にすぎない。

しかしこの株式の擬制的価値は配当の操作や利子率の変動によって、さらには風評や意図的宣伝や需給の調整によって、上昇あるいは下落する。株式に投資した者は、株価が上昇すれば（現実の会社の利潤形成根拠に直接関わりなしに）巨額の利得を獲得する（あるいは株価が下がれば大損失を蒙る）。このようなギャンブル的投機活動が経済を攪乱し、会社の経営をも攪乱する。

物神性の頂点としての擬制資本は、その本来の根拠から遊離してまさに自立的な運動を展開しながら、根拠になる経済活動、経営活動を規制し攪乱する。――しかしこの根拠自体が、つまり企業の利潤形成という根拠が失われれば、擬制資本は崩壊する。

株式という擬制的価値をもつ資本の成立――それによって資本（価値を増やす価値、カネを増やすカネの運動）は、物として自立した存在を得る。これが資本物神の完成である。しかし同時にこれは〝擬制〟による以外に成立しえないということによって、その形態的本質――それ自体には存立根拠をもたないこと――を示すのである。

価値増殖する価値（カネを殖やすカネ）としての資本自体が物化され、物自体の性格となる。そしてその物が売買の対象＝商品となる。商品である以上何らかの使用価値をもたなければならないが、株式という商品の使用価値とは何か。株式は、人間の生活、社会の生存に必要という意味での使用価値（それが本来の使用価値である）を全く持っていない。株式の使用価値は純粋のカネ儲け―持っていれば価値が殖えるし、売れればさらに殖える可能性があるという——そのものである。株式そのもの、そしてその商品としての売買は、人間にとって、社会にとっての必要（有用）な物（富）とは全く関係がない。株価が高くなっても、その売買でカネ儲けが実現されても、それは社会的富の増大にはならない。しかしそれこそが資本の本質であり、その本質が、株式というその純化された最高の形態によって示されるのである。人間の、社会の生存にとって、株式は、そして資本そのものは、全く不要であることが、このことによって明らかにされているのである。

②貨幣物神・資本物神

⑴ホリエモンのようなカネの盲者ではなくても、なぜ貨幣（カネ）を求めるのだろうか。カネがなければ生活に必要な物が買えず、生活ができないからであるが、しかしカネ以上に価値のあるものはない、カネが最高の価値だ、ととらえてよいのか——実はくり返し述べてきたようにこれが貨幣物神崇拝なのである。

貨幣（カネ）とは一体何なのか、貨幣にはどういう価値があるのか。それは、いつでも、何でも買える（直接交換可能性）ということである。しかし、買う商品、必要な商品がなければ、どれだけ貨幣を持っていても意味がない。労働者にとって必要なのは、生活に必要な物（衣・食・住の充足に必要な生活資料）であって、貨幣というのはそれを獲得する手段なのである。貨幣を持っていても必要な物が供給されなければ、その物の価格（値段）は高くなるし、生活ができなくなる。

実は貨幣の大本は、金銀などの貴金属だった。なぜ金銀などが貨幣になったのか。それが貴重なそして生活に不可欠な物だったからではない。もともとは商品交換の媒介手段として、便利で、生活にとっては余り必要ではない、なければなくともすむという使用価値をもつものだったから、金や銀が貨幣として使われたのである。

⑵ところが、この本来は商品交換の媒介手段であった貨幣を、増やそうという欲求が生れる。致富欲などという。商品を買って消費する、というのではなく、貨幣を持ち、さらに増やすことが目的となる。十分生活の必要を充たした上でなお貨幣を持つと、むしろ貨幣を増やそうという欲求が生れる。貨幣を獲得するために、必要な物も買わない、さらに人間としての生活の必要は何もないのに、貨幣だけを増やそうという拝金主義が生れる。これこそ貨幣物神崇拝の考え、行動である。

実は、資本というのは貨幣物神を徹底したものとして成立する。資本というのは、貨幣を増やすことを目的とした貨幣の使い方といってよい。前にこれを〝カネによるカネのためのカネの運動〟と表現したように、人間生活にとっての何らかの欲望の充足ではなく、ただカネを増やすことだけを目的としたカネ中心の運動なのである。マルクスは、資本をG—W—G′（貨幣で商品を買い、その商品を高く売って貨幣を増やすという運動の連続）という商人資本の形でとらえ、これを資本の一般的定式とした。だから資本というのは、商品と貨幣から成る不断の交換・流通運動なのである。目的は無限の貨幣の増大、貨幣という価値物の増大である。

商人資本はそれでも人間にとって、社会にとって必要な物の売買を行う。外国貿易を営んだのは商人資本であったが、彼らは諸国から商品を仕入れこれを他の国に持ち運んで、価格差を稼いでカネ儲けを行なったのだが、諸外国の富を各国に広げる役割りを果したことは確かであり、その運動で世界市場が開かれた。それは世界的な文明の開化などといわれた。しかし外国貿易商人自身の目的はあくまでも金儲けにあったのであり、共同体の中でほとんど自給自足的な生活を営んでいた地域に、新しい、しかしほとんど生活に必要ではない商品を強制的に売ったり、逆にその地域で生活に必要不可欠な物を、安い値段で買いたたいたりして、地域の共同体を崩壊させ、地域の民衆の生活を破壊した。

今日、賞味期限や産地偽装、欠陥商品や添加物づけ食料の販売が世界的に拡大している——それは金儲けを目的とした商人の資本としての仕業である。彼らの取扱う商品は彼ら自身が使用する（使用価値を目的として使う）わけではない。だから、仕入れたときの値段より高く売って儲けることができれば彼らは何でも扱う。それが、生活にとって必要なものでなくても、生活を破壊するものであっても、儲けが得られれば仕入れて売る。〝死の商人〟といわれる兵器の販売を行う商人は敵、味方を問わず兵器を売って利潤を得る。ここに商人の資本としての本質が示されている。資本としては、人間にとって必要という商品の使用価値の側面は、たんなる金儲けの手段にすぎない。

しかし、何らかの使用価値を扱うことによるしか、彼らの儲けの根拠はない。商人資本の運動を成立させるのは、仕入れた商品の使用価値である。その商品が、とにかく人々から、社会から、求められ（需要され）て売られなければ、彼の儲けは得られない。仕入れた商品が売れなかったり、儲けが出る価格で売れなければ、商人資本は存立できない。だから商人資本としては、仕入れる商品の値段をできるだけ引下げて、利益を得ようとする。歴史的に彼らは農民、手工業者を収奪したが、現在ではスーパー、コンビニで様々の商品の安売り合戦を展開しているが、それだけ仕入れ先の中小企業や農民から徹底的に安く買いたたくことによって、儲けを得ようとするからである。しかし仕入れ先が潰れれば、商人資本も崩壊する。商人資本という流通における資本の運動は、資本運動としては自立した形式を示しているけれども、それが扱う商品の使用価値に制約されて、運動は自立しえない。金儲けの運動―資本物神はまだ完成しない。

(3) 資本の発展――カネ儲けを目的とするカネの運動の完成は、資本の運動にとって必要不可欠なのだが、しかし資本の運動にとって制約＝じゃまとなるこの使用価値の側面を解消する、特殊な使用価値を持った商品の媒介をなくすことによって行われる。

これを達成するのが、金貸資本G…G′であった。カネを一定期間貸付けてカネを増やす（利子を得る）という、純粋のカネの運動である。これこそ価値増殖する価値としての資本の純粋な姿を示すものなのである。G…G′、これは形式としては資本物神の完成である。

G…G′によって資本はその純粋な本質を現わすのであるが、同時にこれはそれ自身の運動の内には価値増殖根拠は全くないことを示すものとなっている。貨幣を貸付けて利子を付加して貨幣をとりもどす――このG…G′を担当する者、歴史的にいえば高利貸であるが、彼ら自身は何ら社会的に有用な仕事も、有用な商品＝使用価値の媒介も行わない。彼らの儲け（利子）獲得の根拠は、カネを貸付けた手工業者、農民さらには消費者からの徹底した収奪――その窮状につけ込んでカネを貸し、法外な利子を得る――によるものであった。しかしその収奪によって、収奪する対象としての農民、手工業者は潰され、経営も生活も奪われた。しかしそれは同時にこれらに寄生して利子を獲得した高利貸自身を崩壊させた。

資本の形態的自立――資本物神の完成、それは一切の使用価値の媒介を排除した純粋の価値運動（貨幣を増やす貨幣の運動）の成立によって達成されるのであるが、しかしそれはその運動の根拠を全く持っていないという非自立性を自ら示すものであった。このことによって、資本自体の歴史的形態としての本質そして人間社会存立にとってはそれはなくてもよい（なくした方がよい）存在であることを、はっきりとらえなければならない。

③資本の自由の展開―「物の人格化と人間の物化」

「物の人格化」――「物」自体に生命があるかのように動く、「人間の物化」――社会の本来の主体である人間が「物」にされるとともに、「物」によって動かされる。マルクスは商品経済の物神性をこのように表現した。産業資本――社会の本来の存立・発展根拠である物質的富の生産過程を包摂した資本――の確立によって社会を支配した資本主義は、この物神性を発展させる。それは、資本の〝自由〟の実現をめざす展開である。資本という本来物の関係＝流通形態が、現実の主体として、社会の実体の担い手＝人間労働者を「物」として〝自由〟に扱い、支配する。これが資本主義の物神性の展開といってよい。しかしこの展開は同時に、「物」＝形態による「人間」＝実体の支配の無理、そして顚倒性を自ら暴露するものとなる。

(1)価値増殖根拠のとり込み。資本運動の自立＝資本主義の一社会としての成立は、人間社会の唯一の増殖根拠である人間労働による物質的富の生産活動を資本の流通運動の中に包摂することによって達成される。人間労働による生産活動は、労働者が生存のため消費する物以上の物を産出する過程であり、人間社会の存立・発展の根拠である（その意味で社会の〝実体〟という。実体の主体が人間労働者である）。

この産業資本の成立――実体の形態運動によるとり込みのためには、実体の主体である労働者の人間としての能力＝労働力の商品化が絶対的条件となる。この労働力の商品化には、労働者から一切の生産手段を奪う（しかも暴力的に）資本の本源的蓄積過程が必要であった。この下では労働者は、自分で所有する唯一の財産、労働力を、資本家に商品として売る以外に、商品経済の中では生きられなくなったのである。

資本（産業資本）は、一定の貨幣（賃金）を支払って労働力を買い入れ、これを使用＝労働させ、人間労働力特有の性格、労働者が生活維持上消費するのに必要な生産物以上の生産物を産出する力を、手に入れた。これを労働量の関係で示すと、労働者の生活に必要な生産物を産出する労働時間（必要労働時間―これが賃金＝労働力価値の基本である）以上に、労働者を労働させ、剰余労働とこれによって生産された剰余生産物を資本が搾取するという関係である。

労働力の商品化（人間能力の物化）によって、実体の主体としての労働者の労働、人間社会存立、発展の根拠を、資本はその運動の中にとり込み、社会を支配することになった。しかしそのことによって、資本は決定的な矛盾を内包することになる。資本の存立根拠そのものが、資本運動を制約する根本要因となるのである。

(2)実体包摂による資本の矛盾・制約。いかに資本の運動にとり込まれたとはいえ、労働し生産物を生産するのは資本家（資本運動の担い手）ではなく労働者である。そして労働者による労働・生産活動は、人間による自然・生産手段への主体的働きかけとしての人間の営みであり、そこには労働を通した直接の人間関係、意識的な共同関係がある。だから、労働・生産過程は、物と物の関係、交換関係から成る資本とは異質の関係である。それだけでなく、資本家はこの過程を支配するけれども、決してこの過程の主体、労働を行う主体とはなりえない。資本家の行う行動、売買の活動や労務管理―労働者の効率的搾取の活動は、社会的富の生産―実体に不可欠な活動ではない。

資本主義においても、社会を支えているのは労働者の労働、社会的な共同労働なのである。労働者が労働しなければ、社会は維持しえない。資本の非人間的支配に抗して多くの生産部門で労働者が抵抗し、労働拒否（ストライキ）を行えば、資本は剰余価値を獲得できない。ストライキは、資本主義（階級社会）においても、労働者こそが社会を支える主体なのだということを資本に、社会につきつける行為なのである。

だから資本主義の確立、労働者を本来の主体とした実体の包摂は、同時に資本主義の中では絶対的に解消しえない矛盾をかかえ込むことになる。

それは、資本＝物に対する労働者＝人間の対立である。この対立は物と物の関係でしかない資本が、人間＝労働者を支配することから生じている。実体の担い手である労働者が社会の現実の主体とならない限りこの対立はなくならない。実体の担い手ではない、歴史的形態的存在でしかない資本家（支配階級）の支配がある限り、この対立はなくならない。

しかし資本としては、この対立・矛盾をかかえ込みながら、自らの目的を、利己的利潤獲得を実現しなければならない。資本の目指すものは〝自由〟な、つまり彼の意思に従った思い通りの搾取の実現、労働者の支配・搾取の自由である。

(3) 資本による〝自由〟な搾取とその限界。資本による〝自由〟な利潤獲得の実現、それはまず何よりも資本が必要なときに、必要なだけの労働者を雇い、必要でなければ即解雇するという労働力支配の確立、そして雇った労働者の労働を操作し、支配する自由である。

すでに述べてきたように、資本による〝自由〟な労働力操作・支配は、機械・技術の導入によって行われる。その導入によって、労働が単純化し、熟練労働は必要でなくなるので、労働力の範囲は拡大し、労働力の部門間、職種間移動は資本にとって自由に行いうるようになる。

雇った労働者の労働時間延長、労働強化についても、機械の導入と機械による自動体系が形成され、労働者がこれに従わなければならないことによって、資本の自由が実現される。

新自由主義の展開の下で示されたのは、まさにこの資本の自由であった。

資本の自由な労働操作による搾取拡大、利潤拡大が、労働時間の制限の撤廃、日雇派遣労働の合法化によるまさに労働者の部品化、使い捨ての実現によって行われた。資本の自由の実現とは、労働者の、直接にはその行為＝労働自体の徹底的な物化であり、労働者の意志を無視した雇用・解雇という労働力の部品化・物化である。

そして労働者の、この資本の支配に対する、労働者の物化に対する反抗、集団的反抗が弱ければ、資本は必ずこのような自由（まさに〝狼〟の自由）を発揮する。日本の今日の現状は、このことを明確に示している。この資本の自由の実現とこれに対する労働者の抵抗の弱さこそ、人間・人間生活破壊をもたらす根本的原因である。しかしこれが、資本が内包する価値増殖の制約を、資本自体が解消する方法であることを確認しよう。

このような労働力・労働に対する資本の支配の自由――労働力・労働の物化は、しかしそれ自体によって、かえって価値増殖根拠をほり崩すものとなる。

資本の必要だけに応じた労働力の移動、短期の使い捨ては、労働者の人間としての労働を破壊する。労働者は、技術ももちえず、仕事の意欲も喪失する。いかに資本家（あるいはその代理人）が管理を強化しても、それは労働者の反抗（無言の反抗、サボタージュあるいは感覚的、無方向的暴力を含めて）を強めるだけである。人間である労働者を徹底的に非人間化し、物にしてしまおうというのだから、労働者が人間であることをやめない限り、資本の支配・管理への反発はなくならない。

資本によるこのような労働者の抵抗（無言のそれを含めて）に対する対処策は、新機械導入による労働者の解雇――失業者の創出である。相対的過剰人口、失業者の存在は、現に雇用されている労働者の抵抗に対して、資本による労働者の置きかえ（労働者にとっては首切りの恐怖をもたらして）を容易にする。失業者と就業している労働者の組織的連帯による資本への抵抗がなければ、資本は、過剰人口の圧力を利用して、彼の自由を実現する。

しかしこの相対的過剰人口の形成は、決して資本の思い通りにはならない。その点もすでに述べたように、資本による旧設備の置きかえ、新設備導入自体が、一定の制約となっているので、不断に新設備を導入して過剰人口を創出することができない。

しかも労働者は原材料・部品のように、余ったからといって在庫して保管しておくことはできない。過剰人口の維持自体資本の負担となる。だから資本としては相対的過剰人口をむしろ積極的に活用して蓄積の拡大を図ることになる。

この結果、資本の蓄積に伴う労働力不足―賃金上昇を招き、資本の絶対的過剰による恐慌をひき起こさざるをえないのである。資本がいかに自由に労働力供給を増やそうとしても、人間の能力である労働力を資本は自由に増やすことができない、そのことが恐慌によって暴露されるのである。

必然的に恐慌を起こすこと、その恐慌によって自分の自由な行為の行き過ぎ（資本の過剰）を、強制的に是正されること、それがなければ、資本の存続も発展もないこと、恐慌という事態は、このことを示している。

価値法則や景気循環・恐慌の法則に従うということは、当事者の自主的で自由な意思によってその行動を行うことができないということを意味する。つまり自由な行動は達成されていない、ということである。

しかし資本主義の現実の主体である資本としては、さらにその自由を実現しようとする。その自由はいかに実現しうるのか。これが、擬制資本としての株式資本によって現実に実現されるのであるが、しかしこれもすでに示唆しておいたように、その完全な支配は、人間自体を物にしてしまうということは実現不可能なことでしかないことを暴露して、その限界を完全に示すことになる。

④「利子生み資本」という観念

⑴マルクスは「利子生み資本では資本関係はそのもっとも外的な、もっとも物神的な形態に到達する。……資本が、利子の、資本自身の増殖分の、神秘的な自己創造的な源泉として、現われている」（『資本論』第三巻第二四章）といっている。産業資本を根拠にした、金貸資本G…G′という価値増殖する価値の純粋形態の再出現、これが物神性の頂点ととらえられている。

しかし、産業資本を根拠にして形成される「利子生み資本」の現実的形態（現実の価値をもった貨幣の運動としての）は、銀行信用（資金の銀行への集中、それを基礎にした資金貸付け）の下で形成される貸付資本である。

銀行信用―貸付資本は、産業資本の蓄積運動を根拠にしているので、産業資本の蓄積状況によって、直接には利潤率の運動によって規制され、左右される。恐慌をひき起こす直接の契機は、資本過剰による利潤率低下を上回る貸付資本利子率の上昇にある。ここで貸付資本は個々の産業資本の運動を規制する資本家社会的な資本として現われる。しかし恐慌によって産業資本の運動が崩壊すると、資金の借り手もなくなり、貸付資本も崩壊する。だから形式としては、貸付資本は「自己創造的」価値の姿を現わすけれども、現実には自己の中に価値創造の源泉はないことを暴露せざるをえない。となると現実には、「物の人格化」は無理ということになる。ところがマルクスは、「利子生み資本では資本物神の観念が完成されている」（同上）とも述べている。資本家的「観念」——もちろんそれは貸付資本の性格・機能に基づいている——としての「物の人格化」。それは、現実資本（それ自身価値をもった貨幣の運動としての資本——これに対置されるのが〝擬制〟資本＝後述）としては成立しないが、資本家の「観念」として成立している。しかし経済学で一体「観念」（一定の意識を持った意思、いわゆるイデオロギー）自体を扱う意味があるのか。

「観念」—意思あるいは意思行為は、経済的関係、その運動によって規定されている。「人々の経済的扮装はただ経済的関係の人格化にすぎず、この経済的関係の担い手として互に相対する」（同第一巻第二章）。とすれば、経済学で問題とするのは、観念を規定する現実的根拠としての経済的関係の解明でよいことになる。——ところがマルクスのこの提起は実に驚くべき問題提起なのであった。

資本主義の下でも、これを動かしているのは人間の意思行為である。その意思行為は、たしかに経済的関係＝客観的存在とその動きに規定されているけれども、現実を基礎にしそこから生じる「観念」とその観念による意思行為が、逆に現実の運動自体に働きかけ、これに一定の作用を与えている。資本家の「観念」に基づく行動、資本家の実践行為が、現実の資本運動を動かしている。

あたかも資本家の行為が、主体となったかのように、資本運動自体を動かし、規制する。「観念」はそのものとしては現実をそのまま正確には反映しない。むしろ現実を基礎としながら、そこから資本家にとって理想となり目標となるもの（理念）を観念の中で画き、それをめざして実践する。それがイデオロギー的行為である。資本主義の現実的性格としての物神性だけでなく、そこから生じる物神崇拝観念（本当に「物」そのものが価値増殖するかのようにとらえる拝金主義的物神的観念）が逆に現実に作用し現実を動かす——これこそがまさに「物の人格化」の姿なのではないか。「物」である資本が、その担い手である資本家という人間の行動を通して、本当の主体であるように行動する。資本家の自由な意思行為として資本の自由が実現する。

資本家のイデオロギー的実践が現実の経済の動きに作用し、それを促進、あるいは崩壊させている。とすれば、このように観念そしてそれに基づく行動を、経済学としても問題にしなければならない、ということになる。そしてこの認識は、反面労働者のイデオロギー、その人間的イデオロギーとそれに基づく行動の意義を鮮明にすることになると思う。

このような資本家の「観念」とそれに基づく行為が、現実を動かすものとなっている――これは今日の現実の分析に見事なまでに適用できる。

サブプライムローンの証券化、そして証券の積み上げ、その全世界的規模の膨脹――それを生み出したのは、証券自体に価値増殖の源泉があるようにとらえる観念にとりつかれた資本家の行動であった。証券は、まさにそれ自身で「利子を生む資本」の具体的形態として観念され、ひたすらその保有とさらにその売買で金儲けをしようということだけを動機として、資本家（資本の担い手）は疾走した。

しかも資金を借りまくって、証券投資（投機）を拡大し、利得拡大を目指した。借りた資金に対する利子支払いは、利得獲得の最低限の基準である。少なくともその利子を支払いうる利得が得られなければならないという意味で、資本としては利子を生まなければならないという観念が、個々の投資家の行為に対する社会的規制基準となる。

しかしこの点では産業資本についても同じである。産業資本自体も積極的に資金を借入れて蓄積を拡大するが、それを通して得られる利潤が、借入れ資金の利子を支払う以上に得られなければ、資本の運動としては意味がない。上述のように恐慌の直接の契機は、利子率が利潤率を上回ることにあった。貸付資本―利子率は、個々の産業資本を規制する社会的基準として機能している。――ここから直接形成される資本家的観念は、資金や資本（設備・雇った労働力を含めて）を遊ばせていたら利子を食ってしまうこと、最低限利子を生まなければならないという観念は、一秒たりとも資本運動を中断させてはならないという資本運動に対するいわば〝戒律〟となっているのである。資本としては利子を生む――それはすべての資本家の観念を通して、資本運動に対する〝戒律〟となって、資本運動をかり立てるものとなっている。

(2) 実はこの点に関して、マルクスはさらに重要な問題を提起していた。資本家の機能（商品売買―仕入れ、販売、労働者に対する管理・監督＝搾取する機能）が、「企業者利得」として現われるとして、「利子は資本自体の果実、生産過程を無視しての資本所有の果実であり、企業者利得は、過程進行中の、生産過程で働いている資本の果実……したがって資本の充用者が再生産過程で演ずる能動的な役割の果実である」（第三巻第二三章）という資本家の「主観的な見方」（観念）が生じると指摘している。

さらにこのような「企業者利得」の観念から、「……次のような観念が必然的に発達してくる。彼の企業者利得は……それ自身労賃であり、監督賃金……普通の賃金・労働者の賃金よりも高い賃金である」という「観念」である。そうなると、賃金労働者の搾取される（しかし価値形成・増殖の根拠となる）労働と、資本家の機能としての搾取する活動（価値形成しない）の本質的な違いがなくなり、両方とも同じ「労働」として「労働賃金」を生むものとされてしまう。つまりここでは、資本家の機能（活動）による利得は、利潤としてではなく、「労働」賃金とみなされることになり、利潤概念は（もちろんその本来の源泉も）消えてしまう。

この搾取する労働（機能）と搾取される労働との混同、同一視という「観念」は、現在ではさらに強固になり、労働者の観念の中にも入り込んでいるではないか。

搾取強化のための監督労働だけではなく、営業、経営管理の仕事が、賃金労働者に担われることによって、この仕事が資本家特有の搾取の機能であることがとらえられなくなる。そればかりではない。いわゆる偽装管理者―資本家に雇用され搾取されている労働者が、管理者（経営者の一員としての）に仕立て上げられる。彼が得る報酬は、生活費としての賃金を超えるものではない（現実にはそれさえも支払われていない）のに、管理者とされる。その報酬は利潤から支払われるものとされるので、その企業の利潤が十分得られなければ管理者の責任ということで、報酬もカットされ、あるいは解雇されてしまう。

さらに偽装請負い。派遣労働者は、低賃金で即解雇可能な使い捨て要員として使われているが、この派遣労働者の労働を、あたかも小経営者（小事業者）への請負いとして偽装し、特定の仕事をあたかも部品や原料を仕入れるのと同じように、モノ＝商品として注文し買う形にしてしまう。労働者の側は、生産手段は一切持たず自分自身では労働する、仕事をする条件はない（経営、事業などを行いえない）のに、そう偽装され、注文がなくなれば、彼は仕事ができず、生活は破滅する。

搾取する労働（機能）と搾取される労働との同一視という「観念」――それは今日ではこのような偽装管理者、偽装請負いを現実化するまでになっている。これも資本家的「観念」が現実の関係を動かしていることの具体例である。

このように資本家の機能（搾取する労働）と労働者の本来の労働とが同一視され、前者の報酬（利潤）さえも「労働」賃金とみなされて、利潤概念が（「観念」において）消失してしまうと、貸付資本―利子は、まさにこのような「労働」とは全く外的な、しかしそれこそが資本としての資本の果実として現われる（そういう観念が固定化される）

ことになる。「利子生み資本」は、資本としての資本であり、それ自体が果実としての利子を生む、いわば資本の理想形であり、その理念であるという観念が確立するのである。しかしこれはあくまでも資本家の「観念」において、なのである。

㈢ 〝擬制〟ということの意味

① 〝擬制〟資本

資本はそれ自体で利子を生む――これが資本物神（「物の人格化」）の最高の姿、いわば理念である。しかしこの理念は、資本家の観念において確立しているのであり、現実に価値を持つ資本の運動（現実資本）としては成立しえない。しかし資本は、資本家の観念を具体的な姿として現わそうとする――「それ自身に利子を生む資本」という理念の具体化、現実的形態である。しかし資本主義は、現実の価値をもって運動する貸付資本によってではなく、〝擬制〟資本を創造することによってしかこれを実現しえない。その源泉を直接問わない定期的収入が、利子とみなされて、その利子を生む元本が〝擬制〟（資本還元）される、のである。

この点に関してマルクスは次のようにいっている。「利子生み資本という形態に伴って、確定した規則的な貨幣収入は、それが資本から生ずるものであろうとなかろうと、すべて資本の利子として現われることになる。まず貨幣収入が利子に転化させられ、次に利子と一緒に、その利子の源泉となる資本も見いだされる」（同第三巻第二九章）。この「利子の源泉となる資本」は、最初の「利子生み資本」（それは貸付資本である）とちがい、そのような資本があるものとみなされて創造される〝擬制〟資本である。これが、資本家の「観念」の具体化された姿である。

しかし同時にマルクスは次のようにいっている。「平均利子率を年五％としよう。そうすれば、五〇〇ポンドという金額は、利子生み資本に転化させられれば、毎年二五ポンドをあげることになるであろう。そこで二五ポンドという確定した年収入はすべて五〇〇ポンドという資本の利子とみなされる。とはいえこのようなことは、二五ポンドの源泉が単なる所有権または債権であろうと、地所のような現実の生産要素であろうと、とにかくそれが直接に譲渡可能であるか、または譲渡可能になる形態を与えられる場合を除けば純粋に幻想的な観念であり、そういうものでしかない。」（同上）。年二五ポンドという収入の源泉が何によるものであるかを問わず、すべて五〇〇ポンドという「資本」の利子とみなされるという場合、この「資本」は、直接には「幻想的な観念」であって、収入を資本還元して、存在するものとみなされるものにすぎない。現実の貸付資本→利子ではなく、収入（＝利子とみなし）→それを生む元本としての資本という顚倒による〝擬制〟である（これが資本還元ということである）。しかしこの擬制資本が「譲渡可能なもの」、あるいはその「形態」を持てば、たんなる「幻想的観念」でなく、それを具体化した物として商品、つまり売買の対象となる。

重要なのは、この資本還元される収入の「源泉」に関してである。ここでは「単なる所有権」（これは具体的には株式）、「債権」（国債、社債など）、「地所」（貸付けられて地代を生む）が指摘されているが、今日の事態をみるとこの指摘の意味は明確である。

サブプライムローンの証券化（擬制資本化）をはじめ、各種ローンをリスク最少化ということで組合せた証券、さらにそれら証券自体の上に組成された証券——それぞれに一定の資産担保があるけれども、その資産自体が〝擬制〟によって創られたものであり、そこから生ずる収入（利得）自体、証券のバブルによる担保資産価格上昇に基づくものであった。膨脹した証券とその価格の根拠（源泉）は、様々な収入であり、それらの価格は、それら収入が資本還元されて形成される擬制資本そのものであった。

マルクスは、譲渡可能な擬制資本としての「利子生み資本」の具体例を「国債」とともに、株式によって説明している。いずれもその価格は「擬制資本」(Fiktives Kapital)であることを明らかにしている。とくに国債に関しては、国は債務を負うがすでに国債発行によって得た資金は「食い尽されている」。国による債務の支払い根拠は、租税収入にしかない。「国債という資本ではマイナスが資本として現われる」としている。

また株式の「名目価値」に関しては利潤率が投下資本一〇〇に対し一〇％、利子率が五％とすると、株式の価値は二〇〇となるが、それは「擬制資本」であるとともに、「この証券の市場価値はある程度まで投機的であること」、しかも株価＝証券の減価または増価が「これら証券が表わしている現実資本の価値運動に関わりのないものである限り、一国の富の大きさは、減価または増価の前も後も全く同じである」（同二九章）と明解に指摘している。

「それ自身に利子を生む資本」は、資本の理念であるが、それは資本家の「観念」として形成されるものでしかない。しかしこの「観念」自体、現実の資本運動に対する〝戒律〟を課すものとなるとともに、物に体現し、売買しうるものとなる。理念は具体化される。しかしその具体化は、〝擬制〟によるしかない。資本の最高の形態は、資本家の「観念」の中で形成されるものであるとともに、その具体化された形態は、フィクションによるものでしかない――ここに資本の歴史的発展の限度が、論理的に明らかにされているのである。

②人間の擬制資本化は?

その源泉を問わない収入が資本還元されて擬制資本が形成され、売買される――とすれば労働者の収入としての賃金も、資本還元されてそれをもたらす元本として擬制資本が形成されるものとならないか。しかしこれは「資本主義的観念様式の錯倒性の頂点」とマルクスはいう(同上)。しかしそれは具体化されえない。

「ここでは残念ながらこの無思想な観念を不愉快に妨げる二つの事情が出現する。第一には、労働者はこの利子を手に入れるためには労働しなければならない、ということ、第二には、労働者は自分の労働力の資本価値を譲渡によって換金することはできない、ということである」。

この指摘も重要である。ある財産を所有し、そこから収入を得るのではなく、雇われて労働しなければ労働者は賃金(収入)を得られない。労働するためには、労働力を売り、労働力を、他人(資本家)に委ねなければならない。労働力は労働者が所有する財産にちがいないが、所有しているだけでは収入は生まない。

そして賃金を利子とみなして資本還元して擬制資本価格が形成されたとしても、これを売って、換金してカネを手に入れることはできない。換金するということは、自分自身を、つまり人間そのものを売る、つまり奴隷になる以外にないが、奴隷を売って手に入るカネは奴隷所有者のものであり奴隷にはカネは入らない。

これと同じような例として、生命保険がある。労働者の得ている賃金と平均余命を基準に、一定の保険料を支払って生命保険をかけることが行われている。

この生命保険の額は、賃金を資本還元したものととらえうる。しかしこの生命保険を受取る者は、保険の対象となっている本人ではない。彼が生命を失うことによってしか、保険金は支払われない。その受取人は本人ではない。――ところが最近アメリカで、生命保険料を支払って生命保険を掛けた者が、彼の死ぬ前に保険金の支払いを受けようと、保険証書を他人に売って換金するということが行われ始めているという。保険証書の証券化(擬制資本化)といってよい。この証券を買った者は、保険会社に保険料を支払わなければならないが、保険金が支払われることになっている本人が早く死ねば、保険料支払いは少なくてすむ。その人が早く死ねばよいという恐ろしい動機さえ生じる。

人間そのものを擬制資本化して商品とする。人の生命さえも証券化して売買の対象とする。この資本主義における奴隷制への逆行は、資本自体の理念を実現しようとする資本家的観念の行きつく極点を示すもの、といえよう。

と同時にこの観念の「錯倒性」をも明確に示すものとなる。

資本家の観念自体、資本という物自体を理想化したものとして、資本に隷属した観念でしかないこと（資本家の主人は資本そのものであること）、と同時に彼の観念は資本主義の根本的成立条件の下では実現不可能であること――そもそも人間の行為（基本は労働）を欠いては成立しえないのだから、この行為の主体を物にしてしまうことは絶対できないこと、そればかりか資本主義の歴史的形態としての成立条件、つまり、社会関係を結びうる構成員が商品主体として関係し合う――各人が所有する財産、労働者も労働力という自分の財産を、自己責任で活用してカネを得るという商品経済の中で保障された権利を行使するという条件を否定しては、商品経済による社会統合、したがって資本主義体制は成り立たないこと、を暴露するのである。

資本家的観念の行きつく極点において、資本主義は、人間＝労働者を物として処理することは不可能であることを、自己暴露する。

③イデオロギーの一元化は不可能

資本家的観念・イデオロギーに、労働者の観念・イデオロギーが支配されたら、労働者は破滅させられる。しかし同時に資本主義も成り立たなくなる。

日本経済がバブル景気に浮かれていた一九八〇年代後半、労働者自身の中にも株式に投資し利得を稼ぐという状況が生じた。雇われて働いて賃金を稼ぐよりは、株式を売買して儲けようという雰囲気が広がった。これに対して経団連・財界人が危惧の念を表わした。労働者が株の取引きでカネ儲けすれば、働く意欲は失われる、企業も成り立たなくなる、と。これこそ財界・資本家の本音なのである。

資本主義がどんなに発展しようと、そしてその最高の発展形態を現わそうと、労働者が労働して価値を形成しえない限り、資本主義は存立しえない。資本の価値増殖――物自体が価値（利子）を増やすという観念が形成されても、その観念（イデオロギー）を資本主義の構成員全体の観念にすることはできない。資本主義の現実の主体は資本であるが、しかしそれは真の主体ではないこと、人間＝労働者こそが真の主体であることを、資本主義自体認めざるをえない。資本主義においては、イデオロギーの一元化は不可能なのである。

といっても、資本家的イデオロギーに対抗する労働者のイデオロギーは、資本主義の現実自体の反映ということによって形成されるものではない。そこには、労働者自身にも商品経済的関係に統合されている現実に規定された歪みが生じる。

資本家的観念の極点は、財産所有による利子獲得である。しかしこの観念を、労働者に及ぼすことはできない（人間の擬制資本化の無理）。この観念は、その対極に、「労働」による利得（収入）という観念を置かざるをえない。しかし上述のように、この「労働」には、搾取される労働者の労働だけでなく、資本家的機能をも含まれる。だから「労働」による利得（収入）の獲得の関係はそこから搾取される労働者の階級意識を直接生み出すものとはならない。

しかし、この利得（収入）獲得の二元化に示されるのは、物としての財産に対する、人間の行為＝「労働」という財産の対立である。前者は物の権利であり、後者は「労働」による権利である、といってよい。こうした二元的財産権形成という点で資本主義における物権支配の限界が示されている。しかしここでも後者の「労働」による権利自体商品経済的枠組みに制約されたものであって、商品として売りうる「労働」という点では商品経済的物権の枠内に統合されるものとなる。

だから「労働」—収入（賃金）という関係を反映する意識は、資本家的イデオロギーではないけれども、商品所有者—交換者としてのイデオロギー（いわば小ブルジョア的イデオロギー）である。それは、労働者本来のイデオロギー——実体の担い手としてのイデオロギーではない。

現実にいま、働きたくても働けない失業者が増大している。ワーキングプアーということで「労働」しても獲得する賃金では生活できない。「労働」—利得という関係による労働者の統合自体が不可能になっている。いわゆる中流階層の崩壊、中流意識の消失という事態は、この現われである。

反面、「労働」—利得の外観に統合されてはいるが、大企業経営者の所得は異常といってよい程高額である。「労働」の中に資本家的経営者の機能を含めるということの不当性が現実に明確になっている。

この現実こそ、商品経済的統合自体の限界を示すものといえよう。資本主義的社会統合はいま現実に歴史的限界を露呈している。そこからの脱却、体制変革自体が現実の課題となっている。それはいかに実現しうるか。

第四節　主体の意識的実践による変革

㈠一定のまとめ

いま書店には、『資本論』の解説本が並んでいる。『資本論』に興味を持ち、読んでみようという人が多くなることを期待したい。しかし解説本を読んでこれで分かった、として『資本論』そのものを読まない傾向が出てきてしまうのでは、これはバブル（しかも小さな）で終ってしまう。

『マルクスは生きている』としながら、実は何らマルクスを生かしていない本もある。マルクスの文章の中から、自分の党派の考えや思想を合理化するのに都合のよいところを適当に引き出し利用する、という類のものなのである。『資本論』解説といいながら、『資本論』の論理を解説するのではなく、エンゲルスやレーニンの解説ですましてしまうものも多い。例えば、それら解説本で、「資本」とは何か、それを流通運動だと明確に規定しているものが、一体どれだけあるだろうか。『資本論』解説といいながら、解説を読んでも「資本」とは何かをとらえられない。これは悲劇というより喜劇というべきだろう。

①本章は、『資本論』の論理によって「資本主義体制の歴史的限界」をどのように認識しうるか、を明らかにしようとした。

このさい、いわゆる窮乏化の法則から、資本主義の歴史的限界を説く考え（このとらえ方は、いまでも支配的である）について、『資本論』の論理を正確に読みながら、批判的に検討した。『資本論』の論理をたどってみると、資本による機械の導入からストレートに労働者階級の窮乏化を説くことから、資本の蓄積法則を通してこれを説くという論理へと発展したが、蓄積法則からは論理的にこれを説明しえていない――資本の蓄積過程において、雇用拡大、賃金上昇が社会的に現われる局面（好況期）があることを『資本論』自体明らかにしているのである。

それにも拘らずいぜん『資本論』第一巻の説明から労働者階級の窮乏化を説き、資本主義体制の限界を示すという〝解説〟がなされる。そのさい蓄積過程の展開を論理的にふまえるのではなく、例えば、資本主義の下で資本は常に労働者を窮乏化させる意図をもっているのだが、これに対し労働者が抵抗するから、現実には窮乏化が現われないのだ、という解説がある。これは、およそ〝法則〟ということが全く分かっていないとらえ方である。窮乏化は、現実の法則的現われではなく、資本の意図（主観的）に置きかえられてしまう。資本主義の現実の諸関係においては、資本の意図（不断に搾取強化を狙う個々の資本の意図）に対し、労働者はいろいろな形で抵抗する。この資本に対する労働者の抵抗を含む現実の関係が、客観的な運動となって現われるのであって、その客観的現実において窮乏化が法則的に現われるかどうかが問題なのである。

結局客観的法則としての窮乏化が説明できない中で、窮乏化というのは、賃金や雇用の悪化ということではなく、雇用・生活の不安定性をいうのだ、と窮乏化の法則の内容を薄めてしまう。それでもこの不安定性の原因が、労働者階級が自ら主体的に経済を動かしえているのではなく、資本に支配されていることにあるのだ、という認識を高めるのであれば、この指摘はそれなりに意味があるが、その認識に行かないまま、生活・雇用の不安定性というほとんど感覚的レベルの説明ですましてしまうことになると、解説者の意図は、〝資本主義に怒りを持て〟というほとんどプロパガンダになってしまう。そればかりか、資本主義体制の下でも、生活・雇用の安定を図ろうと、好況＝成長を期待することになってしまう。それでは階級意識が育つどころか、現体制を肯定することになる。

論理的に説明しえない、ということは客観的に事態をとらえられない、ということである。客観的事態に対し、感覚的把握、あるいは主観的予測、さらには願望の類の表明になってしまう。資本主義は「不断」に相対的過剰人口を累増させるという把握に対し、現実に過剰人口を吸収し、雇用増大、賃金上昇が現われる中で、それでも過剰人口の累増―窮乏化の進展を主張しようとするとそれはイデオロギー的主張になってしまう。あるいは逆に、結構資本主義の下でも雇用・賃金が上昇しうるのだ、という考えも労働者の中にも出てきて、資本主義肯定の流れに吸収されてしまう。

しかし労働者階級の窮乏化の進展は、資本主義体制の下では、労働者＝人間が人間としては生きられなくなっていることを現実に示すものとして、資本主義体制の歴史的限界を表わしている、ということができる。そして現在まさに、窮乏化がまぎれもなく現実に進展している。これを理論的に明らかにしなければならない。そして資本主義体制の下で、この窮乏化を克服し、雇用・賃金、生活を安定化させる方策がなおありうるのか、どうかを十分とらえなければならない。

資本主義体制内で、実体の担い手である労働者の雇用・賃金、生活の安定を、しかも労働者の抵抗に対処し、その要求をとり込んだ上で、図りうるすべての方法、可能な方策が出尽したその上で、窮乏化の進展をとめられない――その状況こそ、資本主義体制の歴史的限界ととらえることができる。

この方法の中で決定的に重要なのは、資本自体の形態的発展である。資本主義の下で、生産力の発展、蓄積拡大――経済成長、そして雇用の増大を可能にする資本の最高の発展形態こそ、株式資本なのである。そして株式資本が全面展開した中で、労働者の窮乏化に歯どめがかからない、むしろそれを拡大・進展させるしかないことが現実に明らかになれば、それこそ資本主義の歴史的限度ととらえてよいのではないか。[12]
②本章の後半は、「物神性」論の再考を通して、株式・擬制資本の、体制の中での位置と意味の検討を課題とした。
重要な箇所なのに従来の『資本論』解説では余り重視されなかった「商品の物神的性格」にまず焦点を当てた。物の関係である商品関係（交換関係）が、人間の関係を支配し動かす――これこそ商品の物神性であるが、それは商品形態そのものに起因する特徴である。だから労働の成果が商品形態をとることのない経済関係においては、物神性は生じない。そこでは直接に人間と人間の関係―労働と労働の関係が成立している。その労働には具体的有用労働とともに質的に一様な抽象的人間労働も現にある。抽象的人間労働は価値形成労働なのだから、商品経済にのみ現存する労働の歴史的特徴だという解釈がいぜん行われているが、もう一度商品の物神性を読み直してほしい。

しかもここでは、物の関係による人間関係に対する支配を、価値法則という、個々の人間の意思を超えた社会的動き、規制作用としても明らかにしている。ここから商品経済固有の〝法則〟をとらえなければならない。法則というのは、人間の自主的意識的行動による社会的生産・分配の調整ができず、それぞれの行動によって形成される社会関係が、個々人から独立し、しかも個々人の行動を強制的に従わせる作用を示すという内容をもっている。だからこういう法則に従うということでは、人間＝労働者は自主的主体たりえないのであり、自主的主体として行動しうるには、法則自体を廃棄しなければならない、ということになる。法則といえば、自然法則のこと、そして人間社会でいえば生産力の発展に生産関係が従って発展するという社会発展法則としてしかとらえていないマルクス研究者は、価値法則―商品経済的法則の意味をとらえ直すべきだ。

物神性再考ということで強調したのは、「物の人格化と人間の物化」の発展ということの内容を明らかにすること、そして資本主義の現実の主体としての資本は「物の人格化」の発展によって（資本主義体制の枠組みの中ではあるが）、自らが運動の主体となろう、自らの〝自由〟を実現しようとするということであった。ということは、資本は、自らの本質＝形態的本質自体が必然的にもたらす価値法則、そして景気循環法則（恐慌の必然性）を乗り越えようとする、恐慌による自らの自由の制約を脱却しようとする、ということ、絶対にそれ自身に自立的根拠を持ちえない資本が、自分自身で自立しよう（形態の自立、実体化ということ）ということ、である。それが「それ自身に利子を生む資本」なのであるが、それは直接には資本家の「観念」として形成される。

「観念」を経済学で説くということはどういうことなのか。実はここまで『資本論』は説いているのであるが、その意味を私自身十分理解しえなかった。商品の物神性の中でもマルクスは、商品自体の物神的性格というだけではなく、これを本当に物そのものの自然的属性のようにとらえる物神崇拝の〝観念〟を同時に取上げているのだが、どうしてそういう観念を問題にするのか、むしろそういう観念を取上げると、客観的事実としての物神性の理解がかえって損われる、ととらえていた。しかし、商品所有者がいなければ商品も動かないように、資本自体の担い手たる資本家がいないと資本自体の活動はない。資本が社会の主体となるということは、直接は資本家が主体となって活動することである。しかも資本家は資本の権化として、資本の理想像＝理念を描き、それを目標として行動する——そのことによって現実の資本の運動をも、彼の観念において目標にしたものに向けて、狩り立てる。現実の資本が決して達成しえない目標を、彼はその観念＝イデオロギーによって実現させようとする。その点で観念を論理の中に生かす意味があるのではないか。

もちろんこの資本家の観念は、物神的性格をもつ資本の運動自体に規定されたものである。彼が目標にする理念自体、〝物神〟の理念であってそこには人間理性はひとかけらもない。資本家という人間が動いているからといって人間自体が動いているのではなく、資本の化身が動いているだけである。しかしこの資本の化身は自らの観念にある理念の現実具体化を求める。これは〝擬制〟によってしか実現しえないことを明らかにした。理念の現実具体化は〝擬制〟である——ということはこの理念は現実には自立しえないということである。しかし資本家の観念は、人間・直接には労働者に対しても、この擬制の中にとり込もうとする。人間自体の擬制資本化である。しかしこれは実現不可能であることを暴露した。人間＝労働者を完全に物にしてしまうことはできないのである。ということは、物神の完成は必ず対極に人間の本来の営みとしての「労働」を置かざるをえない、ということである。

③資本主義を肯定的に前提する経済学の中で、すべての

関係を、人間労働力、そしてその労働を含めて完全に物に解消し工学的に操作しうるものとする新古典派に対し、ケインズは「労働」の意義を認めていた。そして賃金労働者の「労働」に関しては、利益極大化の原理は通用しないこと——失業は労働者の「労働」提供に対し賃金が低すぎることによって生ずるという自発的失業論を、ケインズは否定し、賃金は低くとも働きたいのに働けないという構造的失業があることを認めた。しかし同時にケインズは資本家のうち財産—利子を獲得する金利生活者に対して、産業家としての資本家の活動を積極的に評価した。産業家の「労働」の評価である。

『資本論』は、利子生み資本の対極に「企業者利得」の観念が形成されること、そしてこの観念によって労働者の「労働」（搾取される労働）と、資本家の「労働」（機能＝搾取する労働）が同一視され、いずれも賃金を獲得するものという観念が生じることを説いている。資本主義においては、人間＝労働者の労働が、そのものとして評価されるのではなく、あくまでもそれが商品関係に包摂される限りで評価される——カネにならない「労働」は意味がない、とされるのである。そしてその点で、資本家の機能も「労働」であり、それはカネをもたらすものとして、労働者の「労働」と同一視される。

資本主義の下では、財産所有—収入（利子）と、「労働」—収入（賃金）という二元的な収入源泉の観念が生じる。財産も「労働」もすべて商品関係に包摂されるのであるが、源泉の二元化は解消されない。このことは、資本家に対抗する労働者の独自の観念形成の客観的根拠があることを示すものであるが、しかし現実の現象を基盤とする限りでは、労働者の階級意識は形成されないことも示している。商品関係による包摂という物的支配関係に対する批判意識が確立しないと、労働者の階級意識は形成されない。この点で、再度「商品の物神的性格」（『資本論』第一巻第一章第四節）の吟味が必要であることを、強調したい。

注

(12) 資本の最高形態の全面的展開の下で生じる恐慌に対し、資本主義の下では、恐慌から体制の危機へ向わないようにするための、様々の方策が講じられてきた。基本は、金融・財政政策である。低金利、通貨増発、そして国債発行による財政支出拡大策である。その方策はほとんど出尽してしまった、といえよう。いまやそれらの方策を行なっても、労働者の窮乏化はさけられなくなっている。一九三〇年代では、体制的危機を突破する道を帝国主義戦争に見出した。しかしそれもいまや不可能であり、弱肉強食のサバイバル的経済戦争が展開されている。この競争戦に生き残ったとしても、その下で労働者階級の窮乏化は確実に進む。そして労働者大衆の体制内統合も困難になる。

資本家階級そして体制維持を基本任務とする国家による体制内統合は、またしても民主主義を形骸化させたファシズムによるのか。しかしそれへの傾向を見せながら、現実には「国民主権」―民主主義を放棄することは今日では不可能といえよう。となると、統合の手段は、労働者民衆の意識の操作にかかっている、ということになろう。

いま、資本家そしてその代弁者たちは、〝資本主義に代わる社会は資本主義しかない〟という欺瞞的言辞によって、労働者大衆に対し体制内意識、少なくとも市場経済を当然視する意識を植えつけようとしている。私たちは、その欺瞞性を暴露して、この体制を変革することによってしか、労働者の展望は拓かれないことを、明らかにしよう。

(二)階級意識形成

社会主義者マルクスは、労働者の階級意識形成、それに基づく行動による体制変革に関し、相当楽観的なとらえ方をしていた。

「事実上すでに社会的生産経営に基づいている資本主義的所有から社会的所有への転化に比べれば、諸個人の自己労働に基づく分散的な私有から資本主義的私有への転化は、比べものにならないほど長くて困難な過程である」(『資本論』第一巻第二四章第七節)。資本主義の下ですでに「社会的生産経営」―「生産手段の集中、労働の社会化」が実現されている。だからその担い手、直接の当事者たる労働者―「資本主義的生産過程そのものの機構によって訓練され結合され組織される労働者階級」が「少数の横領者」(独占的大資本家)を「収奪」することによって「長くて困難な過程」を経ることなしに、社会主義は実現できる、と。

この把握に関しては、第一に、労働者自体商品経済によって包摂されていることを、明確にとらえなければならないこと、第二に、資本主義生産の下での「生産手段の集中」「労働の社会化」が、労働者の意識形成を含めて、直接そのまま社会主義実現の基礎となるものではないこと、第三に、「少数の横領者」を「収奪」することは、労働者の意識の確立をふまえた厳しく困難な実践によるものではないかということ、こういう重要な問題を残していた。しかし少なくとも理論の上では、『資本論』の論理の成熟・展開によって、これらの問題を解決しうる方向が示されている、のである。

第一の点から要点を指摘しよう。労働者が商品経済=市場経済を批判的にとらえる意識をいかに確立するか、ということである。

市場経済を空気の存在のように、当然自明の存在ととらえる労働者がいまや圧倒的に多くなっているように思う。しかしその意識の下では、労働力が商品化されていることと自体も自明のものとなるし、カネがなければ生活できないということも自明のものとなってしまう。カネや資本による労働者=人間の支配の根源は、市場経済自体にあること、そして市場経済は人間の社会関係としてはなくてはならない存在ではないことをとらえよう。労働力は、他人(資本家)に売ってその下で労働するということが当り前なのではなく、自分自身で自分の労働力を使うことの方が当り前なのに、どうしてそれができないのか――生産手段を奪われているからである――をとらえよう。

現実的対策が必要ということから、革新側(政党、労働組合)も、失業対策、生活保護対策を、政府に求めている。そのこと自体は当然であるが、その要求は直接には政府に対してカネを求める所得再分配の要求であり、戦略目標――少なくとも独占資本の利潤に対する課税あるいは規制、配当・株式等譲渡益課税、対米軍事同盟見直し等――を明確にしないままの現実的対応では、市場経済・カネへの依存の意識をかえって強めることになる。国債を増発しても、雇用、福祉対策を行なうべきだという考えもあるが、それは結局国民全体の負担によって事態の改善を図ろうとするものでしかなく、結局は大衆増税による財政支出ということになる。経済を根本的に支配している大資本の利潤原理を転換させなくては(それを目標としなくては)、民衆の生活安定は実現できないのである。

大企業が留め込んでいる内部留保(利益準備金、各種引当金等)を、雇用・賃金に回せという主張も行われている。しかし、大企業がたっぷり内部留保を留め込んだ原因―搾取強化―自体に対してメスを入れなければならない。内部留保活用の要求は、それだけでは資本に分配の一定の変更を期待するという小市民的要求であって、市場経済体制に対する批判意識は形成されない。

市場経済=商品経済を等価交換が行われている市民社会ととらえ、これを肯定し、それを媒介しなければ社会主義は実現されないという主張がある。その主張の根拠に、市場経済―市民社会を経験しないと個人は自立しえないという考えがある。たしかに市場経済の中では個々人は自己責任で商品交換を通して社会関係を結ばなければならないので、〝個〟としての権利意識が生じる。しかしその権利意識は直接には利己的利益を求める意識である。いまこの意識をさらに喚起し、この意識を最大限利用して、体制統合を行なっているという状況にある。この意識からの脱却が求められているのに、市民社会の肯定は、市場経済―その下での利己主義の脱却を困難にしてしまう。

人間の〝個〟の自立は、市場経済を媒介しなければ確立しえないというものではない。人間が人間として生きる生活とその基礎を築く労働の場＝実体の領域において、共同・連帯関係の中で個々人の自立は達成される。そのためには、生活・労働＝実体領域における日常的実践をふまえた上での、教育の役割りが不可欠である。

ということで上掲第二の問題、資本主義の下で形成され、発展する「生産手段の集中」「労働の社会化」自体から、労働者の階級意識が形成されるとはいえないこと、そこには教育による実体自体の認識が重要であるということ、を具体的に示そう。すでに指摘したように、機械制大工業の発展の下で形成される労働者の共同労働には、資本主義的歪みが生じている。

①大体、人間の社会的生活にとって不必要な、あるいは逆にそれを破壊する産業（軍需産業、原子力発電等）がある。そのような産業は、本来実体には属さない。実体経済再生などといって、モノ作りであれば何でも〝実体〟であるような考えがあるが、それこそ〝仕分け〟が必要である。

②大工業の下での生産力発展は、たしかに多くの労働者による協業労働を発展させるが、その中には資本家的管理労働が入り込んでいる。そして上述したように、資本家の機能と労働者の本来の労働との区別が解消され、搾取関係がとらえられなくなっている。オーケストラの指揮者のような、協業的労働の一環としての労働（それは実体に属する）と、労働者に対する搾取強化のための監督労働との区別の認識が必要である。

③資本家的企業の下での協業労働において逆に、労働者の労働の安全を確保するための労働、そして設備導入が、利潤獲得に関わらないということから、削減、節約される傾向がある。労働者の人間的営みとしての労働を保障するには、労働の安全の確保が必要であり、そのための要員の確保、設備の設置が不可欠である。と同時に環境保全上の措置がとられなければならない。

④資本による利潤拡大を目的とした経営の下では、労働者の共同労働が不可欠な作業においても、労働者を互いに競争させその競争をあおる成績主義的管理、賃金支払いが行われる傾向がある。その下で逆に労働者間の労働の協力・共同が損われることにもなっている。さらにパート、派遣労働者を活用し、労働者の中に階層をつくり、労働者間の結束を阻止する労働者管理が行われている。このような労働者管理に対し、労働者の結束をどう図るか、そして結束・団結こそが、労働者の雇用・労働条件・賃金を確保する上での要件であるという意識を確立しなければならない。

このように資本家的企業の下でも、その下で労働者の共同労働（労働の社会化）がすでに形成され、それを根拠に労働者の意識が確立するのではなく、階級支配上、そして商品経済を媒介にした階級支配であることから、多くの歪みが生じていること、それを認識して実体としての労働を確認するには、教育活動が不可欠なのである。これは生活領域においてもいえる。生活（生活の社会的条件としての教育、社会保障等を含めて）の中に市場原理が浸入し家庭内でも人間関係が物と物の関係、交換関係から成り立つようにとらえる傾向が強まっている。しかも人間・人間関係を破壊してしまうような技術、エロ・グロ・ナンセンス文化が生活の中に入り込んでいる。その中で、人間の生活・生存は、人間が直接に人間と関わり、協力・共同し合うことによって成立しているのだ、という認識を育て、確立しなければならない。それは人間性を育成する教育を通して確立するものであることを、強調したい。

三主体の意識的・組織的実践

『資本論』は、全体系を通して資本の論理を解明している。その論理による資本の行動は、徹底的な弱肉強食の利潤追求（利潤原理）であること、その基本は労働者の労働力の商品化を通したその労働の搾取にあること、しかし資本の発展はその極限を示すこと――自らの理念を現わしてしまうこと、しかもそれは〝擬制〟によってしか現実具体化しえないこと――それが資本の論理の展開で明らかにされた。物神性（「物の人格化」「人間の物化」）の論理は、この資本自体の形態的本質、形態的発展自体を明らかにするもの、である。

この資本の論理の中からは、労働者の論理は出てこない。いかに資本の論理の限度が現実に現われても、またその下で、実体の担い手である労働者が徹底的に搾取され、窮乏化し、生活を破滅させられても、資本の論理に立つ限り、そしてこれを変革しうる主体である労働者が資本主義を、そして商品経済を、批判しえずこれを肯定する意識に立った行動にとどまっている限り、資本主義は崩壊しないということである。

しかし、資本の論理の解明は、同時に資本そしてその担い手である資本家は、資本主義においては現実の主体となってはいるが、真の主体ではないこと、真の主体は、実体を担う労働者であり、その労働こそが社会存立・発展の根拠であること、さらに資本は無限に発展するものではなく、発展に限度があること――資本の発展は、「人間の物化」を進展させ、資本家の観念としては人間そのものを物化させるところまで進むのであるが、人間を物そのものにすることは不可能であること（人間労働力は本来物ではないということ）――このことによって、資本主義体制の歴史的限界を理論的に明らかにした。

『資本論』の論理は、資本主義の変革の可能性とともに変革の主体は実体の担い手である労働者階級であること、を確定した。そして変革の実現（可能性の現実化）は、実体の担い手である労働者階級の組織的実践による以外にはないことをも明らかにしたのである。

カネや資本が主体ではないという認識を通して、労働者階級こそ、社会の真の主体（主人公）であることの認識を、労働者自身が確立することが、第一の基本である。そして、その主体としての力量と資質を養わなければならない。現に社会存立に必要不可欠な労働は、資本主義の下でも、労働者自身が担っているのである。

第二に、実体そのものの認識が要件となる。社会にとって、人間を人間として維持・発展させる上に必要不可欠な労働、仕事、技術、産業さらに文化は何か、有害・不要なものは何かの認識である。

第三に、人間の論理に立って資本の論理を転換、廃絶させることである。自主、創造、意識的共同・連帯関係に立ち、すべての人間の基本的人権、生活権、そして平和的関係の確立を基準に、経済、社会、政治、文化を築く、ということである。利己主義、拝金主義を批判し、克服する意識と行動の確立、実行である。一人一人が、自らの人間性を鍛えなければならない。同士との目標の共通認識に立った共同行動によって、互いに学び合い、人間性を鍛えて行こう。

資本の論理を、人間の論理に転換させること、それによって「人類前史」を終らせ、人間主体の人類本史を開始するのだから、それを観念的願望ではなく、現実の事態として、自らの意識的実践によって創造するのだから、この道は決して容易ではないが、確実に実現しうるのである。

（初出：『長周新聞』二〇一〇年一月一日―三月一五日）

第Ⅱ部　変革の経済学——理論と主体

第一章　宇野理論はいかに継承され発展したか

——鎌倉理論の生成——

渡辺好庸

はじめに

東欧・ソ連の社会主義が崩壊してすでに二十年以上が過ぎようとしている。バブル景気の夢からまだ醒めていなかった九〇年代初頭、ソ連崩壊の現実を前に日本人の多くは「社会主義の敗北と資本主義の勝利」を何の疑問もなく受け入れて、マルクス主義やマルクス経済学を過去のものとして投げ捨ててしまった。市井の庶民だけではなく、ジャーナリズムやそこで活躍する評論家、さらには労働組合や革新政党の指導者までが、先を争って社会主義的なもの、マルクス主義的なものを捨て去っていったのである。

しかし、日本社会のイデオロギー状況がいかに社会主義やマルクス主義を否定するようなものであっても、そのことが社会科学の主体にとってのマルクス主義やマルクス経済学に直接影響するものではないはずである。なぜなら、人間社会の現状を科学的に認識しようとする社会科学の主体にとっては、思想としてのマルクス主義や科学としてのマルクス経済学が、自らの認識活動に有意義であるかどうかが問題なのであり、それが社会常識として受け入れられているかどうかが問題なのではないからである。[(1)] ところが、そうであるにもかかわらず、ソ連崩壊直後より、アカデミズムの内外を問わず、社会科学の主体にとってもマルクス経済学は急速に影響力を失い、それどころか、『資本論』以外にこれといった研究対象を有していなかった経済学者までが、自らの専門をマルクス経済学であるとあえて語ろうとしない事態までが進行してきたのである。

たしかに、唯物史観の公式をそのまま科学といい、資本主義の没落と社会主義革命の必然性を論証するのが『資本論』であり、マルクス経済学であると考えていた経済学者にとっては、ソ連崩壊によって自己批判が迫られたのかもしれない。だが、そのような通俗的な『資本論』理解をマルクス主義経済学として批判し、科学としてのマルクス経済学を確立したはずの宇野理論にとっては、当時の事態は、ソ連崩壊に至る現代世界の推移を科学的に分析することによって、自らの論理と方法をより精緻化できる絶好の機会だったはずである。

ところが、宇野派を自称する論者の中からも「ソ連社会主義を前提して論じられていた宇野方法論も見直さなければならない」といった的外れな批評をはじめとした、『資本論』に結実したマルクスの偉業を人間社会の科学的認識の基準として明示する宇野弘蔵の論理と方法への無理解が露呈してきたのである。そのような、九〇年代初頭の「宇野派」を含むマルクス経済学総体の危機的状況の中で、「マルクス経済学が経済学の論理として、さらに現状解明の理論的基準として、通用しえなくなったのかどうかを、論理と方法の内容を通して具体的に示」すことによって、改めて宇野の提示した「科学としての『資本論』＝原理論」の意義を明確にしたのが鎌倉孝夫教授の『資本主義の経済理論』（一九九六年、有斐閣、引用では①と記）であった。

教授自身いっているように、「私なりの経済原論——資本主義経済の仕組みと運動法則の論理的解明——をまとめ、刊行すること」は「目標」ではあるが、当面「執筆はできない、と思っていた」にもかかわらず、「国内外の情勢の劇的変化、その下で生じている科学的認識の危機の中で、何としても早急に」まとめなければならないとの思いに駆られて出版されたのが本書であった。その意味では、この書は、そのような九〇年代的な時代背景の中で執筆されたものではあるが、その内容は、当然にも教授のそれまでの四十年にわたる理論研究の成果の集大成であった。

それは、宇野弘蔵が日本資本主義分析に不可欠の方法として提唱した『資本論』の原理論への純化と段階論の要請といういわゆる宇野三段階論を、宇野理論をもって実際に現代資本主義の分析に立ち向かった鎌倉教授が、具体的に現状分析に役立ちうる原理論、段階論として明確にするものであった。宇野によって一般的に語られていた、純粋資本主義を対象とする原理論を基準に段階論を媒介にして現状分析を行なう、という経済学の方法を、原理論の性格と同時にその基準としての意味を、段階論との関連性と共に明らかにすることによって、現状分析に具体的に生かしうる方法として確立してきたのが、『資本主義の経済理論』に至る鎌倉教授の理論研究であった。

そこで、本稿では、宇野弘蔵によって提起された経済学の理論と方法が、鎌倉教授の研究を通していかに継承され、発展することになったかを、原理論体系の性格、理論的基準としての原理論の意義、方法模写の具体的内容、という三点を教授がどのように確定してきたかを検証することによって示そうと思う。もって、私たちは、今日のアカデミズムにおける「宇野派」内外で理解されている「宇野理論」とは異質な内容を、あえて宇野理論の継承・発展たる「鎌倉理論の生成」[2]として明らかにするものとしたい。

注

(1) その意味では、九〇年代以降の「勝利した資本主義」の強さとしてもてはやされた新自由主義の本質が露呈した今日、改めて格差、貧困への対抗思想としてマルクス主義が再評価されているからといって、そのこと自体が社会科学の主体の認識にとっては直接問題とはならない。社会科学の主体にとって重要なことは、格差、貧困への対抗思想としてのマルクス主義では、社会主義を担う主体形成とはならないことがソ連崩壊によって示されたということ、そして、資本主義に代わって人間社会を担う主体形成のためにこそ、人間社会が科学的に認識されなければならないということ、さらに、そのために、マルクス主義とマルクス経済学がいかなる意義を有しているのか、ということなのである。

(2) 本稿は、初筆が埼玉大学経済学会『社会科学論集』鎌倉孝夫教授退官記念号（一九九九年三月）のための論文であり、その直前に刊行された『資本主義の経済理論』の意義を確定すべく、それに至る鎌倉教授の理論的営為を総括したものである。したがって、それ以降の、今世紀に入ってからの十年余りの資本主義――「株価至上主義」という擬制資本の本格的展開――に対する教授の分析とその成果に関しては、補注で極簡単に指摘するのみで、本稿の対象にはなっていない。本稿を「鎌倉理論の生成」とした所以である。鎌倉理論としては、実にその後の今日に至る擬制資本の動向分析の基準として真価が問われることになるのであり、その意味で、このかんの資本主義分析の成果を踏まえた教授の最新の論稿である本書第一部の内容こそが、宇野理論を越える鎌倉理論の展開といって良い。本稿は、その鎌倉理論がいかに生成したかを解明したものである。

第一節　原理論体系の性格

『資本論』を経済学の原理論として純化したという宇野の『経済原論』における際立った特徴が、『資本論』冒頭の商品、貨幣、資本を流通形態論として純化して、資本の生産過程から切り離した点にあることは周知の通りである。そして、この点については、今日に至るまで宇野理論を継承するという論者にとってはほぼ例外なく前提されており、商品、貨幣、資本は本来生産過程の外部のものであるので、その展開においては生産過程を捨象しなければならないという理解が一般的なようである。また、この理解は、原理論の対象は純粋資本主義であるという宇野の提起とも関わっており、「生産過程の捨象」自体、資本が生産過程を包摂することによって成立している純粋資本主義からの捨象とされ、資本主義的生産関係を解明する前提として、生産過程に先立って資本主義を特徴付ける流通形態を明らかにするというのである。

たしかに、原理論の対象は純粋資本主義であるという宇野が、商品、貨幣、資本は純粋な流通形態として展開するというのであるから、それは、資本の生産過程を実現している純粋資本主義から生産過程を捨象して展開されるものと理解されるのも当然ではある。つまり、純粋資本主義の運動法則を明らかにする原理論を展開するにあたっては、資本主義の主体である資本が流通から発生したものであるから、まず流通形態としてのその性格を明らかにするために、生産過程を捨象して展開するというのである。したがって、このように流通論を理解すれば、そこで展開される商品、貨幣、資本は、純粋資本主義を構成している流通形態としてのそれであり、それが生産過程を包摂することによって成立している純粋資本主義の運動法則を解明するための基礎的概念ということになろう。

ところが、宇野の流通論は、純粋資本主義を対象とするにもかかわらず、純粋資本主義においては存在しえない商人資本、金貸資本を展開することになっており、単に純粋資本主義の生産過程を捨象して流通形態を規定したとはいえない展開になっているのである。そこで、宇野の流通論の内容を変更なく受け継ごうとすれば、流通論における商人資本、金貸資本は、純粋資本主義においては商業資本、銀行資本として実在する資本の形式を示したものとでも理解するほかないことになる。他方、その「あいまいさ」を整理しようとすれば、純粋資本主義を前提に展開される流通論の資本概念としては生産過程とともに歴史性も捨象されているのだから「商人資本」「金貸資本」はもちろんのこと「産業資本」も含めて歴史的概念は用いるべきではないとして、宇野の流通論の内容的変更を提起することにもなる。それらに対して、この点を宇野の「あいまいさ」として退けるのではなく、逆に、この点の意義を深く掘り下げ、流通形態論の原理論体系における位置と意義を宇野の方法に即して確定したのが、鎌倉教授であった。

教授は、もっとも初期の著書である博士学位論文（一九六六年）をベースに出版された『資本論体系の方法』（一九七〇年、日本評論社、以下の引用では②と記）において、すでにこの点を明確に意識していた。教授は、宇野の方法を踏まえて原理論の対象が純粋資本主義であることを強調するが、特にこの論文で際立っているのが、純粋資本主義を対象とすることによってこそ流通形態規定が純粋に抽象できるという点である。商品、貨幣、資本が流通形態であるから純粋資本主義から生産過程を捨象して展開するというのではなく、純粋資本主義を対象とすることによってこそ商品、貨幣、資本の流通形態規定が可能になるというのである。教授にとっては、宇野のいう商品、貨幣、資本の流通形態としての純化がいかに可能であるのか、つまり、資本主義の主体である資本が流通形態であることがいかにして確定しえるのかが、問題だったのである。そして、教授は、その流通形態自体の展開方法、つまり流通形態のもっとも抽象的、基本的形態が商品形態であり流通形態規定は商品の単純な形態規定から展開せねばならない、ということを確定しえる客観的根拠も、また純粋資本主義を対象とすることによって与えられるというのである。

教授は、宇野が一方で「商品形態があらゆる物に、それが如何なる関係の下に生産せられたかに関係なく、附与せられ得るものである」ことから「資本主義的生産を前提とすることなくして説明し得られる」（『経済原論・上巻』、一九五〇年、岩波書店、一九頁、著作集第一巻所収、一三頁）といいながら、それに続けて「資本主義社会が完全に行われるとする経済原論の世界でも、必ず一方では資本家的に生産せられない商品、元来は商品としても生産せられないで、単に交換によって始めて商品となるという商品が極めて重要な地位を占めている。労働力なる商品は、……そういう商品であるが、そしてかかる商品によって始めて他の生産物が根柢から商品として生産せられることにもなる」（同上、著作集、同一三〜一四頁）と労働力商品の特殊性を指摘している点に着目する。商品、貨幣、資本を流通形態として純化して生産過程と切り離して展開すべきであるという宇野の提起の根拠を、多くの論者が、それらがいかなる生産関係の下でも存在しており、その意味で生産にとって本来外的なものであるという前者の説明に求めるのに対して、教授は、資本主義的生産の基軸をなす労働力商品自体が実は生産過程を前提するものではないという後者の説明に求めるのである。つまり、純粋資本主義の存立根拠である労働力商品を直接対象とすることによって与えられる規定――生産されたものではなく、資本に購買されてはじめて商品となり、また商品として実現されると直ちに転売不可能な使用価値となるという規定――こそが、商品のもっとも単純な規定性であり、これがまた生産過程と本来内的関連を有しているわけではない商品、貨幣、資本に関して流通形態としての純粋な規定性を展開する端緒にもなるというのである。したがって、教授の理解によれば、宇野のいう商品、貨幣、資本を流通形態として純化して規定するということと、純粋資本主義を対象として原理論を展開するということが、実は表裏の関係にあるということになるのである。

純粋資本主義を対象とするにもかかわらず、商品、貨幣、資本に関しては資本主義的生産関係を解明する前に、生産過程を捨象して流通形態として規定しなければならない、というのではなく、純粋資本主義を対象にするからこそ、労働力商品に関する商品としての規定を通して商品の純粋な流通形態規定が可能になるというのが教授の宇野理解だったのである。それはまた、生産過程を包摂した純粋資本主義を対象にするからこそ、資本の自立的根拠は生産過程にしかなく、したがって流通形態としては非自立的なものである、というそれ自体の形態的規定性――非自立性――をも確定しえる、ということでもある。そして、流通形態規定がこのようなものとして展開されるからこそ、流通形態としての資本規定においては、その純粋な形態規定性は純粋資本主義の下での実在的根拠をもっては与ええないのであり、資本が自立的根拠を有することなく存在した資本主義確立前の商人資本、金貸資本という歴史的概念をもって規定せざるをえないとして、宇野の流通論の展開を積極的に意義付けるのである。こうして、宇野理論を継承する論者のなかにあって、おそらく唯一といってもよい、労働力商品を対象とすることによってこそ流通形態のもっとも単純な規定である冒頭商品規定が可能であり、また純粋資本主義を対象とする原理論の流通形態論であるからこそ、資本の形態規定は歴史的概念をもって与えられねばならない、という鎌倉教授の経済原論に関する独特の理解が形成されたのである。そしてこのような流通論に関する理解は、当然にも流通論自体の原理論における位置と意義を改めて問うことになる。

それは第一に、流通形態を純粋に展開する流通論において、その最高の発展形態である資本の規定性の内に、それ自身としては存立根拠を有していないことが明らかになるということは、まさに流通論が、資本の非自立性を確定する論理となっているということである。その意味で、流通論は、単に資本の生産過程を展開する前提としてあるというよりも、むしろ、生産過程を展開する主体である資本の本質規定を与える、いわば資本の本質論ともいえるものなのである。さらに第二に、流通論において資本の形態規定が商人資本、金貸資本という資本主義確立前に存在する資本によって与えられるということは、流通論の展開を通して資本主義の歴史的形成過程において成立する商人資本、金貸資本の性格が明らかになるということである。つまり、純粋資本主義を対象とする原理論における流通論が、資本の本質規定であることによって、その規定の内に歴史的な資本の性格をも明らかにするのであり、その意味で流通論は、労働力が商品化する以前の形成期の資本主義の性格を、その時代を主導する資本の性格とともに示すことによって、歴史過程認識の基準たりえるのである。そして実に、原理論における流通論の意義に関するこの二つの理解が、鎌倉教授のその後の研究における理論的発展の中軸をなすのである。

流通論で資本の生産過程の解明に先立って流通形態としての商品、貨幣、資本の性格を明らかにするという宇野の提起を、資本の本質規定論の意義を有した流通形態論として捉え返した鎌倉教授が、その点をさらに明示的に、それも原理論体系全体の中で確定したのが、「原理論における階級論」であった。これは、一九七〇年に鈴木鴻一郎の還暦記念論文集に発表され、『資本論とマルクス主義』(一九七一年、河出書房新社、以下の引用では③と記)に収録されたものである。

この論文の主題は、『資本論』最終章の「諸階級」に着目し、マルクスの「経済学に関する七冊ノート」(『経済学批判要綱』)から『資本論』に至る過程でのプランの変更、つまり、当初は資本の外部に対立的に位置付けていた土地所有と賃労働を、『資本論』の中で、したがって資本の内部に包摂して捉えるという変更が、総括規定として「諸階級」を要請してきた点を明らかにし、原理論の総括規定としての諸階級論の意義と内容を確定することであった。

教授はまず、「商品・貨幣・資本を、純粋な形態規定として展開すること、このことこそが、階級関係認識の根拠なのである」(③二五二頁)として、流通形態論展開の意義を強調する。その理由は、第一に、「資本主義を支配する現実の主体としての資本が、本来流通における運動をその本性としてもつことが、この展開によって確証され」、そのことによって「流通運動としての資本には、それ自身で自己を社会的に存立させうる根拠がありえないことが明らかにされる」(同上)からであるという。さらに第二に、流通形態論を通して資本の「社会的存立は、その本質に対して外的に対立する労働力の商品化を通した労働・生産過程にもとづかざるをえない」ことが確定され、「必ず自己に同化しえない、しかも自己存立の根本条件として、労働力の所有者＝労働者の社会的存在を前提とするものでしかないことが、理論的に確証される」(同上)からであるという。資本主義の主体である資本の本性が流通形態としての非自立性であり、本来自己の内に存立根拠を有していないが故に、その資本が主体となるためには、自らの内に存立根拠を確保しなければならない。それが、人間社会の存立根拠である労働・生産過程の資本による包摂であるが、その前提が土地からの生産者の切り離しという特殊歴史的条件を伴う労働力の商品化なのである。つまり、資本が流通形態である以上、それが存立根拠をもって主体化するためには、労働力を商品として売る賃金労働者の存在が前提されざるをえないということである。そして、その賃金労働者の再生産が労働者自身の生活に依存せざるをえない以上、資本の自立化は、必ず賃金労働者の社会的存在を不可避とするのであり、資本が主体となる資本主義は資本家階級に対する賃金労働者階級の存在を必然化させるというのである。

このことを理論的に確証させるという意味で「商品・貨幣・資本の形態的展開は、まさに『資本』の、したがって資本家階級の本質規定にほかならなかった」（③二五四頁）のである。しかし、そのことは同時に、流通形態に解消することのできない労働者階級の存在を前提しつつも、自らの社会的存立の根拠として労働・生産過程を包摂しなければならない資本にとっては、労働力の商品化を内的に確保しなければ自立を達成しえないということをも示しているのであり、続く生産論は、資本の生産過程を明らかにすることの内に、労働力の商品化を資本家的関係の内部で実現する機構の解明でもなければならないということになる。つまり、生産論の基軸をなす恐慌の必然性こそが、流通形態に解消しえない労働主体を資本が包摂することからくる、まさに労働力商品化の無理に基づく資本の自己否定なのであるが、そのことによって、資本は労働力の商品化を内的に確保することが明らかとなるのである。したがって、生産論における恐慌の必然性論は、「資本家と労働者の階級的対立関係の、現実的表現」（③二五三頁）であると同時に、資本の運動の内に包摂された賃金労働者階級の社会的位置をも確定するのである。

このように、鎌倉教授は、流通論を資本の本質論として捉えることによって、流通形態論を資本家階級論、生産論を賃金労働者階級論として再構成したのであるが、原理論体系の純化にとって、より画期的であったのは、以上を踏まえて分配論を土地所有者階級論として再構成しようとした点であった。教授は、「労働力の商品化にとっては、土地からの生産者の切り離し、したがってこの関係を一般に確定する土地所有が同時に前提されねばならない」（同上）が、労働力の商品化については、資本は恐慌の必然性を通してではあるが「内的に確保するのに対して、土地所有の処理は、純粋な資本家的関係の内部においてはじつは不可能なのである」（同上）という。資本が土地の使用に対して地代を支払わなければならないということは、資本関係の外部に存在する土地所有者階級に資本がいわば譲歩しているということであって、資本にとっては内的な処理とはいえない。土地の商品経済的包摂は土地の商品化によって完成するのであり、資本は、労働力の商品化の内的確保に対応した土地自然力の商品化を実現しえて、はじめて「自己を全社会的に確立しうる」（同上）といえるのである。ところが土地の商品化は、地代の利子化を通した擬制資本としての地価の形成なしにはありえないのであり、利子率の社会的確立が前提されることになる。そこで教授は、分配論における利子論を土地商品化の前提として、地代論で確定した資本の外部に存在する土地所有者階級を商品経済的に包摂する形態を展開するものとして捉えたのである。そして、利子論の展開を通して擬制関係としての土地の商品化を明らかにし、それを踏まえて原理論の総括規定としての階級論を位置付けるのである。その意味で、「分配論は、結局、財産所有―利子関係の形成による、それ自体無価値な土地・自然力の財産化―商品化を解明することによる土地所有者の特殊な階級としての措定を示すものであった」（③二五五頁）のである。

こうして、商品、貨幣、資本を流通形態論として純化するという宇野の提起を積極的に継承し、徹底させることによって、教授は、原理論体系全体を階級論として再構成することになったのであるが、この原理論に関する独自の認識が、その後の教授による宇野理論の継承・発展の基点であった。それは、一つには、次節で触れる国家論の基準としての原理論への道を拓くものとして、まさに宇野方法論の新展開を準備するものであり、二つには、原理論体系そのものの純化を導くものとして、宇野原論のさらなる純化・体系化を準備するものであった。そして、後者については、「鎌倉原論」ともいうべき『資本主義の経済理論』において、一応の完成を見るに至った。

『資本主義の経済理論』における、原理論の体系化に関わる最大の成果は、宇野原論の篇別構成に関して古くから議論されてきた地代論の位置付けを明確にしえた点であったといってよい。宇野の分配論においては、地代を利子の前に展開する理由として、地代が生産過程に直接に基づくものであるという点をあげてはいても、地代論展開の契機をなす利潤論から地代論への理論的展開は必ずしも明確ではなかったのである。

教授は、宇野と同じように地代を利潤に続けて展開するが、その契機として利潤論の最後で次のようにいう。「利潤率の傾向的低下は、労働力を資本運動の内にとり込むことに基づいて現れる資本の形態的限界を示すものであったが、資本運動に不可欠の生産手段の中でも、実体的要因である自然力に依存する生産手段は、資本の利潤獲得に対したんにその率を低下させるのではない特有の制限をもたらすことになる。続いてその点を明らかにしよう」(①二六七頁)。教授は、利潤論の最後で利潤率の傾向的低下を論じ、生産力の上昇による剰余価値率の増大を目指すはずの資本の有機的構成の高度化が、結局利潤率の傾向的低下をもたらさざるをえないことを明らかにし、それが「労働力を資本運動の内にとり込むことに基づいて現れる資本の形態的限界を示すもの」であるというのである。つまり、資本の有機的構成の高度化は価値増殖しない不変資本部分を相対的・絶対的に増大させ、さらに生産力の発展自体が、それがそのまま労働力価値の低下に直結することを制約する労働者の生活水準の上昇を含むだけではなく、逆にそれなしには労働者の能力の向上を前提せざるをえない生産力の発展そのものがありえないことから、剰余価値率の上昇にはおのずから限度があるのであり、資本が価値増殖を目指して生産力の発展を実現することが、結局資本にとっては利潤率の低下となって自己の運動を制約することになるというのである。それは、不変資本部分に対しても一様に利潤を分配しなければならない資本の形態的性格に起因する「生産力発展の特殊資本主義的表現」(同上)にほかならず、それこそが資本の形態的限界を示すものというのである。

そして、資本運動にとっては生産手段部分の増大が利潤率の低下をもたらすことを踏まえて、次に、生産手段の中でも資本が生産することのできない土地自然力に関しては、単に利潤率を低下させるのではない特有の制限をもたらす、として地代論の展開に進むのであるが、重要な点は、この利潤率の低下が労働力の商品化に基づく資本の形態的限界を示すものであるということである。資本の自立化の前提が労働力の商品化であるということが、資本運動に解消しえない労働者階級の存在を必然化させ、資本運動そのものを規制することになるのであり、それが周期的な恐慌の発現と、恐慌からの回復の基礎となる有機的構成の高度化の結果としての利潤率の低下にほかならない。そうすると、原理論は、流通論を通して資本の非自立性を資本の本質論として展開し、生産論においてその資本の自立化の根拠である労働力の商品化、労働者階級の資本運動の内への包摂の実現を展開するのであるが、加えて、分配論冒頭の利潤論で、恐慌からの回復自体が資本運動への新たな制約を伴うことを明らかにするということになり、いわば、生産論から利潤論までの展開をもって、労働者階級の資本運動の内への包摂とそれに伴う制約を示すことになるのである。それは、利潤論が剰余価値の利潤としての資本間への分配を通して、労働力の社会的配分・編成を実現する機構を展開することからも明らかなことであるが、階級論の観点から原理論を捉えれば、利潤論までをもって、資本運動の内への労働者階級の包摂論としえるということなのである。

したがって、資本運動の内にあっても剰余価値形成部分ではない生産手段の資本運動への制約を踏まえて、同じ生産手段ではあっても資本が生産しえない、したがって資本の価値構成にも含みえない、まさに労働者の労働・生産活動にとっての絶対的前提であるが故に資本運動にとっては外部に前提する以外にない、そのような生産手段である土地自然力のもつ資本への制約性を展開する、という構成は、実は、労働力の商品化の前提としての土地私有の確定、すなわち土地所有者階級の存在とその資本の下への包摂とを、労働者階級の包摂を終えて、ここから開始するということなのである。流通形態論において確定される資本家階級の本質とそれ故に前提されざるをえない労働者階級、土地所有者階級の存在を踏まえて、生産論冒頭において労働・生産過程という資本にとって外的な人間社会存立の実体的根拠が明らかにされ、それの資本運動への包摂が続く論理展開の動力になるのに対応して、地代論冒頭は、やはり資本にとって外的な人間社会存立の実体的要因である土地・自然力の規定をもって開始されなければならないということである。その意味で、地代論冒頭規定は、論理展開としては利潤論の展開を継承しながら、階級論としての原理論の構成上は、むしろ、流通論における資本の本質規定（資本の自立化の社会的条件としての労働力の商品化と土地私有の確定）に続くものとして、土地所有者階級の措定とその包摂論の始点をなすことになるのである。

このように、利潤論を踏まえて展開される地代論の位置が明確になることによって、地代論から利子論への展開が、資本が自己の外部にある実体要因を包摂する関係を完成させていく論理として確定されるのであり、それは土地の商品化を明らかにする擬制資本論までの展開としてなされることになる。そして、その擬制資本の展開を通して擬制的関係の内に階級関係を解消する形態が規定されることによって、階級社会である資本主義が非階級的に現象しえる根拠が明らかになり、それを踏まえてこそ、資本主義が階級社会でありながら非階級的関係を通して社会関係を実現することの意義と根拠を明確にするものとして、原理論の総括規定である最終章階級論の内容も確定しえることになるのである。(3)

こうして、「商品」から始まり「資本主義社会の階級性」で総括される宇野原論の体系構成とその性格が、原理論を階級論として捉える鎌倉教授の一貫した論理展開によって確定されることになったのである。

注

(3) 「擬制的関係の内に階級関係を解消する」という階級論としての総括規定の核心をなす擬制資本論の展開に関しては、特に「それ自身に利子を生むものとしての資本」観念を導出する論理を巡って、教授自身『資本主義の経済理論』執筆当時、その論理展開上の難点を自覚しており、その後、九〇年代以降の「株価至上主義」という、まさに擬制資本の全面展開に対して「原理的規定を踏まえた現状分析」で立ち向かう中で、改めて「株式・擬制資本論」を整理することになる。

それが、商業資本の活動による利得は、「資本運動の成果としての利潤ではなく、『労働』の成果であるようにとらえられ」、「ここでは労働者の労働と資本家の活動が同一だと観念され(資本家の活動の成果は『労働賃金』の一形態なのだという観念の形成である)、〝利潤〟=「企業利潤」という範疇自体が消化され」、「これに対して、資本の果実は、資本家的活動にも、したがって利潤形成……にも依存しないで、資本そのものに属する性格と観念される」ことになり、「この観念の下では、資本投下—資本運動を通して形成される〝利潤〟そのものが、資本の果実としては〝利子〟だとみなされることになる」(『株価至上主義経済』、二〇〇五年、御茶の水書房、二八五～二八六頁)という、利潤範疇の消化を通して「それ自身に利子を生むものとしての資本」を導出する擬制資本論の新展開であった。

こうして、「商業資本の活動を通した『労働』報酬観念が、資本—利潤関係を観念的に解消させ、利潤は資本自体の果実である限り利子なのだとみなされ」(同二八六頁)、「資本—利潤」「労働—賃金」「土地—地代」という、いわば「三大階級的な」所得観念ではない、「労働に対する報酬」と「財産所有に対する利子」という非階級的所得観念による階級論の総括規定を明示する論理がより精緻化されることになったのである。

第二節　理論的基準としての原理論の意義

鎌倉教授が、原理論を「理論的基準」として明示的に展開したのは『経済学方法論序説』(一九七四年、弘文堂、以下の引用では④と記)においてであったが、その前提には、前節で見た流通形態論における資本規定が商人資本、金貸資本という資本主義確立前の資本によって与えられる点への着目と、利子論における資本の商品化論の積極的意義付けとがあった。

教授は、純粋資本主義を対象とするにもかかわらず、資本の流通形態としての規定性が、資本主義確立前の資本によって与えられることの意味を、七三年から七四年にかけて埼玉大学経済学部『社会科学論集』に連載された「『貨幣の資本への転化』の根本問題」の中で改めて論じた。この論文が『経済学方法論序説』に「資本の生成論理」として収録されているが、この点に関してのここでの議論の中心は、資本が、同じ流通形態とはいっても商品、貨幣とは異なって、流通形態論においても特殊歴史的規定をもつものとして展開されざるをえない点の強調であった。宇野が「産業資本的形式はもはや単なる資本の形式ではない。産業資本そのものとして、商人資本、あるいは金貸資本に対して、この両形態には前提されない、労働力の商品化をその基礎として、生産過程をも包摂するものとしてあらわれるからである。いいかえれば資本形態は、単なる形態規定とはいえないものに転化すべきものとして展開されなければならない」(『マルクス経済学の諸問題』、一九六九年、岩波書店、二三頁)と指摘した点を踏まえて、資本は、商品、貨幣を前提に、G—W—G′という流通形態としてしか成立しえないにもかかわらず、資本としての完成が「単なる形態規定とはいえないもの」である以上、資本の流通形態規定は、完成前の、未だ自己存立の根拠を有していない資本主義確立に先立つ商人資本、金貸資本によって与えられざるをえないというのである。そして、そのことによって、流通形態の非自立性と同時に、流通形態の自立は「単なる形態規定とはいえない」産業資本によって達成されるということが示されるというのである。

原理論が純粋資本主義を対象とするにもかかわらず、純粋資本主義には存在しえない商人資本、金貸資本をもって規定しなければならない流通論における資本形態の意義をこのように確定した鎌倉教授は、同じ問題意識をもって、やはり宇野原論をめぐる論争点をなしていた「それ自身に利子を生むものとしての資本」における株式資本展開の意義をも究明し、一定の結論を出すことになる。七三年に法政大学社会学部『社会労働研究』に発表された「資本の理念と擬制資本」は、原理論における「それ自身に利子を生むものとしての資本」がなぜ「理念」としてしか展開しえないのか、そして、その現実化がなぜ擬制資本とならざるをえないのかを明らかにしようとするものであった。これも『経済学方法論序説』に先の「資本の生成論理」と対をなす「資本の極限形態」として収録され、方法論の基礎をなすものとされていたが、そこで明らかにされた内容は、純粋資本主義を対象とすることによって、純粋な資本の極限形態を規定しえるのではあるが、それが理念としてであり、その現実化が擬制資本でしかないということの内に資本の非自立性、特殊歴史性が露呈しているということである。

つまり、労働力の商品化を根拠にする以外に自立しえない資本は「それ自身に利子を生むものとしての資本」という完全な自己の完成形態を、労働力の商品化に起因する制約から解除された自己の理想到達目標として展開するが、それが絶対に現実化しえない理念として規定されるほかないところに、自立の不可能性が示されるというのである。さらに理念は利潤や地代を利子とみなす擬制的関係を通して擬制資本として現実化されるほかないが、労働力の商品化を内的に実現することによって成立している純粋資本主義においてはこの擬制資本が現実化することもありえないのである。そして教授は、このようなものとして展開される「それ自身に利子を生むものとしての資本」の意義を、「本来形態的規定性をもつ資本は、労働力の商品化によって現実に自己を確立しながらも、さらに労働力を『物』に解消して完全な自己の支配を達成しようとしながら、結局それは不可能でしかない。資本の最高の完成形態が、現実化しえないという論理は、資本主義のこの歴史的限界を表現するもの」(④二六六頁)であるとし、それが、流通形態論で確定しえた資本の本質規定に対応する資本主義の歴史的限界を示す点を強調するのである。

ところで、純粋資本主義を対象とする宇野理論において、純粋資本主義には存在しえない資本形態(商人資本、金貸資本と株式資本)を展開するという、一見矛盾した二つの箇所に関して、その論理展開の意義を確定した鎌倉教授が当初からもっていた問題意識は、「原理論はいかに現実認識の理論的基準たりえるか」ということであり、またその問いへの解答を準備しえたものが、原理論に示される資本主義の歴史性の解明だったのである。教授は、岩田弘氏らによって主張された「資本主義の世界資本主義としての歴史的形成過程をその内的必然性において叙述する原理論」という、いわゆる「内面化」論による歴史反映論を批判し、原理論の対象が資本主義の歴史過程を基盤に想定される純粋資本主義でなければならないことを強調したが、だからといって純粋資本主義を原理論の対象とすべきという多くの論者のように、原理論を非歴史的理論として理解していたわけではなかった。むしろ、現実の歴史過程を対象に抽象するのではなく、想定された純粋資本主義を対象とすることによってこそ、資本主義の歴史性を示す論理を構成しえるというのが一貫した教授の認識であった。そしてそれを、原理論の論理に即して具体的に確証する作業が「資本の生成論理」と「資本の極限形態」としてなされたのである。

さらに、教授は、原理論を恐慌論に限定して捉えようとする理解を批判し、「原理論は恐慌の必然性の論証とともに、同時に恐慌という歴史的特徴をもたらす資本主義の形態的本質と、その発展の限度・限界をも説明するもの」(④二一頁)であり、「この点は、何よりも純粋な流通形態としての資本自体が、けっして自己存立の根拠をそれ自身にもたず、非自立的性格をもつものでしかないという形態論の理論によって確証されるし、さらには実体を包摂した資本の最高の発展形態たり、資本主義の〝理念〟を示す形態たる『それ自身に利子を生むものとしての資本』が、決して純粋な資本主義においては現実具体的に発現するものではないということによっても示される」(同上)というのである。そして、「原理論を、たんに恐慌論としてとらえるのではなく、恐慌という特殊な再生産包摂の方法をとらざるをえない資本主義の階級関係—社会関係包摂・処理の特殊な態様をも明らかにするものととらえ直すことによって、原理論はその段階論、現状分析に対する理論的基準たることが、具体的に示されうるものとなる」(④二二頁)というのである。

まず第一に、資本の本質が流通形態的運動であり、労働力の商品化を前提にしてしか自立しえないものであるということが、資本が流通運動にとどまる段階には、資本の運動は外部依存的であり、その自立のためには国家的暴力の介入が必然であることを示すという。それは、「現実には資本主義の商人資本段階のいわゆる資本の本源的蓄積過程における国家的暴力の介入とその役割り、あるいはさらに後進資本主義国発生の現状分析にとっての理論的基準を提示する」(④五一頁)という。第二には、労働力の商品化を通して実現される資本の自立化が必然化させざるをえない恐慌の発現は、資本主義の歴史的限界を意味すると同時に、階級矛盾の経済的処理を実現しえていることを示すという。それは、「現実に資本主義が、周期的に恐慌をくり返し発現している限り、資本主義は自己の経済的自立性を確立しえていることを意味するもの、ということになる」(④五二頁)という。第三には、「それ自身に利子を生むものとしての資本」が純粋資本主義においては理念としてしか規定しえず、その現実形態である擬制資本が純粋資本主義において現実化しえないということは、擬制資本の一般的現実化は、必ず資本主義的関係外の関係を前提していることを示すという。つまり、株式資本が一般化する資本主義は、不純な、したがって自立性を失った資本主義であることを示すというのである。そして最後に、原理論体系が三大階級の存在とその商品経済関係への擬制的関係による解消を明らかにするということが、資本家的国家の性格に対しても基本的な示唆を与えるという。擬制的関係に基づくものであるにしても、社会関係が全面的に非階級的な商品関係に溶解されるということは、プチ・ブルジョアイデオロギーによる自己規制関係を形成させるということであり、その限りにおいて国家は、その自己規制関係を規範化し、法的規制力をもたせた「市民法」による〝法治国家〟

にとどまる。しかし、この関係が擬制的関係に基づくものであるということは、逆に現実には社会関係が商品関係に溶解されることはありえないということであり、常にプチ・ブルジョアイデオロギーに対立するイデオロギー発生の可能性があるということ、したがって、国家が〝政治的国家〟の側面を解消することはありえないことをも示すというのである。

このように鎌倉教授は、原理論の論理がいかに「理論的基準」たりえるかを概括的に示した上で、段階論に対しては、「各段階を支配する『代表的な資本形態』の資本主義の歴史過程全体における歴史的位置を確定し、同時に各段階の歴史的位置をも確定する『基準』となる」(④七三頁)という。

重商主義段階における支配的な資本形態は商人資本であるが、「その資本主義的関係全体の位置は、基本的には『貨幣の資本への転化』において解明される『商人資本形式』において与えられている」とし、「原理論において、商人資本形式は、直接には流通形態規定として、即ち資本存立の根拠としての生産過程を外的に前提した資本として、したがってなおその運動自体については自己を完成しえていない資本として規定される」(④七三～七四頁)という。そして、「原理論の商人資本形式の体系的位置――産業資本を確立しなければ、商人資本形式自体もまたその資本としての自己運動も完成しえないという体系的な関係――は、歴史的規定としての商人資本の、資本主義の全歴史過程における位置を示す」(④七四頁)として、「一社会において商人資本の運動が社会関係を動かす主要な要因となっている時期は、資本主義がなお自己を確立してはいないが、しかし確立に向う時期として、生成期にほかならないことが確定できる」(同上)というのである。

自由主義段階における支配的な資本形態は産業資本であるが、労働力の商品化を前提に成立する産業資本によって資本の自立が達成され、その運動によって資本主義そのものが成立していることを原理論の展開が示しており、「したがって、産業資本が、一国の社会関係を支配し、同時に世界史的な指導力をもつものとして成立している時期は、まさに資本主義の確立期である」(④七五頁)という点については「殆ど問題はないであろう」という。そして自由主義段階に関しては、「産業資本の支配する段階は、資本主義を『純化』させる根拠をえ、運動を展開するが、資本主義の『純化』を全面的に達成するものではない」(同上)ことを原理論が示している点が強調される。つまり、原理論で展開される資本の最高の発展形態が理念でしかなく、純粋資本主義においては現実化しえないものとして規定されるということは、産業資本の支配する段階においてはそれは現出しえないということ、それが原理論が純化の極点の想定像を対象とすることに対応して理念として規定されたものであるということは、産業資本が支配している限り純化し続けてはいるが、決して極点には至らない、したがって「この段階は資本主義の『最高』の段階ということはできない」(同上)というのである。

帝国主義段階における支配的な資本形態は金融資本であるが、「金融資本は、まず『資本の商品化』の歴史的具体化、株式資本の一般的普及として、……『それ自身に利子を生むものとしての資本』が『歴史的に具体化』されたものとして規定されなければならない」(④七七頁)とし、原理論においては「『それ自身に利子を生むものとしての資本』、あるいはその具体化としての株式資本の規定が、資本の『理念』あるいはその具体化として、資本の『最高』の『発展形態』であることが確定される」(同上)という。したがって、「それが『歴史的に具体化』されたものとして現われる金融資本は、資本の『最高形態』の具体化にほかならず、したがってそれが世界史的過程を支配する段階は、資本主義の『最高』の、したがって『最後』の段階としてとらえられうる」(同上)というのである。

そして、教授は、「原理論において全体系のなかに明確に展開され、位置づけられる商人資本形式、産業資本の運動、そして株式資本に代表される擬制資本が、特定の歴史的条件に応じて具体化され、現実的運動を展開するその運動を解明する」(④八三頁)のが段階論の論理であるとして、段階論の課題を明示し、さらに、段階論が解明しなければならない国家に関しても、原理論体系が、「決定的な理論的基準をなす」として、資本主義がなぜ国家を必要とせざるをえないのか、その性格はどのようなものなのかを、基本的な点で指摘する。こうして教授は、「理論的基準としての原理論」の意味を確定することによって、原理論体系の性格と意義を明確にすると同時に、いわゆる三段階論として提起されていた宇野経済学方法論の内容をはじめて具体的に示すことになったのである。

『経済学方法論序説』において示された原理論に関する理論的基準としての把握は、八〇年代においてさらに深められる。国家論に関しては後で触れるように、八〇年代を通したルソー、カント、ヘーゲル等の近代思想に関する再検討と「マルクス主義国家論ルネサンス」の潮流への批判を踏まえて、大著『国家論のプロブレマティク』(一九九一年、社会評論社、八四~八五年に『月刊社会党』に連載された論文をベースに書き下ろされた、以下の引用では⑤と記)として結実することになる。

また、歴史過程認識の理論的基準としての意義については、『現代社会とマルクス』（一九八四年、河出書房新社、以下の引用では⑥と記）において、次節で検討する宇野理論のカント的解釈による「方法模写」説に関しての新たな提起を踏まえて、方法論的な整理が進むことになる。特に「それ自身に利子を生むものとしての資本」の理念としての位置付けが宇野理論のカント的解釈を踏まえて明確となり、「それ自身に利子を生むものとしての資本」の論理の理論的基準の意味がより具体的に示される。教授は、「それ自身に利子を生むものとしての資本」の「理念」としての意味を、「必然的であるがその対象がいかなる経験においても与えられ得ない概念である」というカントの規定によって捉え返し、「資本はそれに行きつく必然性をもちながら、現実には行きつきえず」、「完全な自己増殖という資本の理想は現実には達成されえない」が、「しかしそれは資本家の『精神』の中に『戒律』として生き」、「観念の中とはいえ実在性をもつ」のであり、まさに、「それは資本家をして無限の効率性と競争にかり立てる力として、資本の〝実践〟の中に普遍性をもって実在する」（⑥一一八頁）ものとして確定する。そのようなものとして成立する「それ自身に利子を生むものとしての資本」は、「特殊の歴史的条件に限定された存在」（⑥一二二頁）ではなく、すべての現実資本を包括する、あらゆる資本にとっての理念であり、したがってそれの現実化である擬制資本も特殊の歴史的条件に限定されて存在するというものではない。株式資本は、固定資本の巨大化を根拠に形成されるわけでも、信用制度の発展によって形成されるわけでもなく、現実資本のあるところ、常に理念としての普遍性をもって「それ自身に利子を生むものとしての資本」が実在している以上、その現実化する可能性も常にある、といわなければならない。株式や土地の商品化が重商主義、自由主義の段階に存在しえたのも当然なのであり、それらに関する分析の基準としても原理論の擬制資本規定は役立つのである。

また、「それ自身に利子を生むものとしての資本」が、観念の中に実在性をもちながら、現実には達成されないということは、流通形態としての資本が、その本性として常に純粋な形態的自己増殖を目指しながらも、本性に即しては本性を実現することができないということであり、資本主義はどんなに発展しようと自己増殖の根拠を自己に解消しえないということを示している。そして、その実現が擬制資本として可能であるということは、擬制資本自体が決して理念そのものの現実化ではないにもかかわらず、それが理念の実現として現実化することによって、もはや理念が理念でなくなるということ、つまり、擬制資本が支配的になった資本主義は、理念が現実化した資本主義として、まさに理念を喪失し発展動力を失った、これ以上には発展しえない資本主義であることを示すのである。擬制資本の売買が資本家的関係内では実現しえないことが理論的に規定されることによって、擬制資本が支配する資本主義の外部依存性が確定されるということも、理念の現実化に伴う内的発展動力の喪失による発展限度の現実化の確定と表裏をなすものなのである[4]。

教授は、さらに、原理論の理論的基準としての意義を示す具体例として、冒頭商品を取り上げる。「冒頭商品の流通形態としての規定は、実際具体的条件に限定された規定でなく、まさに抽象性をもつことによって、商品発生や商品存立の具体的歴史さえも解明する理論的基準となる」(⑥一〇三頁)という。そして、剰余が交換に出されることによって商品が発生するというマルクスも含めて今日に至るまでほとんど疑問の余地なく前提されていた商品発生に関する理解が俗論にすぎず、むしろ冒頭商品規定は、「剰余が形成されていなくとも、他の共同体の物を欲求し、得ようとすれば、自己の共同体の必要生産物でさえ交換に出す場合もありうる」(⑥一〇三〜一〇四頁)ことを示している、というのである。それは、商品の発生を事実に即して分析する際の理論的基準として、剰余がなければ商品発生はありえないとか、商品があるということは剰余が形成されているはずだとかという認識の主観性を暴露するものなのである。こうして原理論は、「その論理的完結性によって、資本主義の歴史性(発展限度)を論証する」だけではなく、「純粋な商品経済的諸要因間の論理的関連のうちに、諸要因成立の商品経済内的条件・根拠を示すのであって、現実の歴史における諸要因発生、存立の商品経済的側面を提示するものとなっている」(⑥一〇一頁)ということになるのである。

『現代社会とマルクス』において、歴史認識の理論的基準としての原理論の意義を確定した鎌倉教授は、次に国家論の基準としての原理論の意義を明確にするための一著を発表した。この『国家論のプロブレマティク』は、従来のマルクス主義国家論を全面的に総括するだけではなく、マルクスのよって立っていたルソー、カント、ヘーゲル等の近代国家に関する論理的営為をも再評価し、もって独自の国家論を構築しようとするものであるが、そこでの内容は、すでに七〇年代に提示されていた認識をより確実にしたものである。

先に見た『経済学方法論序説』において示されていた国家に関する認識は、国家は段階論の対象であるが、法には原理が成立する、という宇野の提起を受けて議論されていたいくつかの国家論に対する鎌倉教授による一つの解答であった。つまり、国家なしに自立しえている純粋資本主義を対象とする原理論で国家を解明することは無理であり、経済原論に対応する法原理は構成しえても国家の解明は段階論の課題である、という理解に対して、純粋資本主義においても全社会関係が商品経済関係に解消されるのではないということ、具体的には、価値増殖の根拠である労働過程と労働力商品の再生産の根拠である労働者の生活過程が、ともに商品経済関係に解消されえないということを明らかにする原理論によってこそ、国家の成立根拠を解明しえるはずだという提起であった。そして、この提起を、改めて原理論の性格を確定することによって再確認し、そのうえで、新たに、原理論によって成立根拠を与えられる国家が、いかなる内容として確定されなければならないかが、論究されるのである。

鎌倉教授は、いわゆる宇野派国家論の試みに関して、資本主義における法治的特徴は説いたが法治国家の解明までには行きついていないと批判して、「法治の上になぜ国家なのかを解明するには、資本主義に支配的なイデオロギー——それが法に規範化される——に対する異質のイデオロギー発生の根拠を明らかにしなければならない」(⑤三五九〜三六〇頁)という。資本主義は必然的に階級関係を成立させるが、同時に階級関係を商品経済関係によって包摂するのであり、その包摂の機構を根拠に資本主義に支配的なイデオロギー＝市民的イデオロギーが形成されるということ、さらにその法規範化としての市民法の成立が資本主義国家の法治的特徴を形成すること、それに対して、階級関係と法則の成立根拠が経済関係の自立によっても解消しえないこと、つまり、異質のイデオロギー発生の根拠が解消されえないこと、国家に行きつけるかどうかは、このことの理解にかかっているというのである。

こうして、鎌倉国家論は、原理論を基準としたイデオロギー論を前提に構成されることになる。教授は、商品経済関係による包摂を基盤に形成される市民的イデオロギーを第一層のイデオロギーと呼び、その規範化としての市民法が国家存立の根拠ではあるが、国家形成にとってもっとも重要な点は、資本主義が常にこの法とはズレる現実を有さざるをえず、市民的イデオロギーに対抗するイデオロギーを生み出さざるをえない点であるという。商品経済に包摂されながらもそれに解消しえない実体的領域——具体的には資本の価値増殖の直接の根拠である「労働」と、その主体である労働力の再生産の根拠である「生活」という、資本運動にとっての根拠でありながら、絶対に交換関係に解消しえない領域——が現存する以上、だからこそ、包摂自体が擬制関係による以外に完成しえない以上、その擬制関係を根拠に成立する法と現実は常にズレざるをえないし、また、第一層のイデオロギーとは異質な、各種の非・反市民的イデオロギー（これを教授は第二層のイデオロギーと呼ぶ）が発生せざるをえない。この第二層のイデオロギーの発生の現実性がなければ、つまり、全社会関係が第一層のイデオロギーで律せられておれば、国家は存立根拠を有してはいても現実化することにはならない。この第二層のイデオロギーの現実性に対して、第一層のイデオロギーの全社会的遵守と強制が要請されるとき、その主体として国家が形成されるのである。その意味で、国家はすぐれて実践的な権力であり、機構でなければならないということになる。

そこで教授は、「国家形成の理論的解明の要点は、何よりも第二層のイデオロギー発生の可能性と必然性の、と同時にそのイデオロギーの性格の解明におかれなければならない」（⑤三八九頁）として、実体的領域を根拠に形成される各種の第二層のイデオロギーを「体制批判・廃棄の実践類型」として考察する。商品経済的法則、法秩序の枠の下で、それに抵触、違反するイデオロギー的行為から、それに対する目的意識的規制を目指す運動、さらに、それ自体の廃棄と経済原則の目的意識的実現を目標とすべき社会主義イデオロギーに基づく実践まで、多様な非・反市民的イデオロギーとそれに基づく実践とを、その発生の根拠である実体領域と形態的包摂関係との関連を踏まえながら明らかにする。そして、このような第二層のイデオロギーとそれに基づく実践の現実化に対して、第一層のイデオロギーによる一元的統合・同化を可能とする権力として国家を規定し、その内容を示す。

まず国家は、資本主義の存立に前提されなければならないイデオロギーが、人間的実体に根ざしたイデオロギーではなく、それに対抗するイデオロギーと実践の発生が不可避であるが故に、それを強制できる権力として存在しなければならない。したがって国家は、第一層のイデオロギーとそれに基づく法を自己の存在基盤としながらも、その法関係を法律として確立し、自らそれを体現することを固有の性格とするものとして、自らの基盤から独立した主体となる。そこで国家は、もちろん擬制関係によってではあるが（現実には第一層のイデオロギーに根拠をもつ以外にない）、公権力としての固有のイデオロギーを成立させることになり、第二層のイデオロギーの現実性に規定されて、国家イデオロギーとしては独自に変化することになる。国家が、このようなイデオロギー的実践的権力・機構であるという意味で、国家は資本の蓄積の具体的状況と大衆の意識、組織的行動の状況に対応して変化するのであり、宇野のいうように、段階論的に解明されるものといってよい。しかし、にもかかわらず、国家の本質が、第一層のイデオロギーを基盤に存在し、それへの社会関係の統合を実現するところにある以上、第一層のイデオロギーに統合しえる限りにおいてありえる国家形態を「規準」的国家形態論として規定しえる。そして、この国家の原理的規定ともいうべき『規準』的国家形態論をふまえて、現実の国家の具体的形態、特徴、機能を分析する一定程度の基準はえられる」(⑤四三七頁)というのである。

こうして鎌倉教授は、国家論の理論的基準としての原理論の意義を具体的に確定し、宇野の「原理論を基準に展開すべき段階論において国家を解明する」という一般的な提起を、内容のある方法論にまで成熟させることになったのである。

なお、原理論を基準に国家論を構成するという方法の具体化の中で、第二層のイデオロギー発生の根拠として原理論に規定される実体領域が独自に考察されることになったが、それは従来、商品経済を対象とする経済原論においては資本の存立根拠としての内容以上に展開されてはいなかった。しかし、経済学が商品経済を対象に形成、確立したが故に直接の対象が商品経済とならざるをえないということはあっても、商品経済が実体領域を包摂することによって確立した資本主義を、それも実体を実体として資本運動の自立の根拠をなすものとして規定することによって解明する原理論が、実体領域を対象としえないわけではない。むしろ、宇野が「商品経済に特有なる諸現象を解明することによって、商品経済の部分的に行われる諸社会にも共通する、したがってまた商品経済を止揚した社会主義社会にも共通に行われるものとせられる、経済生活の一般的規定をも明らかにする」(『経済原論』、一九六四年、岩波全書、三頁)というように、原理論の意義は、実体領域をそれとして解明しえるところにこそあるともいえる。その意味で、第二層のイデオロギー発生の根拠を明らかにするために原理論に規定された実体領域が具体的に考察されたことは、原理論の展開にとっても画期的なことであった。

実際、それを踏まえた『資本主義の経済理論』においては、労働過程をはじめとして実体の内容にまで踏み込んだ規定が新たな概念の創出をも含めて展開され、従来の経済原論との違いを際立たせることになっている。原理論が、その直接の目的である資本主義経済の解明だけではなく、「社会的実体と社会的経済原則とその充足の仕方を基本的にとらえる」(①三四六頁)ことになったのである。そして、原理論がこのようなものとなったとき、それは、「実体の担い手を現実の主体とした社会主義経済の原理を構築」(同上)する基準ともなるのであり、いよいよ、原理論自体が完成の域に到達したといえるのである。まさに、国家を科学的に解明しえる理論は、その内に国家を超える展望を明示する理論をも形成するということを、鎌倉教授の理論的営為が実証したのである。こうして、『資本主義の経済理論』は、宇野が原理論の意義として一般的に語っていた社会主義を実現する根拠を示すということの意味を、原理論の展開の中で内容的に明示することになったのであり、これこそ、「鎌倉原論」の原理論史上における画期的意義といってよい。

注

(4) このような、株式資本に関する原理的規定とその歴史的具体化としての金融資本理解を前提することによって、擬制資本が跋扈する九〇年代以降の一見華やかな、しかし自立性を完全に喪失した現代資本主義の推移に対しても、このかんの教授の多くの論考が示す通り、あまたの経済学者の的外れな解釈を尻目に、首尾一貫した分析が可能となったのである。

第三節　方法模写の具体的内容

鎌倉教授が、『資本論』―原理論に関する論稿とともに、経済学説史および現状分析の論稿を多数発表していることは周知の通りである。学説史に関しては、教授の『資本論』―原理論理解が、その論理は常に学説史との関連で考察されなければならないというものであるため、いわば『資本論』―原理論研究の基礎をなすものといえよう。一方現状分析については、その都度の世界経済、日本経済の分析はもちろん、国鉄問題、教育問題、労働問題、さらに天皇問題等々と、多方面にわたり、特に、その時々の革新政党、労働組合にとっての実践課題と深く結び付いた内容が中心をなしている。そして情勢の分析にとどまらず、実践主体の立場、課題、展望に関する基本的視点をも提示するのである。

そこで教授のそのような研究姿勢を捉えて、宇野のいう「理論と実践、科学とイデオロギーの峻別」を踏襲するという論者から、鎌倉教授の議論はイデオロギッシュに過ぎるという批評もでることになった。たしかに、現状分析の著書に限らず、教授の諸著作のどれをとっても一瞥すれば、イデオロギー的、政治的立場は明解であるし、自らもあえてそれを隠そうとはしていない。しかし、問題は、そのことをもって教授の理論展開と現実分析自体がイデオロギッシュであるというのでは、宇野の提起を理解したことにはならないということである。宇野のいう「科学とイデオロギー、理論と実践の峻別」とは、論理的に確定しえないことや客観的事実をもって実証しえないことに関する判断を、「理論」、「科学」としてはならないということ、また、そのような判断がイデオロギーであるが、実践は必ずそのようなイデオロギーがなければ行ないえないということ、この両者を混同してはならないということである。

したがって、教授の議論がイデオロギッシュであるというのであれば、教授の原理論に関する論理展開のどの点がいかに論理的ではなく主観的・非論理的になされているのか、また教授の現実分析がいかに客観的事実による実証としてではなく主観的な判断となっているのかを明示するのでなければならない。そのことなしに、教授が自らの政治的、イデオロギー的立場を鮮明にすることを理由に、教授の論理展開や現状分析がイデオロギッシュであるといくら批評しても、学問的には何の意味も持ちえないのである。政治的、イデオロギー的立場を表明しないことが、客観的、科学的立場に立つことの証しでもあるかのように、ことさら自己のイデオロギーの表明を避ける論者も見受けられるが、客観的認識を保証する〝客観的イデオロギー〟などありえないし、人間である以上何らかのイデオロギーを有さざるをえないのも自明のことである。だから、「経済学がその対象とする近代資本主義社会を科学的に分析するには、近代資本主義社会のイデオロギーに支配せられていてはとうてい不可能である。このイデオロギー自身を批判してはじめて、事実を客観的にありのままに見ることができ、したがってまたこの社会が支配せられている客観的法則をも、客観的なものとして把握することができる」（宇野『資本論入門』、講談社学術文庫、一三頁）ということは、現代資本主義社会に生きる我々が、現状分析を行なう場合にも、また資本主義の原理を論理的に把握しようとする場合にも、肝に銘じておかなければならないことなのである。

「マルクス主義は科学である」などという通俗的なマルクス主義が大手を振っていた時期に、それへの批判の意図をもって論じられた宇野の「科学とイデオロギー、理論と実践の峻別」を、何か社会主義の立場に立つこと自体が科学的認識を妨げるかのように解釈するのでは、「社会主義に異常な興味をもっていた」（『資本論』と社会主義』、一九五八年、岩波書店、一五三頁、以下の引用では⑦と記）宇野によってこそ打ち立てられた宇野理論を正しく継承することにはならない。⑸ その意味では、イデオロギッシュに過ぎると宇野派を自称する論者から批評されるほどに「社会主義に異常な興味をも」ち、社会主義運動、労働運動をはじめとした現代社会に生起する民衆運動と緊張関係を保ちつつ、現代資本主義を分析することを常としてきた鎌倉教授だからこそ、「社会主義を理論的に根拠づける」（⑦二五三頁）ために経済学を志したといってよい宇野の理論を、その思想性とともに継承し、発展させることが可能だったというべきなのである。そして、鎌倉教授が経済学者としての研究活動とともに、というよりも、むしろその前提に、社会主義の立場に立つことを自己に強制する行為を重視するのも、実は、宇野を継承する自己の経済学の方法に従ってのことなのである。

教授は、経済学の確立に関して当初より次のような理解を示していた。「重商主義思想から出発し、古典経済学にいたる経済学は、いずれも商品経済、あるいは資本主義に埋没してその法則性をとらえようとしてきた。それへの埋没がじつはその機構および運動を内的動力に即して解明させ、経済学を発展させえた理由でもあった。そうした立場によって、資本主義の歴史的な発展と、その自立性の確立という客観的傾向に、完全に即応することができたからである」（②七八頁）。つまり、対象に埋没した主体による対象に即した認識として形成された経済学が、対象の自立とともに確立するというのである。しかし、そのようなものである限り、経済学は商品経済の形態性、資本主義の歴史性を把握することができず、したがって、その延長上には経済学の科学的確立はありえない。経済学の科学的確立は、資本主義の常識から脱却して、商品経済を批判的に捉えること、まさに、対象を対象の本質に即して捉えることによって可能となる。そして、「フォイエルバッハの人間主義、初期社会主義思想によって現実の社会関係の考察を開始したマルクスは、よくプチ・ブル的観念の欺瞞性を暴露し、科学的立場に立つことが可能となったのである。社会主義イデオロギーは、科学的考察の立場を与え、科学の確立の前提をきずくものであった」（②七九頁）として、経済学の科学的確立の前提としての社会主義イデオロギーの意義を強調するのである。こうして、鎌倉教授の経済学説史は、その構成の中に、直接経済学の学説とはいえない社会主義思想の役割を積極的に位置付けることになり、それをもって「『資本論』にいたる経済学の発展において、イデオロギーと科学の関係はすでに提起され、関連づけられてきていた」（②一三頁）というのである。

そして、社会主義思想の意義を強調する鎌倉教授の経済学説史が、『経済学説と現代』（一九七九年、現代評論社、以下の引用では⑧と記）において独特の展開を見せることになる。それは、経済学の古典的確立であるスミス経済学と科学的確立である『資本論』に加えて、現代資本主義の政策を一般化したケインズ理論をとりあげ、経済学の科学的確立の前提としては、リカード経済学の限界がブルジョア思想の限界にあり、その突破はブルジョア思想からの脱脚以外にはないことを示し、それを可能とするのが社会主義思想であることを強調すると同時に、他方では、ケインズ理論の基盤にスミス経済学の俗流化としてのマルサスを位置付け、「資本主義の矛盾が現実に露呈した後、なおブルジョア的思想、立場にたつ経済学は、古典経済学の理論水準を越えるものとはなりえなかったばかりか、その科学的成果を損ない、俗流化する」（⑧五六頁）ことを確証したのである。まさに、経済学の科学的確立がブルジョア思想からの脱却によって達成されるというだけではなく、古典派以後の経済学は今日に至るまで、ブルジョア思想から脱却しえない限り、古典経済学の理論水準以下に逆戻りせざるをえないということを明らかにし、ブルジョア思想からの脱脚をもたらす社会主義イデオロギーの意義を、単に『資本論』の成立にとってというだけではなく、その後の経済学の科学的発展、完成にとってもなくてはならないものとして確定したのである。

したがって、宇野が、『資本論』によって「自己のブルジョア的、プチ・ブルジョア的イデオロギーを批判されずにはいないのであって、その点では『資本論』こそ吾々がインテリになる科学的な方法だとさえ思っている」（⑦六六頁）というのも、『資本論』が単に科学の書であるだけではなく、それによってはじめて経済学を科学的に確立することになった書として、その前提をなすブルジョア思想からの脱脚を可能とする社会主義イデオロギーをも内包した書であるからにほかならない。それは、対象に埋没することによってしか確立されえない対象に即した理論としての経済学を、対象に埋没することなく、しかし、対象否定の論理ではない本質において対象に即した論理として再構成する、経済学の科学としての確立に生涯をかけた、社会主義者マルクスの苦闘を主体化することによって我々もはじめてインテリになれるということなのである。

そして教授は、このマルクスの苦闘の意義を、一八五七～五八年の「七冊ノート」から六一～六三年の「二三冊ノート」に至る経済学の研究過程での「方法の転換」として確定するのである。教授は、マルクスの「方法の転換」を、「資本主義経済の理論的解明の出発点が、労働ないし分業からではなく、明確に『商品』におかれることになった点」（⑧二一七頁）、「資本主義の歴史的形成とその歴史性の論理的解明の基軸が、労働力商品化の論理におかれてきたという点」（⑧二三一頁）、そして、「経済学体系全体の構成」が実質的に変更され、「資本」「賃労働」「土地所有」を「国家」で総括するという構成が、「資本」の内に「賃労働」「土地所有」を包摂する構成になった点、の三点で示し、そのいずれもが、唯物史観による基本認識を前提とする論理展開の放棄であり、その基本認識を別の論理で確証する方法への転換であったというのである。つまり、「体系の出発点を『労働』や『分業』におくのでなく、形態規定としての『商品』に求めたこと、それが資本主義の現実的主体としての『資本』に即した論理展開を可能にさせ、その論理展開自体のうちに、『労働』『分業』が社会の本来の存立根拠たることを確定させうることになった」（⑧二三一頁）というのである。これが、マルクスに即していえば「資本主義に対する『労働』者の立場からのイデオロギー的批判から、『資本』自体に即した論理の展開をもってする『資本』自体の内的矛盾の自己展開、その歴史的限界の自己暴露という科学的方法への転換」（⑧二三一〜二三二頁）であると同時に、経済学説史に即していえば、資本を絶対視することによって「資本」自体に即した論理を展開してきた経済学の、それ故に現実を資本の内的矛盾の展開としては認識しえない限界を克服し、科学的確立に歩を進める転換であった。

経済学が、対象に埋没した主体によって対象に即した論理として形成され、確立してきたということは、経済学の対象である資本主義が純化し、自立してきたということにほかならないが、その確立した経済学が対象に埋没する限りもはや発展がありえないということは、資本主義の自立の内には矛盾があり、したがって、矛盾のある対象に埋没し、それを絶対視する主体によってはその本質を捉えることができなくなったということである。そこで経済学に要請されることは、対象が矛盾を有したものであり、したがってその発展には歴史的限度があるということを認識した主体によって、しかし、それを否定する論理でではなく、あくまでも対象に即した論理として展開されるということであり、これこそが、方法を転換したマルクスが行なったことだったのである。そして、ここでの経済学の対象が、内に矛盾を有するものでありながら完全に自立したものとして想定された純粋資本主義となることによって、経済学の原理も完成することになる。こうして、鎌倉教授は、経済学の原理論は資本主義の純化傾向を基盤に想定される純粋資本主義を対象とする、という宇野の方法を、経済学説史の独自の方法と構成による展開を通して確定したマルクス経済学形成の意義の内に、確認することになったのである。

したがって、宇野の方法をこのように理解する鎌倉教授にとっては、宇野のいう純化傾向の有無をめぐる歴史事実をあげての議論は当初から問題にならなかった。そこで教授は、『現代社会とマルクス』において、宇野の純粋資本主義想定の根拠である純化傾向に関する従来の議論を明確に批判し、独自の理解を示すのである。教授は、原理論成立の客観的根拠である資本主義が現実に示した純化傾向の認識自体が、「資本主義の歴史的現実の調査・研究・分析自体からえられたもの、あるいはえられうるものというより、歴史的現実を客観的基盤としつつもむしろ直接には経済学の形成・発展を通してえられてきた」（⑥七九〜八〇頁）という。そして従来の、純化傾向を事実をもって否定する、あるいは肯定する論者の両者に対して、「ただ事実をよりどころとするのであれば、純化傾向の事実だけでなく、それに反する諸要素の存在を指摘することも当然可能である」（⑥八〇頁）ので、「いずれの事実が基本であるかを、事実自体から確定することは不可能」（同上）であり、「無限ともいえる具体的事実の分析からは、むしろ分析者の主観的意図によって特定の事実だけが取り上げられることになりかねないのであって、その結論は一見客観性をもって主張されるようにみえながら、実際には主観的に形成された、目的論的な理論構成に陥る傾向を免れない」（同上）と批判するのである。宇野のいう資本主義の純化傾向は、「資本主義経済の法則を自然法則ととらえ、その原理的解明を行なう経済学原理論が、スミスからマルクスにかけて形成・発展しえた」（⑥七八頁）ところにこそ反映しているのであり、その経済学の歴史によってこそ確認しえるというのである。それはまた、当然のこととして、十九世紀七〇年代以降の経済学が、「原理的規準を失った機械的抽象理論に陥る」か、「経験的現象記述に堕する」か、あるいは「自然法則的な法則の客観的存在自体を否定」するか、といった俗流化に向うところに、資本主義の純化傾向の限界が反映しているということであり、宇野のいう純化の逆転も、現実の歴史事実によってではなく、経済学の俗流化によって確認しえるということになる。

純化傾向とその限界の確認が歴史事実によってではなく経済学の歴史によって可能であるということは、その傾向を基盤に想定されるという純粋資本主義についての理解もおのずから確定されることになる。教授は、経済学の形成は、「下向・上向の研究の内に、資本主義を構成する諸要素が概念として把握され、その諸要素間の関係が、概念の関連において再構成されることを通して、理論的体系化が行なわれてきた」（⑥八二頁）のであって、「その理論的体系化は現実の歴史的事実自体を直接に思惟において再構成したものとしてではなく、当然概念的に構成された論理的構成物となる」（同上）といい、純粋資本主義とは、こうして構成された概念的構成物にほかならないというのである。さらに、教授は、「十九世紀末以降の資本主義を客観的基礎としては、原理論は形成されないという十九世紀末以降の経済学の性格の上に」（⑥九五頁）、資本主義の純化に限度があり、発展に限度があることが明確に示されるということは、純化傾向を客観的基盤に概念的に構成されてきた純粋資本主義は、「純化の極点」を想定したものとして成立する以外にないことを示しているという。したがって、宇野の提起は、「原理論が純粋資本主義社会を想定し、かつこれを対象として成り立つ、というより」（同上）、原理論こそが「『想定』としての純粋資本主義像を構成するものとなる」（⑥九七頁）と理解すべきだというのである。かくて、「宇野の『方法模写』説は、純化しつつも、純化は現実に達成されないという資本主義の特殊な歴史的現実自体が、まさに原理論の体系化を可能にするとともに、原理論は『想定』としての純粋資本主義像を構成するものとなるほかありえないという原理論形成の特殊な方法を、資本主義の現実自体がつくり出している、ということを意味するもの」（同上）として確定されることになる。まさに「資本主義の歴史自体が、その客観性をもった認識方法を与えている」（⑥九九頁）という意味で「方法模写」といえるのである。

そして、このような教授の宇野理解を補強するものとして、前節でも触れた、宇野理論に対するカント的方法としての再評価があったのである。教授は、「『経済原論』を書いたとき私は、正直のところマルクスから学んだ概念規定によって、私のなしうる限りの論理的展開を試みたにすぎない」、「原理論の概念規定は極めて抽象的であって、吾々が現実の事実によるにしても事実をそのままにして援用するわけにはゆかない。……その体系の展開は、マルクスのいうように『一見それはア・プリオリに構成されたものを取扱うように見える』のである」（『社会科学の根本問題』、一九六六年、青木書店、一一四〜一一五頁）という宇野の指摘を捉えて、「マルクスの、というより、むしろカントのア・プリオリな悟性概念にも擬すべきこうした原理論の構成と性格づけが、宇野の方法論の鍵となっている」（⑥七六〜七七頁）という。つまり、『資本論』を論理的に純化することによって原理論としての独自の再構成を試みた宇野の方法が、「すぐれてカント的な方法提起」によるものであったというのである。宇野理論の形成にカント哲学がどのようにかかわっていたか、あるいはいなかったかの検討は、それ自体興味深い問題ではあるが、少なくとも、従来、宇野方法論において、もっとも基本的な点として多くの論者に前提されながらも内容的には明解ではなかった、原理論の対象は資本主義の純化傾向を基盤に想定される純粋資本主義であるという点を具体的に明らかにする上で、宇野理論のカント的解釈が重要な示唆を与えたことは重視されてよい。

宇野の「方法模写」を、『資本論』に至る経済学の歴史の内に形成されてきた概念の論理的構成として原理論の体系化が可能になることを示したものと理解する鎌倉教授が、自らの経済学説史と原理論の研究によってそれを実証することになったのが『信用理論の形成と展開』(一九九〇年、有斐閣、以下の引用では⑨と記)であった。これは、教授にとって五〇年代の修士学位論文以来の、労働価値説の確立に基づいて経済学が体系的に確立すると、貨幣・信用論が体系から脱落するのはなぜか、という研究課題に、信用理論の形成・展開の理論的解明とその原理的確立をもって解答を出すものであった。したがって、それは、古典経済学の完成者であるリカードが展開しなかった信用論をマルクスは何に依拠して展開したのか、また宇野原論が『資本論』の原理的純化の成果であるにもかかわらず、構成においても内容においても『資本論』を直接継承したとはいいがたい宇野の利子論はどう理解すべきなのか、という利子論の原理的確立に関わる疑問にも答えることになる。

教授は、「マルクスにおける信用・利子論の再生・展開に重要な媒介となった銀行学派の信用理論に再評価の光を当て」(⑨四頁)、「現実に恐慌現象をふまえ、しかも通貨主義による銀行券発券規制による恐慌回避策の虚構を批判した銀行学派は、たしかにスミス、さらにリカードの貨幣・信用論をも超える学史の上での重要な理論的寄与を果たした」(⑨一一四頁)として、改めて学説史の中に場所を与えることになる。それは、リカード経済学が、産業資本の運動を絶対視することから、資金の需給関係に基づく独自な貸付資本の運動を無視したのに対し、恐慌の現実化の中で、貸付資本の産業資本に対する外的規制作用を無視しえなくなったことの反映であり、その意味で資本主義の純化の進展が要請した認識であったといってよい。しかし、「恐慌は、銀行学派の場合、資金『過多』を根拠とする過剰信用、投機に帰因するもの」であり、「現実の資本蓄積に根ざすものとはとらえられていない」(⑨一四三頁)。「銀行学派は、産業資本の再生産・蓄積の内的関係にある制約……を認識しえず、供給に対する需要の関係、すなわち流通関係に、しかも再生産外的な資金形成・過剰と投機に帰因する需給の対立にしか制約をとらええなかった」(⑨一四三〜一四四頁)。つまり、銀行学派は、恐慌の現実化を避けようのない法則的必然性として受け入れ、その原因を解明しようとした点で、古典派の時代以上に純化が進展した対象に要請された、その意味では古典派を越える認識を示すことになったわけであるが、経済学の理論としては、産業資本の再生産・蓄積の分析をほとんど欠いた通俗的な需給論でしかなく、古典派を越えたものとはいえなかったのである。銀行資本の立場というブルジョアイデオロギーそのもので対象に向かった銀行学派に、リカードの理論を越えることは最初から無理だったのである。まさに、信用理論の原理的体系化は、経済学の古典的完成後に、対象のさらなる純化を踏まえて要請される課題として、社会主義者マルクスによってなされる以外になかったということなのである。

そして実際マルクスは、それを自らの課題とし、『資本論』第三巻第五篇において、その体系的位置と理論の内容を示すことになった。ところが、この中の特に信用論に関する部分は、周知の通り、まったく未整理な準備ノートの状態のままであり、その執筆された時期も第一巻執筆以前の六五年であった。したがって、そこでの内容は、「通貨学派や銀行学派の批判、あるいは当時の信用と恐慌の現実の分析を通して、産業資本に対する貸付資本の対抗関係をとらえ、そこからむしろ商品に対する貨幣の対立関係と後者の形態的特徴を抽出しよう」(⑨一九九頁)とするものであり、「マルクス自身としては第三巻第五篇は、『資本論』体系全体の基礎形態としての流通形態論をふまえた、それを完成させた上での展開というよりも、むしろなお形態論を導き出す基盤となる現実的関係として、位置づけられてもいた」(同上)ということである。その結果、「信用関係、とくに貸付資本と産業資本の現実の関係から産業資本をも包括する資本主義の形態的特徴を抽出する論理と、産業資本という運動の根拠を基盤にした信用制度の創造の論理が十分により分けられ」(⑨二〇〇頁)ないままとなった。

教授は、このようなマルクスの未完の信用論を、その形成過程から詳細に検討し、マルクスが「現実の信用制度の存在と機能、すなわち貸付資本―産業資本の現実的関係の中から」、「いかに資本主義の形態的特徴をとらえようとしたか」、また「信用制度を産業資本自体の内的論理からいかにとらえようとしたか」、さらに「貸付資本―産業資本の対抗関係として現実化するところの産業資本の内的対立・矛盾を……いかにとらえようとしたか」(同上)をその制約性とともに明らかにする。そして、信用論の理論的体系化は、マルクスが利子生み資本と産業資本との対立を形態対実体の対立として説明する唯物史観的な理解から脱却し、「信用制度は産業資本自身の創造物であり」、「利子生み資本は、資本主義的生産に特有かつ相応な形態を、信用において受取る」（⑨二七四〜二七五頁）という、マルクス自身のもう一つの視点によって可能になることを示すのである。こうして、『資本論』の利子論がまったく未完であることが確認され、したがって、その展開は、マルクス自身の「方法の転換」を踏まえると同時に、既に示されていた信用―貸付資本を産業資本自身の創造物として把握するという視点によって、はじめて原理的体系化に向かうということが確認されたのである。教授は、マルクスの『資本論』に至る、というよりもエンゲルス編集前の六五年ノートに至る利子・信用論の推移を、特に新MEGA版で新たに刊行された二十三冊ノート全冊とロンドンノートの一部、さらに刊行準備過程で考証、公表された六五年ノート（新MEGA版としての刊行は九二年）を精力的に検討し、経済学説史上はじめて本格的に展開された利子・信用論の学史的位置付けを試みたのである。ここに、経済学の古典的完成においては欠落せざるをえなかった利子・信用論の理論的体系化の過程が、恐慌の必然性、現実性を反映した理論としての銀行学派の位置付けとともに、明らかにされることになった。

古典経済学に至る経済学の歴史を通して獲得された資本主義の原理の認識が、マルクスの経済学批判を通した「方法の転換」によって、経済学の原理論として科学的に再構成されるわけであるが、そのような基礎が与えられていなかった利子・信用論に関しては、マルクス自身が理論形成の全過程を担うことになったのである。それは、恐慌の必然的発現を踏まえてはじめて理論化が可能となる利子・信用論が、恐慌を資本主義の矛盾の発現として捉える社会主義者マルクスによって理論化されたということであり、労働価値説が十八世紀後期から十九世紀前期にかけての資本主義を対象とする経済学の歴史の内に形成されたのに対して、利子・信用論は、十九世紀中期の資本主義を対象とする経済学の歴史の内に形成されるということなのである。まさに資本主義の純化を基盤に経済学の原理が形成、完成されるということが、ここにおいて改めて確認しえるのである。その意味で、マルクスは、自らの五〇〜六〇年代の理論的成果を、古典派に至る経済学の全成果とともに『資本論』の論理の内に論理的に再構成することによって利子・信用論の原理的体系化をも完成させえる地平に立っていたといえるのである。そして、それをなしえなかったマルクスに代わって、六五年ノートに至る成果を『資本論』の論理展開に即して再構成する道筋を明らかにしたところに、鎌倉教授の『信用理論の形成と展開』の最大の意義があるといってよい。したがって、それは、従来『資本論』

を原理論として純化したとしながらも、かならずしもその関連が明確ではなかった宇野原論における利子論の展開根拠をマルクスの論理展開の内に確定することにもなるのであり、宇野利子論の再検討にも改めて道を開くことになった。

経済学説史の流れの中で『資本論』—原理論の論理を検討するという一貫した鎌倉教授の研究の成果が、宇野方法論の基軸をなす「方法模写」説の内容を具体的に確定し、さらに、マルクス自身の経済学研究の過程を経済学説史の中に正確に位置付けることによって、「方法模写」の正当性を具体的に実証することになったのである。そして、この「方法模写」が、「方法的な面では原論の原理論としての普遍性の客観的根拠を、宇野のいわゆる『方法の模写』を学史的展開に基づいて明らかに」（①iii頁）したという『資本主義の経済理論』の「序篇」において、「経済学原理の確立根拠」を明らかにするものとして、独自の学説史の構成とともに明示されることになったのであり、したがって、それを踏まえた同書「本篇」においては、当然のこととして、本来『資本論』に至る経済学の歴史を前提に「概念的に構成された論理的構成物」以外にありえないはずの経済学の原理が、はじめて自覚的に展開されることになったのである。

注

（5）このような、宇野理論を継承する立場に立てば、社会主義、マルクス主義を主張することがはばかられるようなソ連崩壊後の風潮の中で科学的認識を確保するためにこそ、資本主義的イデオロギーからの意識的脱却のための社会主義イデオロギーの意義が強調されなければならなかったはずである。したがって、『資本論』研究者でありながら、社会主義者であるどころか、マルクス経済学者であることをさえ公言しようとしないような論者に、「僕達が『資本論』を読むときこのブルジョア的乃至プチ・ブルジョア的イデオロギーを批判されずにはいられない」（⑦二五頁）という宇野の思想性が理解できるはずもなかったし、そのような論者の「論理」が現代資本主義の一見華やかな現象に惑わされ、擬制的本質を認識できない俗論に堕することはやむをえないことだったのである。

第二章　現状分析と変革実践の位置

中村健三

第一節　資本と変革の主体への問い

かつて構造主義者とされたフランスのマルクス主義哲学者のルイ・アルチュセールは、マルクス理論の特徴を〝主体も目的もない過程〟と規定し、『資本論を読む』[1]においても歴史の主体や労働者の目的論を批判し、人間を構造の被拘束的存在として描いた。そこで狙い撃ちされたのが、絶対者の目的論を有するヘーゲルの過程論に染められたマルクス主義であったが、言うまでもなく『資本論』においてマルクスは、主体も目的も明確に規定していた。いや、それどころではない。それは長いマルクスの経済学研究の頂点をなす一項であり、それまでの「経済学批判」の構想をも突き破る発見であった。このことによって、現在でも哲学者が好む「批判」の方は副題になり、フランス語版に到ると、それも消えてしまう。アルチュセールは、こうした経緯について全く触れていないし、ヘーゲル自身が人間主義に立っているわけではないが、さして批判を受けないまま、その議論は忘れられてしまった。しかし当時の廣松渉の共同主観的構造論などと合わされて、主体という概念を駆使することに躊躇いをおぼえるような影響を残した。

ところで『資本論』における主体とは、言うまでもなく資本自体であり、価値増殖を目的にして自己運動するものである。当然それは近代哲学の認識主観とは違うし、唯物史観で示されたような労働の協同主体とも、生産力を根本動力とするような見方とも異なる。『資本論』の貨幣の資本への転化のくだりを詳細に読めば解るように、資本・この主体でもある実体において、労働実体に関与することなく、価値として運動する自己が、この場合の核心をなしている。すなわち資本と言うと直ちに産業資本を考えてしまうが、そうではなく、流通における過程的存在が主体とされたのである。

こうした成果を踏まえ、労働生産過程から分離して、商品・貨幣を前提に、その序列において資本を流通形態と規定したのが、宇野弘蔵だった。こうした流通形態を主体とすることの意味合い・意義は、とても大きなものだったが、私達は未だその全貌をつかむところまで行っていないと思われる。私がこの論文で明らかにしようとするのはその一端なのであるが、それは宇野の次のような言辞と関係する。

「……理論と実践とを結ぶマルクス主義哲学が実践には最も遠い経済学の原理でその基軸をなす弁証法的唯物論を確証するということになる──という考えは、僕としては、いわば永年にわたる経済学の研究の結論といってもよいように思うのです。[2]」

何か凄味を感じさせる文であるが、ここで注目したいのは「実践には最も遠い経済学の原理」という関係である。これを逆に言えば、〝経済学の原理に最も遠い実践〟という関係になる。さらにこの関係において具体的な課題が取り上げられるならば、「原理から最も遠い」現状分析の課題が革命の必然性だという言明となる。他方経済学の原理の方は、「弁証法的唯物論」を確証するものとして、資本を原理の主体とする弁証法を構成する。とすれば資本の主体的運動と革命の主体的実践とは、「最も遠い」関係にあり、かつそれぞれに主体であることで、実は宇野三段階論と重なってくる。そこで私達は『資本論』における主体導入の画期的意義を、宇野三段階論に拡張しながら確認できることになるのではないか。端的にいえば三段階論とは、資本の主体と変革の主体とが描く軌跡の時空世界であると。もっともこの論文ではこうした端的な言明に到達できず、三段階論に対する一つの視点からの理解ということになろう。つまり資本を主体とする原理に対して、いわば逆の「結語」たる革命の必然性の問題を視点として、こうした主体の時空世界を考えてみたい。

注

（1）『資本論を読む　中』今村仁司訳、ちくま学芸文庫、一九九七年刊、二三五・二三六頁。

（2）「『資本論』と社会主義」（『宇野弘蔵著作集第十巻』所収、岩波書店、一一頁）

第二節　宇野・梅本論争
──変革実践の理論は可能か

ここでまず議論の素材として取り上げたいのは、まさに原理論と変革との関係をめぐって行なわれた宇野と梅本克己との論争である。それは梅本がそれまでの『資本論』を変革の理論を含むものとする見方を保持しながら宇野理論に接近することによって生じたものだが、変革の契機をめぐっては全く距離をあけてしまう結果になる。

梅本が宇野の原理論になんとか接木しようとするもの、それが革命の必然性といえよう。そのために「二本立て」とされる論理を立てて、その統一においてマルクス主義の変革の理論とみなされている。すなわち一方の「構造の論理」は原理論と重ねられ、他方は「歴史の論理」あるいは「歴史発展の論理」と言われており、そもそも両者はマルクスにおいて分離できないものとされる。「歴史の論理」が仮に宇野のいう革命の必然性であるとすれば、それは現状分析の課題として原理論から「最も遠い」関係にあり、弁証法的統一をなさない異次元のものとなることは、はっきりしている。したがってここに論争点が生まれ、この二つの論理の統一の「結節」を「構造の論理」したがってまた原理論に探ろうとするところに梅本の立論の試みがかかってくるわけである。その際梅本は「自己の体系内部では解決し切れぬ原理を包摂しているということ[3]」として、具体的には「労働力商品の特殊性」に注目する。

こうした二つの論理を結節することは、『資本論』と唯物史観とを同一次元化して解釈するものに一般的であるが、梅本に特徴的なことは、宇野原理論に接近して宇野のいう労働力の特殊性に、歴史的な移行へとつながる論理を発見しようとしていることである。梅本からすれば、移行論との結節がなければ、労働者や知識人が（党やイデオロギーの強制ではなく）自主・自立的に変革に向かう根拠がないことになってしまう。つまりここに戦後に築かれた主体性論の問題意識が賭けられているわけである。

根本的には労働者は自己の労働力を資本に売り、資本の従属下で労働を行なっても「かれの労働は、人間としての意識をもったかれ自身の生命活動なのであり[4]」、この点は他の商品を購入した後の消費過程と同じように扱うわけにはいかない。人間の生命活動が資本の価値増殖の強制下にある存在形態を採っているとすれば、「……労働のそのような形態を根底的に否定するイデオロギー発生の実践的基盤を論理的にこの原点にとれば、イデオロギーと認識の関係も内的な結節点をとらえることができる[5]」。やや困るところもあるが、ここまではそう問題があるわけではない。しかし「実践的基盤」であったものが、そのまま労働者の否定意識に原理的に展開するような論理を想定するならば、原理論の枠を踏み外すことになる。

以上の議論の背景には、資本が主体と言っても特殊歴史的に有限な存在で、歴史的に過ぎ去る否定的なものという理解がある。ヘーゲルのように無限の実体を主体にするのとは違って、有限性を刻印された資本を主体とすれば、超歴史的な社会存立の実体たる労働との関係が問題になるからである。

簡単にでもこうした関係の事情を振り返ってみよう。ヘーゲルは、カントの認識批判の理論が自我によって制約されている点からの解放を目的として、スピノザ経由で絶対的実体を存立するものとしたが、しかし同時に、この実体自体に自我の写しのような主体の性格を投入した。スピノザの「実体には、人格性の原理が欠けている(6)」というわけである。ここに無限の実体に主体としての一元的展開が可能となる。すなわち精神の主体的な展開である。これに対してフォイエルバッハの転倒は、ヘーゲルにおいて結合していた類的存在と精神とを分離し、人間の類的存在の側から類の対象化として精神を位置づけることになった。神に代表される精神の「対象が人間に対してもっている威力は、人間自身の本質の威力である(7)」。こうしてヘーゲルにあった精神という主体は、人間という主体に還元され、それ自体としては仮象として、幻想として消極化される。このロジックを経済学に適用したマルクスは、労働を疎外する私有財産を概念的に理解するのに、労働主体を始元におく。しかし言うまでもなく、人間と自然との質料変換を根本とする労働という普遍から、特殊歴史的な事象を導出することはできない。そのような方法は、精神を精神として、あるいは貨幣を貨幣として当のものたらしめる過程的構造を把握可能にするものではない(『経済学哲学草稿』とおなじ時期に書かれたとされるミル評注では「貨幣精神」という言い方をしており、ヘーゲル・フォイエルバッハとの継承関係をよく示している)。

ここからマルクスの長い経済学研究の旅路が再開される。そして始元を労働から商品に置くという「方法の転換(8)」(鎌倉孝夫)を経て、ついに資本を流通過程(形態)において自己運動する主体とする規定に到達するが、このことによって、不可避的に労働主体とのいわば二重主体の規定が招来されることになる。たんなる流通過程(形態)の担い手が社会体制存立を自らの運動によってのみ形成することはできないからである。

この二つのそれこそ結節が、労働力の商品化としての資本の元への包摂であるが、このことによって確かに労働主体が消失したとはいえないが、かといって梅本のように「労働力というこの商品の場合、その使用価値の消費過程、全く他者のものとなったその使用価値の実現過程に、依然として労働者は労働力の所有者として現存する(9)」とすることはできない。というのも労働者の主体性の存続を「労働力の所有」ということに結びつける必要はないからである。

所有との関係からすれば、明らかに労働力の所有を喪失した、しかし労働者であるものとして、労働生産過程という実体の（初期マルクスの言い方では「類的存在」の）担い手が労働するのである。この点を梅本のように、所有という特殊歴史的な形態面、すなわち商品の所有の側面から、資本の主体性の不徹底や労働者の主体性の存続の主張によって、変革主体形成を根拠付けようとするのは、かえって原理論において捉えられた二重主体論の意義を損なってしまう。事柄の真相は梅本の発想とは逆である。流通形態としての主体は、労働生産過程の主体に依存することによって、はじめて体制構成の基盤を得る外部依存的存在なのであり、したがって資本の労働主体への依存関係が消失すれば、体制構成の主体としての資本も不可避的に消失することになるわけである。

　この労働主体に依存することにおいて体制構成を実現する主体とは、まさに階級社会の本質、すなわち主体が依存する当のものからの搾取・収奪関係が成立していること以外ではない。とすれば労働者が資本に包摂され、利潤動機に従属していることと、労働者が労働の主体性を維持していることとは対立するものではなく、まさに支配の本質をなすことであって、こうした支配関係が純粋に経済的過程のうちに遂行する資本主義に完全に妥当しても不思議ではない。というか、こうした特殊歴史的な主体が実体への依存関係を有することを鮮明に開示したものが、体制構成にとって外部依存的存在である流通形態としての資本の規定だったのである。だから梅本のように殊更に労働者の主体性を言挙げしなくてもいいわけで、またこのことから直ちに体制否定の契機を捉えようとすると、事柄が体制構成の根本関係であるので、資本主義体制の存続そのものが否定されるか、また原理論の論理を歪めることを帰結してしまうであろう。そこでもう一つの梅本の立論の仕方を見てみよう。

　問題は「構造の論理」とされた原理論内部に、必然的に変革へと展開する拠点を発見することであった。労働力商品化の特殊性故に、梅本によると、労働者は「その矛盾を意識する主体の認識」、そうした「認識を強制する構造的拠点」に立っているとされる。「資本制生産は、それ自身のうちに異質の体系原理の対立の発生を必然的なものとしてくる弁証法的体系であり」[10]、一方では不払労働を当然視するが、他方では「ごまかし」という認識が対立的に発生する、このことが原理的に強制されるという。

　「異質の体系原理の対立」としているが、当然視も「ごまかし」も意識あるいは認識の問題であって、原理といいながら、経済過程の規定からズレてしまっている。「構造の論理」からは、不払労働は当然視され、「歴史の論理」からは「ごまかし」とされる、などとはいえない。仮に「ごまかし」とする認識が原理論の規定だとすれば、その認識を行なっているのは、私達である。それはたんに原理論上の規定を理解・認識する現実の人間（例えば労働者）としてのみ可能なだけである。梅本はこうした認識をも原理論の内部で論証できるような事柄として拠点化したいわけなのである。言ってみれば原理論は、原理論に登場する労働者に、原理論の規定の「対立」を自覚せしめる構造を内具している論理なのである。そこから原理を変革する意識も原理から発生し、原理に属するといいたいわけである。もちろんこれは、歴史的・現実的な労働者と原理論規定上の労働者との同一視というしかない。宇野の見解を対置すれば次のようなものである。

「この原理を否定する新しい原理をもその原理そのものから展開するわけにはゆかない。」[11]

「……資本家としての実践とか労働者の実践とかいう日常的な実践を離れないと、これを変革しようという実践はでてこない。賃銀労働者が賃銀労働者であることをやめることを主張する実践でなければ変革にならん。日常生活の内での実践でもって、革命をやるわけにはいかないわけです。」[12]

この宇野の言い方からすれば梅本の変革の拠点は、「日常生活の内」に存在するものということになる。しかし原理を否定することは、資本が支配する日常生活から離脱することを意味するから、このことがまた原理に属したり、原理の延長であったりすることはできない。もしそれができると思うとすれば、すでに述べたように原理論と歴史的現実を重ね、後者を前者のうちに還元したからである。宇野が革命の必然性を現状分析の課題としたことは、それが原理からの離脱の契機を含むものとして以外には成立しないことを意味するわけで、梅本はそれを、従来からある、『資本論』の論理と唯物史観とを重ねた理解で行なおうとしたのである。変革の意志形成を原理の展開に求める理解は、資本主義の有限性したがってその歴史における過渡性を明白にするようにみえるが、資本を主体とする自己展開によって自己の限界を開示する論理的完結性を、歴史的現実に重ねながら開いてしまうことは、結局のところかつての修正主義と同じように原理論としての次元と枠組みの限定性を崩してしまうだろう。

あるいは次のようにもいえる。梅本も変革に関わって意識や認識については述べることができても、その実践にまで論及することができていない。この場合の梅本の想定する認識とは、歴史に内在するものということが根本をなす。

それは例えばマルクスをして『資本論』の認識を可能ならしめたのは、資本主義自体の発展だ、というような認識についての理解である。『資本論』とは土台としての資本主義が上部構造として反映された精華だ、と。さらに原理の世界が資本主義自体の世界であるなら、労働者が労働力の商品化の規定を自覚してもおかしくない。もちろんこうした言明は、ヘーゲルに原型をおく認識型で、例えば人間が神を認識することも、神の御業であるというようなものである。こうした認識型を防ぐ仕方も宇野は示していた。すなわち科学は唯物史観にいう上部構造に、はいらないという理解である。それは歴史としての意識形態と理論としての認識とを直結させたり循環させたりするのを拒否するものだからである。原理論は歴史内在的なものではない。それは歴史的な意識形態ではない。だからそれは労働者の自覚の書として成立するのではない。また逆に原理論における労働者は、当の原理論を認識するものではない。原理論を読むことができるのは、歴史的現実における労働者である（当たり前だが）。

以上見てきたように原理論に変革実践への展開を接木しようとすることは、原理論の枠を崩すことに帰結する。宇野が労働力商品化の無理を語っても、それは資本を主体とすることの限界として原理を開示するものであって、原理否定の展開を問題にするものではない。また労働主体が社会に固有の存在条件を充足させるものであっても、資本主義社会では資本のもとに従属することによってしか、その条件に関係することができない。すなわち従属がなければ労働の主体たりえない。宇野が原理論は変革の対象と変革の主体を明らかにすると述べていたが、それはこのような二重主体の関係すなわち資本の実体依存と労働主体の支配（つまりそれが労働力商品化の結果である）に対応していたといえよう。しかしここまでは未だ変革実践が問題になっていない。梅本も変革実践にまで議論を接続することができず、せいぜい理論と歴史を二重写しにするためにそれを意識の問題にして、変革の核心部分を骨抜きにしたのである。変革主体は、資本のような物神的運動とちがって意識的かつ実践的に原理から離脱する契機を含むものとして初めて自己を現実化するのであって、こうした外部性が顕在化することまで原理に内属するものではない。

注

（3）宇野弘蔵・梅本克己『社会科学と弁証法』岩波書店、一九七六年刊、一五〇頁。
（4）同上三一一頁。
（5）同上同頁。
（6）『大論理学2』寺沢恒信訳、以文社、一九八三年刊、一二二九頁。
(7)『キリスト教の本質　上』船山信一訳、岩波文庫、一九六五年刊、五四・五五頁
(8) 本書第Ⅰ部第一章参照。
(9)『社会科学と弁証法』三一〇頁。
(10) 同上一六一頁。
(11)「社会主義と経済学」(『宇野著作集第十巻』三五三頁)。
(12)『社会科学と弁証法』一三六頁。

第三節　加藤栄一の段階論の修正　あるいは現状分析の崩壊

加藤栄一の『現代資本主義と福祉国家』(二〇〇六年刊、ミネルヴァ書房)は、宇野段階論の修正を試みた論文を収めており、宇野が第一次大戦で段階論としての典型対象の設定を打ち切ったのに対してその後をも段階論の対象に含めた議論をおこなった。(図の「資本主義の発展段階模表」は加藤の論文「福祉国家と社会主義」のもの、「資本主義発展の概念図」は、加藤論文「福祉国家と資本主義」のもの)。このことによって興味深いことが生ずる。ロシア革命以後の社会主義体制の確立を段階論としてどのように位置づけるのかということである。それが世界にインパクトを与えたという意味で世界史的意義を有しているが、といって当然そのことに資本主義の支配的資本との対応関係があるわけではない。とすれば宇野段階論としての対象には含められないとなるが、加藤の段階論ではその時期を包括するので、この件を無視することはできない。しかも加藤はその世界史的意義を最も認めている一人で、この時期の加藤のいわゆる「中期資本主義」を福祉国家化と位置づけて、そこに社会主義思想・行動の影響を認めているので、社会主義体制の確立という契機の位置づけが明確でないとしたら、明らかに矛盾におちいる。革命の必然性を現状分析の課題とすることは、歴史になった革命の位置づけ・分析を含むだろうから、この課題が段階論の課題に含まれないことによって、段階論の課題の限定に役立つはずである。とすればロシア革命・社会主義の確立が一方において世界史的な影響関係を有しながら、他方では支配的な資本との対応がないこと、したがって宇野からすれば現状分析の課題に属すると見られる事態であることは、加藤の修正された段階論の存立可能性に対して明確な論点をなすことだろう。

革命の問題が加藤の段階論の試みにとって位置づけが困難であることは、加藤の「資本主義の発展段階模表」「資本主義発展の概念図」からも解る。純粋資本主義化傾向の時期における「革命」はフランス革命などの近代化革命であり、資本主義の進展に対応するが、福祉国家化傾向の時

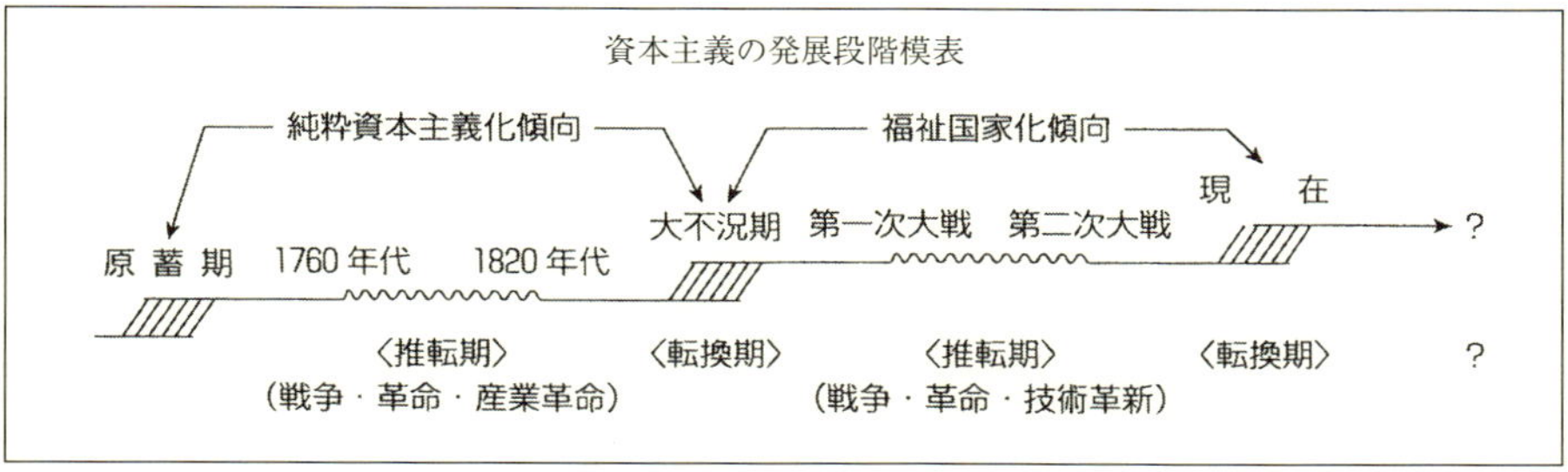
純粋資本主義化傾向
福祉国家化傾向
現在
原蓄期
1760年代
1820年代
大不況期
第一次大戦
第二次大戦
?
〈推転期〉
(戦争・革命・産業革命)
〈転換期〉
〈推転期〉
(戦争・革命・技術革新)
〈転換期〉
?
資本主義の発展段階模表

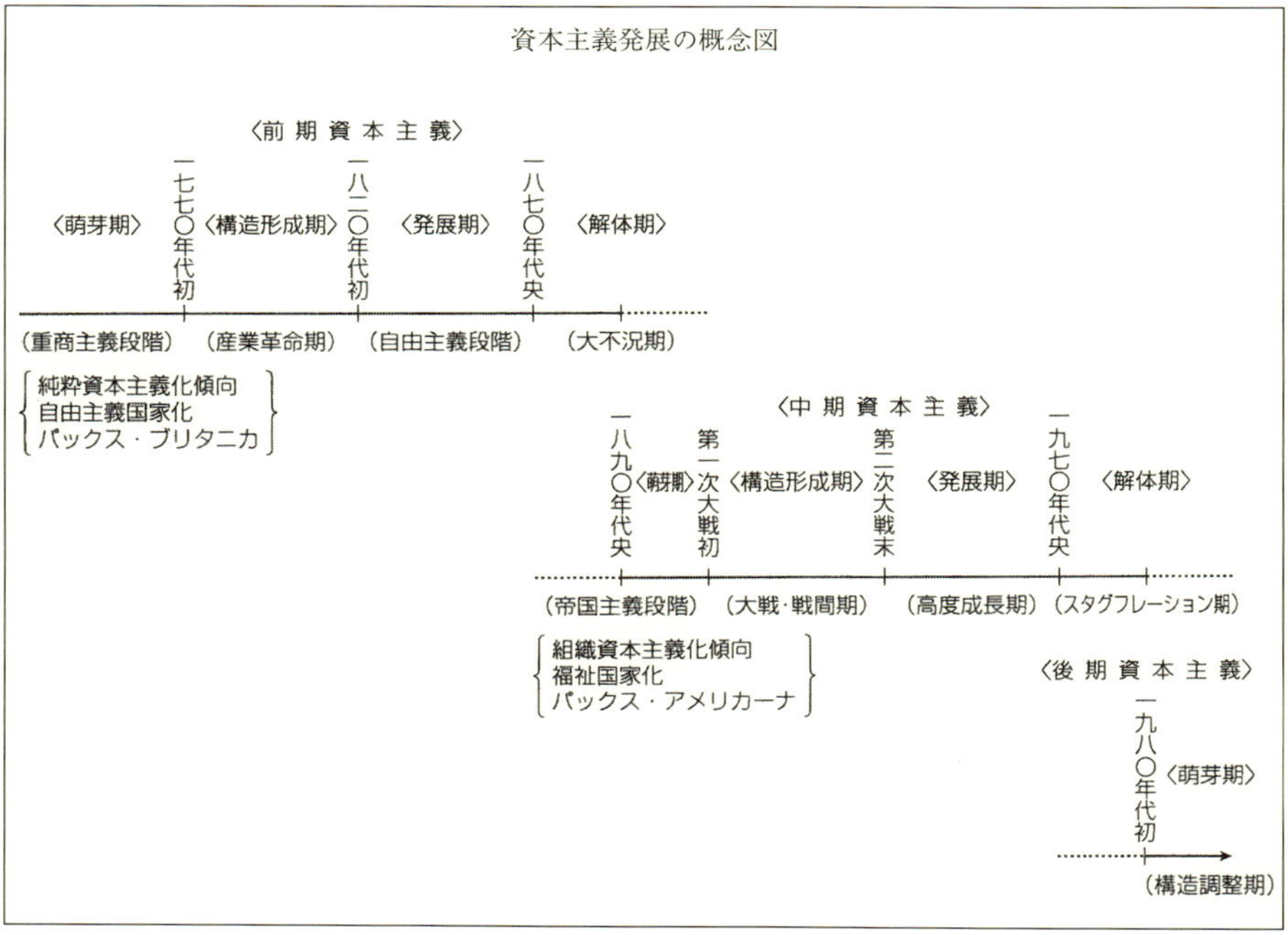
〈前期資本主義〉
〈萌芽期〉
一七七〇年代初
〈構造形成期〉
一八二〇年代初
〈発展期〉
一八七〇年代央
〈解体期〉
(重商主義段階)
(産業革命期)
(自由主義段階)
(大不況期)
純粋資本主義化傾向
自由主義国家化
パックス・ブリタニカ
〈中期資本主義〉
一八九〇年代央
〈萌芽期〉
第一次大戦初
〈構造形成期〉
第二次大戦末
〈発展期〉
一九七〇年代央
〈解体期〉
(帝国主義段階)
(大戦・戦間期)
(高度成長期)
(スタグフレーション期)
組織資本主義化傾向
福祉国家化
パックス・アメリカーナ
〈後期資本主義〉
一九八〇年代初
〈萌芽期〉
(構造調整期)
資本主義発展の概念図

期における「革命」は、当然社会主義革命であるが、しかしその後の社会主義化の進展の分析に繋がっていない。段階論としては当然に資本主義の発展段階との対応で「革命」が位置づけられなければならないわけである。そこでこの時期は「推転期」として、長い構造形成期を設定し、資本主義における福祉国家政策をその段階の中心として、真の段階論の中身と理解したのだろう。資本主義の原理を否定する変革は、それ自身としては段階論の対象とすることはできないが、しかし世界史的な意義を否定できないものだったので、段階論に含まれるようで含まれない「推転期」という括りとなったのだろう。

加藤のこの本が面白いのは、上で見たような段階論の修正を論じた「第Ⅱ部大転換」の前の部分、それは年代的にはより古い時期に書かれたものであるが、その部分では段階区分に支配的な資本形態について明確に語っていたが（例えば第一章の一六頁、第二章の二〇頁）、第Ⅱ部に到ると、この点について語らなくなるばかりではなく、批判的に言及するようになることである。だから段階論の修正の前に、段階論の内容把握が変更されたのである。

論文「現代資本主義の歴史的位相」では「資本主義の発展〈構造〉を規定する要因」として七つ挙げられている。「①産業構造＝生産力の水準と質／②産業組織＝企業形態と市場のあり方／③階級関係＝資本―労働関係の再生産機構、中間階級の存在形態／④統治機構＝参政権の範囲、中央政府と地方自治の関係／⑤経済や社会に対する国家の関係＝中立的国家と介入主義的国家、〈小さな政府〉と〈大きな政府〉／⑥世界システムのあり方＝国際経済関係、世界市場の政治的・軍事的支配体制／⑦支配的な社会理念、とくに対抗文化としての社会主義との関係、有力な社会科学学説[13]」。「資本主義の発展〈構造〉」と言っているので段階論の規定要因を取り上げたのだろうが、これでは現状分析と区別できないばかりではない。加藤はこうして「要因」を何の根拠で取り出したのか、実はそうした権利付けが全くなされていない。原理論を基準にするとは、加藤自身が（古いほうの論文で）指摘していたことだったが、段階論の修正の課題になるとむしろ原理論を基準とすることを拒否しているようなのである。そのような理解になる理由は、彼が上の七つの要因を挙げる直前のところで、経済学を二つに分けて説明しているところから推測することができる。

「マルクス経済学は資本主義を二つの視点から考察してきたといってよいでしょう。一つは、全面的な商品経済としての資本主義経済をあたかも永久運動をするもののように捉え、その経済法則を原理論として明らかにしようとする視点です。もう一つは、資本主義経済を歴史的に変化するものとして捉え、その発展の構造を論理的に把握しようとする視点です。」[14]

つまりこれは原理論と段階論とをそれぞれ別の対象設定として、それぞれに別の論理構築を行なっていく方法を説いた大内力の学説[15]を踏襲したものだろう。とすれば加藤が唐突に七つの要因を挙げたり、原理論を基準と見做さなくなるのも、了解できる。段階論の構造要因なるものは、その結果現状分析的な歴史事象からの任意の抽象ということになるしかない。段階論といっても現状分析的な歴史事象の概括以上のものにはならない。マルクス経済学について上の引用のところで「二つの視点」として現状分析について無視しているのは、後で問題にするが、こうした方法の帰結でもある。各段階の資本形態規定の消失は、重商主義段階と自由主義段階とを「前期資本主義」に一括し、帝国主義段階と第一次世界大戦後とを「中期資本主義」に一括するためには、避けられないことであろう。論文「福祉国家と資本主義」においては、宇野の支配的資本の役割を加重なものとして批判を加えている。

「……宇野は支配的資本の利害と経済政策の性格をあまりにも直結しすぎている。支配的資本の利害が経済政策を決定できるのは、支配的資本の特殊利害が社会的再生産の維持発展という共同利害を実現しうるかぎりにおいてであって、資本主義発展史上これが大筋において可能になったのは自由主義的段階だけである。……宇野の場合、経済政策の主体を国家というよりはむしろ支配的資本そのものと考える傾向が強く、この観念が彼の経済政策論の範囲を空間的にも時間的にも制約することになった。」[16]

「空間的」制約とは、社会政策や労働政策が扱われていないこと、「時間的」制約とは、第一次大戦で対象設定が終わってしまっていることである。また後者に関わっては次のようなことも言ってしまっている。

「……第一次大戦以後の時期を世界史的に社会主義の時代とするのは、科学的な規定というよりは唯物史観によるイデオロギー的な予料であるといったほうがよいでしょう。」[17]

しかしまた加藤自身がこの点で宇野の主張が首尾一貫したものであることを承認している記述もある。すなわち第一次大戦後では、

「経済政策と支配的資本の利害を直結する観念が、当然のこととして、支配的資本の利害に発しない経済政策はすべて段階論としての経済政策の埒外になるという発想を生んだのだろう。」[18]（傍点は引用者）

加藤は宇野の段階論においては各資本形態と国家政策とが「直結」していて、固有の意味での国家政策を捉えていないと批判しているが、「直結」であろうが間接的であろうが異質の諸要因を貫きながら各支配的資本の利害追求とその性格に対応した政策を発見し規定することが段階論の課題であってみれば、加藤のような批判の方が変なのである。加藤は国家固有の、つまり支配的資本との対応が全く明確でない政策をも段階論の課題とするのだろうか。宇野の有名な論文「資本主義の組織化と民主主義」は、金融資本の限界においてそれ以上の組織化を国家に委ねる事態を論じたものだが、これなどは当然ながら金融資本の利害に「直結」しているとはいえない国家政策が主題になっていると見ていい。また「管理通貨制下のインフレ政策」も宇野が金融資本の利害に「直結」しないものとした政策である。とすれば宇野が何をもって段階論の経済政策としたかは明瞭であって、そこから第一次大戦後の政策を段階論の課題の「埒外」と見たとすれば、首尾一貫しているものと評せざるを得ない。これを唯物史観とか「イデオロギー的予料」などとするのは、そのように「予料」する論者のイデオロギーが問題になるというものである。

また加藤は支配的資本が経済政策を決定できるのは「自由主義的段階」だけであるという認識も示していた。こうした理解が生まれるのは、この段階の支配的資本が産業資本であるからであって、逆にそれ以外の段階では商人資本や株式資本が支配的であるために、特有の歪みが生じることによっている。すなわち産業資本が原理論において中心主体であるのは、労働力を包摂することによって利潤を内的に確保する機構を形成し、そこに実体的根拠を得ることによって自ら法則を形成しながら法則に支配されるためであるのに対して、商人資本や株式資本は実体との関係に間接性・遊離性を有しているために、それらが具体化し中心化したものとしては法則に特有の歪みをもたらさざるをえない。宇野から引用すれば次のようになる。

「……十七、十八世紀の資本主義の初期と十九世紀末以来の資本主義の末期とは、十九世紀の資本主義と同じ原理を以って解明せられるとしても、初期にはなお未発展の潜在的体系として、また末期には逆に自ら体系的には処理しえないものとして、いわば歪曲された形態をもってあらわれ、僅かに十九世紀のイギリス資本主義に最も近似的にその体系が展開されるというように、それぞれ異った姿を呈し、僕たちはこれを資本主義そのものの一定の歴史的発展の段階として把握しなければなりません。」[19]

とすれば加藤の、段階論にとって支配的資本が有意義なのは「自由主義的段階」のみだとする理解は、何ら宇野段階論に対する批判にはならない。むしろ原理論が指示する各段階の形式のもつ特性を看過して、これまた恣意的な前提を持った判断を行なったからにすぎない。加藤は、宇野の重商主義段階と自由主義段階とを「前期資本主義」として一括しようとしているが、その理由が重商主義の「時代がそれ自身の安定した〈発展構造〉を持っていないこと」[20]としている。その結果安定構造を有した時期は実に限られたものとなって、「前期資本主義」では十九世紀の約五十年間、「中期資本主義」においては第二次世界大戦後のいわゆる高度成長期に限られ、それ以外の時期は、先の論文では「推転期」や「転換期」に、もう一つの論文では「萌芽期」「構造形成期」「解体期」に位置づけられ「安定した構造」とは言えず、正規の段階論の時期とはみなされていない。

先に加藤が原理論と段階論との分け方を、経済過程を循環的側面と歴史的側面という形に別々のものとする大内力流の方法[21]に立つものと指摘したが、こうなれば原理論を基準とすることの意味も不明確になって、段階論の対象は、原理に反した異質の側面や逸脱した不純の側面をそれ自身として主題にするという理解を招いてしまう。段階論が、原理像が歪曲されて現れるものとすれば（産業資本も原理上の規定とは違って具体において中心化していくものとして一括しておく）、原理に外的な諸要因がそれ自身として問題になるわけではない。それでは現状分析との区別がなくなる（先の加藤の経済学の分類に、現状分析が抜けていることを思い起こしてほしい）。それは原理論においては決して中心ではない商人資本的形式や高利貸資本的形式（利子生み資本）、そして中心として成立する産業資本の運動が、具体において中心化することによって、原理像に対する不純像ではなく歪曲像としての具体をもたらす原理の適用なのである。宇野自身の言い方では次のようになる。

「……資本主義発展の段階区分は、特殊の型の資本を中心とする経済過程に対応した上部構造の変化によってむしろ明確にされることになる。」

「……現象に偏倚的にあらわれる面も、原理的規定を基準として段階論的に、いいかえれば原理的規定が現実的に歪曲されたものとして解明せられなければならないのである。」[22]（傍点は引用者）

とすれば段階論は、資本としての主体が労働力の処理・包摂・組織化を行ないながら異質の諸要因にも自己を貫き、その利害と性格に対応した経済政策を実現する時空間だと言える。だから宇野が第一次世界大戦後に新たな段階設定を否定し、現状分析の課題とした時、支配的資本の貫徹様式によってだけでは、もはや世界史的意義を示せないということを意味する。原理論が二重の主体から成り立っており、宇野の言うように変革の対象と主体が示されているとすれば、そうした二重主体、変革の対象ばかりではなく社会的実体を担う被支配の主体とが世界史的意義において躍り出た時期だったのである。もちろんそれ以前の時期にも現状分析が成立するように、原理を否定する運動と主体の成立はあるが、ただ世界史的意義を有さなかった（だから段階論が成り立つ）。私の理解では、世界史的意義を社会主義体制の成立に認めながら、段階論の規定の言い方（世界史的意義）から区別しつつ、かつまたそれ以前の現状分析から区別するために宇野は「社会主義に対立する資本主義として、いいかえれば世界経済論としての現状分析[23]」（傍点は引用者）という言い方をしたものと思われる。かくて現状分析の課題を革命の必然性に置いたことが、時代を画することにおいて首尾一貫生きているのである。

　以上のことから加藤が宇野に加えた批判に対して応接してみよう。まず宇野経済政策論の限界として指摘された社会政策の不在の点である。社会政策について宇野は「……資本主義経済の矛盾として、その根本的解決を要求する社会主義に対して、折衷的な修正をもって社会政策が主張され……[24]」と言っているが、それは一面では社会主義の対抗策という意味では資本を主体とした政策とは言えず、他面では世界史的な意義を有したとされるほどの影響力を他国に対して持たなかったのであり、こうした面で「世界経済論としての現状分析」以前の現状分析の課題であることを示しているのである。

　次の点であるが、宇野の経済政策が対外政策に片寄っていることへの批判も、宇野のいう世界史的意義を考慮すれば奇妙なことではない。加藤は次のように言っている。

「支配的資本の特殊利害が公共的な経済政策をなぜ決定できるのか。宇野はその根拠を明示的には説明していないが、経済政策論の展開自体を通じて、支配的資本の蓄積運動という特殊利害の貫徹こそが、社会的再生産の極大化という共同利益を実現する資本主義的方法であることを示すことによって、これに解答を与えているといってよい。[25]」

　この問題は、上の対内政策としての社会政策を取り上げないという批判の裏面をなすものである。たしかに宇野のいう支配的資本と経済政策との「対応」の内実についてはさらに考究されるべきで、そこに国家論として明確にすべきものもある。その場合各段階での「対応」の内実にも資本形態によって質的差異が検出される必要がある。加藤が宇野の批判の素材にしている帝国主義段階のドイツ関税法に対する「農業利害を反映したものであって、金融資本の利害によって一元的に決定されたものだはない」といった評価も、自由主義段階における「対応」との質的な差によるが、しかし「対応」そのものを否定するものではない。さらに加藤はこの「対応」を「社会的再生産の極大化という共同利益」という媒介に求めているが、事が国家の政策ということになれば「共同利益」ならぬ「共同利益」の幻想が問題になるのであり、上の農業利害の取り込みもここに関わるのであって「国民経済の社会的・政治的統合の必要」（傍点は引用者）というような「共同利益」の実体化は正しくない。そしてこうした幻想の共有が最も可能なのは、国内矛盾を諸外国に転嫁する政策であって、宇野の経済政策論の、特殊利害を追求する支配的資本に「対応」する対外的な利益幻想の共同によって、世界史的意義を持つ経済政策を規定するという流れは、たいへん解りやすいものと言えよう。

　加藤は宇野の「対応」関係に批判を加えながら、しかしそれを強固に根拠付けるのではなく、むしろその関係を断ち切る方向に立論していく。国家論の課題は根本的には段階論の課題だという宇野解釈がある。この解釈を裏返してみれば、経済政策を支配的資本との対応関係から切り離しても、固有の国家類型が設定できるならば、それで段階論を構成しうるという理解が成立する。国家というものは、元来特定の資本の特殊利害と関わるものではなく、「国民経済」としての統合すなわち「共同利益」が基盤だ、というように。この点が加藤の福祉国家論によく見て取れる。

「福祉国家とは、資本主義が〈構造〉崩壊期を転機にふたたび現実的な影響力を持つようになってきた社会主義との緊張関係のなかで、自己の原理とは異質の要素を取り込むことによっておこなわれてきた資本主義の自己改造であると規定することができます。」(26)

福祉政策が社会主義運動の影響を受けて成立していることを重々承知しながらも、しかし一つの段階規定をなすものと扱えるわけである。つまり社会主義の影響を受けたり、対抗することで「自己の原理とは異質の要素を取り込む」ことは、宇野の段階論の領域を超えたものであるが、しかし資本形態との対応関係を問わないことを前提すれば、福祉国家の安定的な国家類型をもって充分段階論を構成しうる。たぶんこれが加藤段階論の核心をなす確信であろう。同様の観点から一九八〇年代から採用されだす反福祉を唱える新自由主義政策も、時代を画す新しい段階、「後期資本主義」と見なすことができたのだろう。しかしもちろんこの「後期」という規定が何を以ってそうしているのかは、全く不明というしかない。また一九世紀大不況以前を「純粋資本主義化傾向」とし、それ以後を「福祉国家化傾向」

としているのも、まるで違うレベルの対照になっていて理解は困難である。

もちろん宇野が支配的資本形態に対応する経済政策を以て国家論の根本規定としたわけではない。まして国家類型論を以て段階論をなすとしたわけではない。先にいくらか触れた論文「資本主義の組織化と民主主義」は、金融資本の組織化の限界が暴露されたことで、「国家主義的傾向」が生じたことが記されているが、この場合の「国家主義的傾向」が支配的資本形態に対応したものでないことは自明だろう。そしてファシズム運動が、社会主義的主張を取り入れながら、かつ社会主義に対抗する国家主義（いわゆる対抗革命）であって、かつて言われた「金融資本のテロリズム独裁」といったものではなかったのである。あるいはまた「管理通貨制下のインフレーション政策」について、金融資本自らが求めたものとは言えない、と記されていたのは『経済政策論』の「補記」だったことも忘れてはならない。とすれば支配的資本形態に対応した経済政策という国家論は、限界を有しながらも資本の主体性が異質な諸要因に貫徹しえた時期という条件下で成立するもの、すなわち段階論として限定された国家論だったわけである。

したがって総括的に言えば、福祉国家もファシズムも、そしてもちろん社会主義も、金融資本の組織化以上の組織化の要請の現れであり、その根本には原理論で明らかにされた二重主体、すなわち資本という主体ばかりでなく、もはや資本への従属には留まりえない社会的主体の世界史の舞台への登場があったのである。

国家の基盤が二重主体の並存に求められるようになってくると、従属する階級の主体的実践に対応する形で経済政策も変容するものとなる。幻想の共同利害の領域に、労働者主体の意志も参与できる過渡的な性格を有してくるのである。こうしたことから「福祉国家化傾向」を阻止する新自由主義政策の登場の意味も理解される。新自由主義政策の採用は、先進国に蔓延したスタグフレーションを経てからであるが、それが反福祉・反労働組合・民営化・規制緩和・自己責任論として攻勢をかけられるようになったのは、社会主義運動が弱化し、さらに社会主義体制が崩壊することによって国内外のイデオロギー状況が変化したからである。とすれば宇野のいう「社会主義に対立する資本主義」という関係は、弱化したインパクトとして、むしろ新自由主義の攻勢を説明するものである。さらに一九七一年に刊行された『経済政策論』の「補記」にすでに宇野自身が次のように記していたのは驚くべきことではないのか。

「現にわれわれはこの管理通貨制によるインフレーションによって、労働者はもちろんのこと、俸給生活者も農民もいわゆる勤労者として一括されてその経済的性格を見失いつつある社会に生活しているといってよい。労働組合は職員組合と区別されなくなって、いわゆる社会主義の学校として役立たなくなってゆきつつある。[27]」

物神的運動による意志の支配として形成される資本主体と違って、変革主体はイデオロギーと実践とにおいて成立するものであるから、そこでは実践的意志やその状況如何によって、逆流であるかのような資本の攻勢も生じうるのである。それにしてもここで注目しておいていいのは、宇野が二重主体の世界史への登場によって形成される相互性と抗争において、主体的な立場の持つ特性に視線を外していない点であり、この点は後で再考しよう。

さて以上見てきたように加藤段階論の修正は、大内力経済学方法論の延長上に発想されたものとして原理論の基準を放棄したために、段階論といっても現状分析的な歴史事象の概括以上の方法的な縛りのないものとなってしまい、また大内力方法論とは違って段階論の対象設定を第一次大戦以後にまで拡張したために、本来の課題を持った現状分析を崩壊させてしまったと言っていい。その結果は、何を以って「前期資本主義」「中期資本主義」「後期資本主義」としたのかが不明な点に示されているように、資本主義が次々と新たな段階形成を行ないうるとみるしかないような歴史認識の平板化と資本主義の永遠化である。それは現状分析の課題を革命の必然性とした宇野の奥深い認識を何かイデオロギー的な把握として無視したことの帰結でもある。

注

(13)『現代資本主義と福祉国家』一六七頁。
(14)同上一六六頁。
(15)『大内力経済学大系第一巻』、東京大学出版会、一九八〇年刊、参照。
(16)『現代資本主義と福祉国家』一三七・一三八頁。
(17)同上一四四頁。
(18)同上一三九頁。
(19)『資本論』と社会主義」(『宇野著作集第十巻』三五頁)
(20)『現代資本主義と福祉国家』一四二頁。
(21)大内力の経済学方法論を批判した鎌倉孝夫『現代社会とマルクス』河出書房新社、一九八四年刊、第一部第四章参照。
(22)「経済学方法論」(『宇野著作集第九巻』五〇頁、八二頁。)
(23)「経済政策論改訂版」(『宇野著作集第七巻』二四八頁。)
(24)同上二四頁。
(25)『現代資本主義と福祉国家』一三六頁。
(26)同上一八三頁。
(27)「経済政策論改訂版」(『宇野著作集第七巻』二四六頁。)

第四節　変革実践の位置

宇野には理論が現状分析において具体化していく極点で、実践そのものへと接続してしまうような記述がある。

「……対象的真理もその具体化の段階に応じて客観的確証の基準となる実践に漸次に近づくことになるのです。」[28]

しかしもちろん理論と実践とは同じ次元で接続するわけではなく、宇野も慎重に実践を「客観的確証の基準」とし、理論や認識の次元には置いていない。これを同次元化すれば、やはり梅本に見られたような、変革実践を理論の内部で保証してしまうような理論を再建してしまうであろう。

それでは、現状分析の課題とされた革命の必然性は、それが単に理論内部に留まりえないものとすれば、どのように位置づけられるのか。宇野は、革命の必然性は「論証されるというよりは、いわば行動によって実証するとでもいうべきものです[29]」と語っている。何が「実証」されるというのか、といえば、現状分析の真理が「実証」される。つまり変革実践としての主体的行動を導く実践的意志の認識・判断の正しさが、当の行動によって「実証」されるというのである。

「……変革するということは全面的に具体的な客観的真理を把握していることの証拠となるわけです。」[30]

宇野はしばしば原理論において抽象的にではあるが対象を完全に認識できるので、対象を変革しうると語っていたが、ここではそうした「抽象的」という限定が外された形で「真理」と変革とが結び付けられている。つまり「全面的に具体的な真理」が変革において「実証」されるというのである。これはなかなか凄い議論である。というのは、もし理論と実践との統一というものがあるとすれば、それはここに成立するものだからである。現状分析における「全面的に具体的な真理」は、原理論における真理のように変革の可能性と結びつくのではなく、まさに変革の必然性と結びつく。現状分析の真理は、そのことによって変革の結果を因果関係において実現するというわけである。

しかし翻って「全面的に具体的な真理」が成立していると何故言いうるのか。結果としての変革が実現したとしてもその点は不明なのではないか。「実証」というが当の現状分析の真理の内容が空虚なままではないか。私達はここのところで躓き、それを単なるイデオロギー認識とみたり、理解の努力を放棄することになるかもしれない。そこで現状分析の真理への問い、すなわち現状分析の真理の真理性がどのようなものかを問うてみよう。

まず形式的に言えば宇野は、全面的な認識はその対象を変革しうるという因果関係を前提に、変革の実現という結果から変革主体における現状分析に真理を推論した、あるいは推論できるとした。こうした結果からの推論という形式が、内容の空虚をもたらさざるをえないのだが、しかしその領域が推論によるしか近づけない領域だとすればどうか。つまり原理論が不可知論を克服するものであるのに対して、ここにはカントが物自体と呼んだ存在が想定されるのである。実践主体の認識は、実践的意志を含んでおり、そしてそれが実践の結果と結合しているものとして、当の主体の自発性の契機を必須としている。とはいっても、実践には必ず実践的意図があり、それは実践主体の当人にしか解らないという心理的な意味でいうわけではない。ここで重要なことは、資本の運動に従属した意志と違って、資本の規定性から離脱する、個人的でもあれば組織的でもある変革実践をもたらす因果性の起点としての自発性の事実である。宇野は変革の対象と変革の主体の関係を次のような巧みな言い方で説明している。

「……経済学的研究はこの三段階における研究の具体化と共に、歴史的性格を強め、同時にまた人間の主体的行動が重要な役割を演ずることになるのです。それはもはや政策的行動のような、いわば客体的過程に対する、主観的行動ではなく、歴史の客観的過程を規定する、主体的行動といってよいでしょう。(31)」

原理論が、資本家の意志が物神的な運動に従属し、そのまた意志に労働者の意志が従属しながら総体として「客体的過程」を形成する可知的存在を対象にしているのに対して、「客観的過程を規定する、主体的行動」の意志形成における現状分析の真理は、その因果性の起点に自発性の事実を含んでいるために、現象的存在とは言えず、ただ結果の側から推論できる考えうるもの、可想的存在なのである。とすれば可想的存在の推論は、たんに認識論上の事柄ではなく、これまで議論してきた二重主体の一方の極に位置する変革主体の存在性格を示しているといえる。かくて宇野三段階論は、弁証的唯物論を確証する資本を主体とする原理的展開から最も遠い位置、行動による以外に「実証」されない現状分析の真理において、資本の主体性の消失点を含む体系であったのである。

かつてレーニンは第一次大戦が開始されると直ちに、後に有名になる「帝国主義戦争を内乱へ転化せよ」というスローガンを掲げた。段階論の原型たる『帝国主義論』の著者によるこの実践的目標は、帝国主義戦争という資本支配の帰結から新たな社会的主体の世界史への登場を呼びかけたものであったが、その後の歴史の展開を踏まえながら宇野が『経済政策論』の「補記」で、段階論の対象設定を第一次大戦で打ち切り、その後を現状分析の課題としたことは、今になって思うのだが、このレーニンのスローガンに対して理論の側からする正確な応答になっていたのである。

注

(28) 「『資本論』と社会主義」(『宇野著作集第十巻』六二一頁。)
(29) 同上四四頁。
(30) 同上六四頁。
(31) 同上四七頁。

第三章　教育と価値のディアレクティク

谷田道治

第一節　問題の所在

『経済原論』において、宇野弘蔵は、「教育者がその労務をもって価値を形成するとなすのは、人を物とする卑俗の考え方というほかはない」と述べている（全書版二一八頁）。

しかし、いま教育の世界には、「効率」や「コスト」、「投資」などの市場用語が浸食し、「株式会社」の学校までが出現し、さらにそれを手本とせよという声もある。それだけでなく、「教育者の労務」が「価値形成」のために細分化・組織化・系統化・計量化され、長時間労働・過重負担だけでなく、「労務」そのものよりも書類での「説明責任」を優先させられている。

同様の事態は、医療、介護などの分野にも発生し、低賃金化・長時間化・勤務の変則化だけでなく、「感情労働」などの質的に過大な「要求」への対応を求められている。

ことの成り行きにしたがえば、これらの労働の意義を強調しその「価値」を認知してもらい、より多くの報酬なり、「人間的な待遇」を与えてくれるように、政治に働きかけるべきだという話になる。なるほどそのような要求を掲げることは、教師や医療従事者、介護者など当事者としては当然のことである。それで、経済学は、それらの価値認知のために役立つことができるであろうか、あるいは役立つべきなのであろうか。しかしながら、そのような問いや期待に対して気持ちばかりで応えるのは無益である。労働の意義は他の労務すべてにあてはまる。経済学としては、それらの期待に応えることよりも、他に果たしうる役割があるにもかかわらず、ただ有効な論理を示しえていないだけではないのか。

いま若い世代にもマルクスが読まれているという話を聞く。その際には、さまざまな読み方、解釈があって当然のことであるが、少なくとも専門家は、およそ百五十年にわたるマルクス研究の経緯を踏まえマルクス理解への案内を的確にすすめることによって、若い世代が無駄な誤読を繰り返さないで済むようにする必要がある。たとえば、経済に関して、『資本論』を自ら読んでいないなら、マルクスを引用しないほうがよい。マルクスを現代に生かすという課題は、文学的にはともかく、理論的には、マルクス理論の生かせることと生かせないこととを峻別することから始まる。この姿勢を徹底的に貫いたのが宇野弘蔵である。

ところで、冒頭に引用した言葉は、今日の教育の実情からはあまりにかけ離れているように思えるであろう。私があえてこの言葉を掲げたのは、教育への私自身の関心からでもあるが、一般にはあまり知られていない宇野弘蔵の業績の有効性を、最も困難な部分に光を当てることで、拓いていきたいからである。

しかし、ここで教育と価値との直接的な関係から開始することは適切ではない。宇野の方法にならい、資本を主語とする論理が展開する中に、結果として教育と価値の弁証法が示される、ということにしたい。そこでまずは、この方法の検討である。

第二節　方法の問題

周知のように、宇野は「科学の階級性や党派性」を拒否し、「何人にも正しいと認めざるをえない理論」が科学的理論であるとして、経済学の理論を追究した。一般に「理論と実践との峻別」として理解されている。しかし、それだけでは宇野方法論の中心部分を読み過ごすことになってしまう。もう一歩踏み込んだ検討を要する。『経済学方法論』に収められた「経済学研究の目標と方法」では、次のように述べられている。

あらゆる学問にとってそうであろうが、一定のイデオロギー的立場は客観的なるものの認識を阻害するものであって、実際上は新たなるイデオロギー的立場が、従来の偏狭なるイデオロギーからの解放となる場合に、はじめて科学的研究が促進せられてくる。たとえばアダム・スミスがその経済学を科学的に展開し得たゆえんは、重商主義的イデオロギーを自由主義的イデオロギーによって解消した点にある。社会主義イデオロギーは、重商主義はもちろんのこと、自由主義のような、資本主義自身の枠の中のものと異なって、資本主義イデオロギーそのものからの解放の道を開くのであって、その意味で資本主義社会を歴史的一社会として認識しうるという、特殊の性格を有し、科学的研究にとっておそらく最初の客観的立場を可能ならしめたといってよいのであるが、それは決して単に社会主義イデオロギー自身によってそうなるのではなく、それが資本主義社会を批判的に見うるような、イデオロギーからの解放に役立つということになるからである。

(『宇野弘蔵著作集』第九巻四〇九頁)

一定のイデオロギーによって、社会認識が阻害されるということは一般的に、あるいは第三者的立場からは理解されやすい。問題は、当人が自らの依って立つイデオロギーに無自覚であったときである。このとき、そのイデオロギーに曇らされ、自由な認識が阻害されるのである。たとえば、自らが資本主義経済の恩恵に浴した生活を営むなかで、資本主義自体を的確に捉えることはかなり困難である。同様に、「社会主義イデオロギー」に自足しては、「社会主義」の問題を正面から捉えることもできない。社会認識に関するこのような阻害要因に対する姿勢は、いわゆる唯物史観に対しても貫かれなければならないのである。

このような課題は、類似の例として近代科学の成立時にも見られた。中世の学問は、聖書とアリストテレスに基づく「目的論」的世界観に制約されていたが、これに対して、近代科学が、人間の理性と経験に依拠して、経験世界で得られる「因果論」をたどった。その流れは、紆余曲折はあるが、近代哲学を綜合したカント哲学にも注ぎ込み、「経験世界」に対する理性の認識能力の限度を定めることになった。もちろんカントは、二律背反(アンチノミー)論を含むいわゆる弁証論を介することによって、理論理性による認識の問題を越えて、理性の実践的使用の問題へと移りゆく。すなわち、自然必然性の因果律の制約を離れて、人間には意思の自由が成り立つとしたのである。

このような問題について、宇野の立場がどうであったか。宇野は直接に哲学を論じていないが、『資本論』と社会主義』の中で(『著作集』第十巻二八頁)、「自然科学的知識を利用するという場合の法則は、社会科学の場合と異なっていわば部分的なもの、自然全体の一部分を切り取ったいわば低い程度の法則」だと述べている。そして、「経済学は個々の部分的な、技術的に利用されるような法則性を対象としていない」、「もしこの法則を実際にわれわれの自由にしようとすれば、この法則をなくする外はない。そういう意味で理論と実践との統一を、政治的な組織活動と考える」としている。

ではたとえば、「資本主義社会から社会主義社会への移行は必然である」のか、あるいは「資本主義社会は永続的に発展する」のか、という、概念の関係規定の判断だけでなく、それらの判断の関係の規定を迫る問いにどうするか。

宇野は、マルクスが「資本主義社会の社会主義社会への転化の必然性」について、『資本論』で「推論している」と述べている（同第九巻一〇三頁）。

また、社会主義の可能性と必然性について、次のような記述もある。

体系的に完結した認識の対象をなす資本主義社会は、いわば完全に認識しえられるものである。この完全なる認識に対応して、一般的にではあるが社会主義社会の可能性が与えられる。しかもこの可能性は、単なる可能性として留まるものではない。理論的には可能性といってよいが、実践的には歴史的必然性としてあらわれる。

（同第九巻一四一頁）

もちろん、この引用文の続きには、「目的活動の社会的統一化は、資本主義的経済法則の基礎をなす労働力の商品化という、近代的な自己疎外を止揚せずにはおかない」とある。すなわち、「可能性」と「必然性」との間に、「自己疎外を止揚」せんとする社会的政治勢力の「存在性」が想定されているのである。もっとも、これは論理的な構造を私が推論したに過ぎない。宇野があえて「間に置かなかったこと」に別の意味合いを推察することも十分に可能であろう。

このように、宇野方法論の背景に、カントの引き受けた課題と類似するものを見出したり、カント的発想が存在すると類推することができる。しかし、資本主義を対象とする認識の実現には、いくつかの困難が伴う。

第一に、資本主義を対象とする認識においては、一方に固定した認識主体を置き、他方に実体としての認識対象を置くという図式では、大きな困難を抱える。まず、現実の資本主義を対象とするというのでは、個別資本主義の経験的認識となってしまう。次にその代わりに対象自身に発展・展開が備わっているとすると、その概念的展開が課題となる。それは認識する側が行う認識の展開ではなくて、対象自身の展開となろう。しかし、それがカントの物自体のようなものなら、理性の認識の対象でないことになり、肩すかしされる。

第二に、資本主義という対象自身が意識を持つものをも含むのであって、その展開は認識主体側の意識と全く別ものとするわけにはいかない。むしろそれを媒介にして展開するものとしてこそ理解しうるのである。
こうして、認識の対象となる資本主義自身が弁証法的に展開することに対応して、その認識方法に工夫が求められることになる。とくに資本主義自体が歴史的発展を遂げる中で、論理と歴史の不整合は重大な課題となる。これに対して宇野は、弁証法による原理論体系を完結しそれを媒介とする資本主義認識を構想した、というのが自然な理解であろう。もちろん、原理論における概念の主体（主語）は絶対精神でも人類でもなく、資本である。

弁証法について、宇野自身は、「自分は哲学にうとく、弁証法も実は『資本論』自身から学んだと思っているに過ぎない」と言い、特に『資本論』の価値形態論で、それこそ弁証法的展開と考えられるようなものを教えられたと思っていると言う（同第十巻一七三頁）。その一方で、『資本論』を弁証法で研ぎすました結果としての原理論については、次のように述べている。

それ自身に存立し、運動する対象を、かかるものとして理論的解明の対象とする経済学の原理論は、その理論的展開自身を弁証法的になさざるをえないのであって、弁証法的方法に対する関係は、おそらく他のいかなる分野の学問体系とも異なるのではないかと考えられる。……「商品」から始まって「諸階級」に終わる理論的体系自身が、弁証法的に展開されるのである。原理論自身がいわば弁証法の論理学をなすのである。個々の規定は、論理的展開の例解としてではなく、経済学の原理的展開自身が弁証法の論理学をなすのである。

（同第九巻一四二頁）

資本主義社会における経済学の対象は、それ自身で動く物質的過程として把握される、宇野がこう考えたのは、マルクスの「唯物史観」によってではなかった。マルクスの『資本論』によってであり、そこではじめて一定の限度をもって論証が行われたからであった。
一般に形而上学では、論理学が起点となり、その応用として自然学以降の学問が位置づけられる。形而上学的唯物論においても同様の位置づけである。これに対して、経済学の原理論は、論理学の応用例であるどころでなく、原理論自身が弁証法の論理学をなす、というのである。この確信を支えるのは、認識の対象が確定されてあることと、その認識の方法が確立されてあること、及び両者の結合方法に対する自負である。

このような弁証法の展開は、もう一つの困難として指摘しておいた「対象自身が意識を持つものをも含むこと」への対処でもある。『「資本論」と社会主義』の「理論と実践」で述べられていることを要約してみよう。

資本家を代表する工場の「精神」は、原料その他と同時に、労働者を単なるものとして扱って生産を計画し遂行し、物質的過程を支配しているように見えるが、実際には、物質的過程の一部分を切り取って考え処理している。この「精神」は、社会全体に対しては精神の機能を発揮しえない。たとえば恐慌が来ると、たちまち社会的物質的過程に支配されてしまう。古典経済学は、賃金を労働の対価と思い、労働者が既に資本の一形態に過ぎない労働力であるとは認めないため、全体として行われる社会的過程を、工場の「精神」が支配する物質的過程から区別できない。マルクスは、労働力のつくる物（使用価値）が人間に消費されて人間の労働力になるという、社会的物質過程を、自然的な生物的な物質代謝の過程から区別した。これに対して、労働力を商品として売買する工場的「精神」は、社会的物質代謝過程を支配しえず、商品経済の無政府性の根源となる。マルクスは、社会的物質代謝の過程が、労働力を商品として売買するという、特殊の形態を与えられていることを価値法則として把握したのである。（同第十巻二二五〜二二七頁）

資本主義の「精神」が賃金を労働の対価と思い、また工場での労働者の労働を支配しえたと思っても、それは社会的物質代謝過程においては一部をなすに過ぎず、社会的物質代謝過程を支配しえないだけでなく、恐慌においては逆に支配されることになる、というのである。この「精神」こそ「対象に含まれる意識」の具体例であろう。

こうして、資本を主語とした概念的展開が価値法則にたどり着いたとき、「社会的物質代謝過程」の全体像を思い描く地点に立っている、ということになる。

このような宇野の「学」に対する姿勢を素描すると、まず「学」の成果として客観性を認められる事項を概念的に展開する。そのことは同時に、その展開以外の社会の「余白」を浮かび上がらせることになる。結果として、社会の全体像が得られるのである。ただし、その際に重要なことは、「学」と「余白」との弁証法的な緊張関係であり、その中には理論と実践との関係が凝縮して含まれる。この姿勢と対極的なのが、形而上学的命題を大上段に掲げ、白か黒かの二肢択一の判断を迫り、その一方が多くの支持をえられるように巧みなレトリックで努める、という方法である。

宇野の経済理論を大枠で捉えるなら、まず資本主義の純粋な展開を妨げる要因を捨象することを通じて、資本自身の論理（原論）を形成する。次に、そうしてえられた資本の論理の純粋な展開がなぜ現実で妨げられるか、その諸要因を捉える。こうして資本主義の現状とともに社会の全体像がえられる、というわけである。

このような宇野理論の継承とは、宇野の残した原論・段階論・現状分析という経済学研究法の成果とともに、これらを生み出すプロセスを受け継ぐということでもある。そのためにはもう少し方法論の内部に入り込む必要がある。

第三節　方法模写の意義

宇野理論では、純粋な資本主義社会が原理論の対象とされるが、それは、自然科学における実験室的対象とは異なる。また全体の過程から一部を切断して採り上げたというものでもない。純粋な資本主義社会は「自立的運動体」であり、それを体系として確立するのが原理論だという。このことは、対象を模写するだけでなく、方法自身をも模写することだという。この方法模写論は、たびたび引用されながら、その解説がなかなか成功していない部分である。

私は、かつて原理論は、単に対象を模写するのでなく、方法自身をも模写するものであるといったことがあるが、それは対象の模写が同時に方法の模写でもあることを意味するものにほかならない。それは、すでに繰り返して述べてきたように、原理論の対象をなす純粋の資本主義社会なるものが、単に現実の資本主義社会から主観的に抽象して想定されるのでなく、資本主義の発展そのものが、客観的純化作用を有しているものとして想定されるものであるからである。方法自身が客観的に対象とともに与えられるのであって、対象に対してなんらかの主観的な立場によって立ち向かうわけではない。

（同第九巻一五四頁）

原理論では、実際に資本主義が何を行っているのかをただ外部から観察するのではない。なぜなら、個々の資本が行った諸事実から、外的な要因を排除し、共通の事象を抽象しえたとしても、そこから普遍的論理を得られるわけではないのである。

とくに純粋化傾向を示していたイギリス資本主義が十九世紀末に大きく変容した。まずは現実の資本主義を直接の認識対象として、純粋化の阻害要因の解明に向かうことになる。しかし同時に、「自立的運動体」としての純粋資本主義の把握が不可欠となる。なぜなら純粋資本主義が把握されてこそ、その純粋な展開を阻害する要因も適切に解明されるからである。宇野原理論の成立は必然的なのである。

ところで、歴史的に実在したのは「純粋資本主義」でなく「純化作用」である。諸々の「純化作用」は、諸々の「不純物」を取り除くことを通して、資本の自立的運動を保障しようとする。こうして、客観的な純化作用に即して、「純粋資本主義」が、資本の概念的な展開として「想定」される。これを原論が「模写」することは、対象自身だけでなく、「純化作用」や概念展開のあり方そのもの（弁証法）を「模写」することになるのである。

なお、不見識な諸批判者が「模写」という表現にぬか喜びし、標的を見失う事態も想定されている可能性がある。

さて、その「純粋な資本主義社会」とはいかなるものであったか。上記の引用文をさかのぼって、その記述をたどってみると、それは、「その存続と発展との物質的基礎をなす経済過程を、商品形態をもって全面的に処理する自立的社会」であり、だから経済法則が必然性をもって展開できるという。この「自立」に関して、次のような説明がある[1]。

まず、完全な商品経済も自然を基礎とするが、自然的基礎は商品形態自身に影響を与えない。商品形態規定に包摂し得ない自然要因（土地）は経済過程に影響を及ぼさないように別途に処理される。ただしこの処理の仕方に対応して、資本主義的生産関係自身が物化し、資本の商品化を実現することになる。

また、資本主義社会は、自然だけでなく、「人口」を与件とする。そのため旧封建社会の基礎をなした直接生産者と土地との直接的結合を破壊し分離するとともに、相対的過剰人口を形成しその自然的制約を解除して、人口を自己の体系の内に包摂する。それによって自立的な一社会を形成する。

しかし、こうして確立した原理は、歴史的社会の発展、転化の過程自身を直接的には解明しえない。それは「唯物史観にいう歴史的諸社会はもちろんのこと、資本主義自身の発生・発展・消滅の歴史的過程をも、いわばその背後に留保しつつ」、経済的運動法則を明らかにするのである（同上一四一頁）。

この部分を注意深く読むと、経済的運動法則を明らかにするために、二つを「背後に留保」しなければならない。一つは「唯物史観にいう歴史的諸社会」であり、もう一つは「資本主義自身の発生・発展・消滅の歴史的過程」である。ここでは、この二重の課題を同時に抱えているのである。そして、これらの課題が異次元のものであることを自覚して取り扱っていかないと、宇野理論への理解は妨げられる。

まず前者では、原理論が「唯物史観」のように歴史的諸社会の展開過程を直接に解明するものではないとしている。とくに、原理論が明らかにする「資本家的商品経済に特有なる矛盾とその現実的解決そしての特殊の形態による運動」は、資本主義の歴史的過程そのものをなすわけでないばかりか、「唯物史観にいう生産力と生産関係との矛盾やその解決としての社会革命の過程」でもない（同上一四八頁）。すなわち、資本主義のもとでは、マルクスがいうように「ある一定の利潤率をもって労働者の搾取手段として機能させるには、余りに多くの労働手段と生活手段とが、周期的に生産される」ことこそ、生産力と生産関係との矛盾の発現といってよいが、この矛盾の爆発としての恐慌は、唯物史観にいう変革のように、質的に異なった新しい生産関係を展開する契機をなすわけでなく、新しい生産の方法の導入によって、生産力に新しい発展の途を開く。恐慌は、一定の生産関係のもとでは生産力の増進がある段階で阻害され、生産関係の変化とともに新しい生産力の発展の途が開かれるという経済的過程の発展の様相を具体的に示す。資本家的生産方法の発展の自立性を示すものである（同上一五三頁）。

これに対して後者は、原理論が明らかにする「資本家的商品経済に特有なる矛盾とその現実的解決そしての特殊の形態による運動」が、「資本主義の発生・発展・消滅」の過程そのものをなすわけではない、とするものである。資本は、自分自身の内にある矛盾を自分自身の内で展開し、解決しつつ発展する運動体として、その法則性が明らかにされる。それは、資本主義の発生・発展・消滅の歴史的過程を究明するに先立ってのことだという。原理論を体系的に展開しうる根拠については、十九世紀半ばまで資本主義社会が旧社会関係を解消し、純粋の商品経済社会を確立する方向に発展してきたことが、純粋の資本主義社会としての一社会を想定することを許す根拠を有している、という（同上一四九頁）。

これに関して第一に検討すべきは、商品経済社会の純粋化という歴史的過程が純粋資本主義社会の想定の根拠となるということと、帝国主義段階に触れてのこととはいえ「論理的展開の歴史的発展に対する照応関係の、具体的な否定」とが、どのように整合するのかということである。

第二には、原理論の成立と資本主義の歴史的過程の究明との順序である。資本主義の発生・発展・没落について、目的論的な視点でその必然性の論証を求められた時代に、原理論成立の意義は計り知れない。まずはその優先順位が示されてよい。しかし、原理論の成立と歴史的過程の究明とは相互媒介の関係にあると見なければならない。実際に、宇野自身が「マルクスは、原理論が当然に純粋の資本主義社会を想定するものであり、その純粋の資本主義社会は資本主義の発展とともに実際上もそれにますます近似してくるものであることを明らかにしたのであるが、しかしこの近似性は決して絶対的なものではなく、資本主義の発展の一定の段階ではむしろ阻害されてくるものであることを明らかにされるとき、いいかえれば資本主義の発展の段階論的規定から原理論を純化したとき始めて、原理論の理論体系の完成は可能になる」と述べてもいる（同上一五五頁）。

原理論は、その概念的展開を現実の個々の資本主義から抽出したものではなく、概念的展開を妨げる外部の要素を捨象することによって成立した。段階論は、先進資本主義国における支配的な産業、支配的な資本形態の段階的展開が、国家形態や国際関係に及ぼす影響を解明する。段階的規定は原理論と現状分析とを媒介するものであるが、このことは、原理論が成立してから、その後に段階論が生まれるということを意味しない。原理論は段階論の成立と同時に、段階論を媒介として成立するものと考えなければならないし、また、媒介は一方通行でなく、媒介されるものもまた媒介することになる。すなわち、現実の個々の資本主義理論の展開を媒介として、原理論も成立しつつあると考えなければならない。たとえば、ある物体の長さを物差しで測るときに、正確を期すならば、そのたびごとに物差しの確かさが問われる。測るものが測られるのである。同様に、現代の資本主義を見通すために原理論を活用するときには、原理論の有効性が問われつつ、現状と段階論・原理論との緊張が生じるのである。

これまで原理論の成立に関して見てきたように、資本主義社会の「純化作用」は単に外部からの規制を捨象することだけを意味するわけではない。資本主義が自らの自立的運動の規定を明らかにしていくことでもある。このような純化作用に関する規制・規定に関して、いままで検討してきたことを確認しよう。

①「政治的な、権力的な、あるいはまた宗教その他のイデオロギー」

②「全体系の展開の内に与えられる諸規定」、「そしてかかる諸規定に対応する法律的イデオロギー」

③「純粋の商品経済社会の確立」及び「純粋資本主義社会の想定」を妨げる旧社会関係
④資本主義の発展の段階論的規定

これらに加え、次の二点を挙げておく。ただし、上記の内容と重複する部分を含むので、合わせて論点を整理していく必要がある。

⑤社会（共同体）からの制約のうち、階級支配や政治支配からは区別されるもの。
⑥資本主義自身が自己保存のため図らずも「暗黙の前提」としていた制約。

以上の六点について、原理論から捨象さるべきものを外的規制とし、純粋資本主義自身が自ら生み出すものを内的規定と呼ぶことは、おおむね妥当なことと思える。しかし肝心なことは、両者の境界領域をいかに処理するかである。

方法模写について前に見たように、純粋な資本主義とは自立的運動体として内定構造をもっており、それが客観的論理の展開として、その内容とともに方法が原理論に写し取られるのであった。したがって、規制と規定の境界領域の論理的整序は避けることのできない課題である。

この資本の自立的運動の規定に関して、本論はここでようやく再検討すべき諸課題を見出したにすぎず、まして原論への写し方にまで及ぶはずもない。しかしこれらの諸課題を自覚しておくことは、なお未整理であるとはいえ、具体的な経済問題の考察に原論を活用しようとするときに、有効となるはずである。

繰り返すことになるが、いまさらながら、これらの諸規定・諸規制についての論点を提示するのは、原理論がすでにできあがったものとして、そのまま尺度として対象に適用できるとは限らないからである。具体的な事象に直面したときには、むしろつねに段階的規定や現状分析との間の緊張関係を強いられる。教育と価値の問題についても、これらの諸規制・規定の問題に立ち返らざるをえないのである。

第四節　教育における「価値」

『経済原論』で教育に触れられる場所は多くはない。いかなるものか、確認しておこう。まず、宇野の教育に関する見解が端的に示されているのが、「利子論」の「註」である。

有用な仕事をするということは価値を形成するということを意味するものではない。社会的に有用な仕事をしてそれによって報酬を得ているということは、決して価値を形成するということではない。たとえば教育者がその労務をもって価値を形成するとなすのは、人を物とする卑俗の考え方というほかはない。（同二一八頁）

この部分だけを読めば、労働価値論を理解しない人が誤解するのもやむをえないかもしれない。しかし、ここではあくまでも「有用な労働」と「価値を形成する労働」が厳密に区別されている。そして宇野は、物の生産と教育とを同一視してはならないと言っているのである。すなわち、子どもを原料としての物と見て、それを加工することによって、商品としてより高く売ることができる、という考えを「卑俗」とするのである。この見解は、通常の教育学の立場に一致する。

しかし、このような常識は「学者のたてまえ」とされがちで、その反対に、実際に世の中に通用するのは「価値を形成する教育」だけだとされ、「自由化」を標榜する市場至上主義が教育の場へ浸透することが奨励され、また一部で歓迎されているのも事実である。

これに対して、人と物との同一視を「不道徳」や「非人間的」と批判することだけでは不十分である。このような「教育」と「価値」とを経済学の中にどう位置づけるのかが問われるのである。すなわち、教育において、いかにこのような「価値」が発生してしまうのかを、資本の論理にもとづいて解明しなければならない。この問いは、いかに資本主義がそれまでの規制・制約を外したか、[2]ということでもあり、原理論での規定との関係への問いにつながる。こうして、「あるべき教育論」の枠を離れた現実の「教育現象」を論理的に捉えながら、「教育は価値を形成できるのか」あるいは「価値を形成できるという根拠は何か」などと「教育価値」の根拠と意義とを問うていくのである。もちろんそれは、教育における「価値」の扱いの現状を容認するものではない。むしろ実践的にはその問題に立ち向かう意思を導くことになろう。すなわち資本にとって「人はモノとして扱うべきでない」とする考えはいわば「目的論」的制約であったが、購入した労働力を支配下に置く生産過程だけでなく、労働者の生活過程においてもその制約が外れることになれば、「人をモノとして加工する」ことが全面的に可能であり、そうなることが必然であるとする尊大な「機械論」や「因果論」となる。ここに至って「教育価値」への根本的問いが生まれるのであって、社会の構成原理への再志向こそが必然となる。

さて、もう一カ所、教育について述べられている部分がある。「資本の再生産過程」のやはり「註」である。

資本主義がその発生の初期においていわゆる原始的蓄積の過程を経て確保する労働力は、種々なる国において種々異なるのは当然であるが、資本主義の発展とともに、単純なる労働力とはいえ、一定の知識水準を持った労働力を必要とすることになる。普通教育は、中世紀的な職人の訓練と異なって特殊の職業的なものではないが、しかしこの普通教育自身が資本主義の発展と共に多少ともその程度を上げることを要求せられる。そしてそれはまたその背後に労働者の生活水準の向上を求めるものといってよいであろう

（『経済原論』一一四頁）

近代から現代にかけて、普通教育の拡充がはかられてきた。一方では、資本の側から労働者に一定の知識水準を求める、しかもできるだけ安価に済ませたい、という要求があり、他方で、労働者側から生活水準の向上のため普通教育の程度を上げることを求められる。ここは原理論であるために、その範囲を越えて論理が展開されることはないが、歴史的理解では、この両者が国家による教育政策（公教育）を通じてそれぞれの要求を実現する、とされる。しかし、いまやこの公教育の領域に市場論理が堂々と介入しつつある。この動きは一定限度までは非可逆的であるように思えるが、帝国主義段階における階級関係の力学問題とすることで済ますこともできない。また、選択的意思としての政策によるものというよりも、資本の論理自身の展開であるように考えられる。

これを踏まえると、このような教育論は、現状分析や段階論との関係の中だけでなく、まず原理論との関係が考察される必要があり、その考察の結果として、原理論、段階論、現状分析のいずれに位置づけるべきかを後に判断すべきであろう。

以上、経済原論での教育の扱いを二点見たが、これらの問題への考察を深めるためには、原論での教育の記述だけに頼るのでなく、原論における資本主義の規定に立ち返って行くことが求められる。すなわち、手がかりを直接に原論から得ようとするよりも、原論の規定をいかに活用するかを試みなければならないのである。

さて、こんにち市場原理のもとにある「教育」には、次の二つの場合がある。一つは、「価値の高い」職業に就いたり労働力を高く売ったりするための「教育」であり、も

う一つは、最終的な消費としての「教育」であり他の目的の手段としてでないものである。

まずは労働力の商品化と教育との関係を見よう。資本主義のもとでは「複雑な労働の単純な労働への還元」が進行するはずだが、今日の「労働市場」を原理論を離れて一見すると、単純労働と専門・技術労働への二極化が進んでいるように思える。単純労働の「労働力」では、最低限の賃金しかえられず、専門・技術労働の「労働」は、それに見合う報酬を得られる、という理解である。

資本は、その生産過程において労働力を使用価値として消費する際に、購入した労働力をそのままに単純労働として使用できない場合には、生産工程の単純労働への還元をはかりつつも、暫定的には生産のために直接的に必要な労働能力を育成する「教育」費用を負担しなければならない。さもなければ、労働市場で「教育」を受けた労働力を高めの費用で購入しなければならない。これに呼応し、労働者も自らの生活過程で特定の専門・技術能力の訓練を自費で受け、少しでも高く自らの労働力を売ろうとする。その訓練の成果を証明するものが「技能取得証明書」の類となる。労働力は唯一の単純商品として、消費過程において流通が中断され、新たな労働力として生産されるわけだが、この場合、その消費過程においても「価値」を付与しようというのである。「訓練済み」と「未訓練」との間に、差額としての「価値」が生じると考えるのである。

資本が労働市場で求める労働能力は、資本にとって現在の直接の有用性であり、資本自らその尺度を持つのであるが、広範囲な労働市場からの供給を求めるなら、「証明書」は有用であろう。その一方で、労働者が自らの消費過程において自費で特定の専門・技術能力を訓練する場合には、訓練期間を経てもなお次の労働市場にその技能を持つ労働力への需要が十分に存在するか、または「証明書」がなお長期にわたり「市場価値」を持つか、というリスクが伴う。事実、資本の生産工程は激しく変更し、資本が求める専門・技術も次々と新しいものとなる。しかも、資本は常に複雑な労働を単純な労働に還元しようとし、またそれが可能な分野であれば、自らの支配する生産過程でなく、他分野の生産過程にまで進出する。「証明書」に守られ暫定的に「価値」を享受している資格と、その「価値」をねらった資本の参入とのせめぎ合いが生じる。特定の政治力に依拠してその参入を妨げることができる資格を除けば、一定期間後にその「価値」の低下は避けられない。こうして、すべての分野が一斉に均一に単純な労働に移行するわけでなく、分野ごとに時期を隔てて不均衡が生じるのであって、それゆえにこそ労働者は無駄に複数の「教育」を消費させられるわけである。

労働者は、「証明書」に依拠して専門・技能を要する「労働」を売るつもりであるが、労働市場では、究極的にはやはり「労働力」として売買されることになる。しかも、ほんらい資本の生産過程にあって労働力の消費過程の中に含まれる「教育」が、労働者の生活（消費過程）に位置している。しかし、このように資本が労働者の生活過程にまで滲入したとしても、資本自身が社会的需要に応じて種々の労働力を供給できるというわけではない。

労働力の社会的需要と、個々の専門・技術の「教育」との矛盾は、「人間能力の一般的基準の存在」という幻想を必要としてそれを生み出す。いわゆる「学力という実体」であり、それは「いかようにも応用しうる能力を計量化したもの」だとされる。市場では、何事も物質化・物化して計量し数値表記しないと安心を与えられないというのである。それをわかりやすく表示するのが「学歴」であり、「学校歴」である。日本では「入学歴」であり、一部の社会的階層でそれを自らの子どもに得させようとする競争が「子ども時代」を排除して早期導入されている。ただし、「教育」の「対象」は人間であり、原料としてのモノではないという矛盾を抱える。また、そもそもが社会のすべての階層を包摂しようとする動きでもない。

結局のところ、経済の矛盾の問題を「教育」で解決するには至らないので、「教育」の目的は、「一般的学力」と「個別的学力」との間を、あるいは「普通教育」と「技術教育」との間を無意味に往復することになる。また、それらの空隙をねらって別の論理が「〜力」なるものを次々に発明する。さらには、技術は人格に伴うものなので、人格に対する「品質証明」さえも必要となり発明される。

こうして「教育的価値」なるものが事実上創出されると、次にはそのような「価値」を子どもに付与する営為にも二次的に「価値」が生じるということになる。「価値」を生む教育の発生である。すると、そこにただちにビジネスチャンスを求める資本が参入する。

このような営為としての「教育」の使用価値は、労働力予備軍に専門・技術の「資格証明書」を取得させることであり、種々の労働能力に応用しうる「一般的学力」を身につけさせることであり、その「学力」の段階にふさわしい「学歴」を取得させることなどである。そして、その「教育」にあたる労働力が、伝統的技術の熟練を要せず、システム化されたマニュアルをこなせる「教員免許」で評価されるものとなれば、その「価値」の漸次低下は避けられず、やはり「労働力」の価値に即することになる。資本の論理では、フランチャイズ方式の学校で働く「教育労働者」がマニュアルに従った「教育」で顧客の支持をうるために競争するということになる。もちろん、低賃金、長時間労働だけでなく、結果として「笑顔」や「憤怒」等の感情労働の強要を伴うことにもなる。

なお、長い間の修行を要する熟練職人の世界に、近代的職業教育はあまり馴染まない。ハイテクによる伝統技術の取り込みなどが可能な場合もあって長期的には上記の「資格教育」に浸食され極小化していくものとも考えられるが、おおむね旧社会関係の残滓として、あるいは技術的制約として理解される。また、幼少時からの修行を要する職業が事実上世襲制度のようになることも、身分的ないしは家督的制約の一種として整理される。

これらの制約から区別して、本論で指摘していることは、資本主義が専門・技術者を機械や単純なる「労働力」で置き換えことで利益を得られる見込みのある領域（それが伝統的なものであろうが、新しく創出されつつある職種であろうが）には必ず進出するものであること、そして同時にそれが普及することでやがてその職種の「価値」が平均化するものであること、そしてそれらが織り込まれた上で事態が進行していくことである。「教育が価値を生む」とすることで利益を得られる資本の自己運動の常態を表しており、これはいわゆる外的制約や旧社会関係の残滓としてのみは扱いえないのである。

こうして、人間の種々の能力がいかに発展すべきか、その方向性をすべてこのような資本の運動のみに任せておけるであろうか、ということがあらためて問題となる。労働者はといえば、資本の動きの影響下にあって専門・技術の問題に直面させられながらも、それらの能力を自らのものとしようとすることで充実することも可能であり、その過程において資本の動きを桎梏と見なすことにもなる。

市場経済の中の教育の問題として、もう一つ検討しなければならない課題が残っている。何かの手段となる教育でなく、それ自身が最終的な消費であるという教育は、経済学でどのように位置づけられるのか。考える手がかりが、『経済原論』の「資本の再生産過程」にある。これもまた「註」においてのことであるが、マルクスの言葉が引用されている。

> 資本家も、その理論的代弁者である経済学者も、労働者の個人的消費のうちで労働者階級の永久化のために必要な部分だけを、つまり資本が労働力を消費するために実際に消費されなければならない部分だけを生産的とみなすのである。そのほかに労働者が自分の快楽のために消

費するものがあれば、それは不生産的消費なのである。もしも資本の蓄積が労賃の引き上げを引き起こし、したがって資本の消費する労働力の増加なしに労働者の消費手段の増加を引き起こすとすれば、追加資本は不生産的に消費されたことになるであろう。実際には、労働者の個人的消費は彼自身にとっては不生産的である、というのは、それはただ困窮した個人を再生産するだけだからである。それは資本家と国家にとっては生産的である、というのは、それは他人の富を生産する力の生産だからである。（同上一〇一頁）

野球観戦やサッカー観戦などの大衆文化を労働者が消費することは、「労働者が自分の快楽のために消費するもの」なので、原理論的には、資本家にとって「不生産的消費」であるが、実際には、余暇の労働者たちを賃上げを企てる労働運動から遠ざけるという意味で、資本家にとって生産的でもあり、労働者にとっては、困窮する生活を再生産するだけだという意味で、不生産的ともいえる。労働者の自発的な学習に関しても、同様に考えることができる。それについて労働者自身が労働力の生産に必要なコストであると考える限りにおいては、労働者にとって不生産的であり、資本家にとっては生産的といえる。しかし、労働者がその学習を通じて、商品としての労働力の生産と関係なく人間らしい生き方を求めるようになるなら、資本家にとって生産的とはいえない。

そもそもこのような尺度が用いられること自体が、資本が望んだとしても労働者の生活過程を直接には支配しえないことを表している。しかし、同時にこのような大衆文化の享受が労働者の資本からの自立性や主体性の存立を意味するわけでもない。それどころか、ほんらいは流通過程から離れる労働者の生活過程にまで、市場原理が浸透しそれを脅かすのである。すなわち、資本は、労働者の生活過程の一部になお残る非市場領域の中に、使用価値でありながら「価値」あるものとして流通していないものに着目し、いち早くそれを商品とする新たな市場を形成することによって、先行的利益を得ようとする。(3)

そうして次々に創出される種々の「消費文化」の中に、消費としての「教育」が含まれる。ここにもう一つの教育「価値」が想定される。もともと広義の教育には二面性がある。一つは、言葉や生活習慣の習得に見られるように無償性・無銘性・無自覚などで特徴付けられる文化の継承であり、上の世代から下の世代へと教えられるとともにさらに次世代に伝えられるということであった。もう一つは、近代以降に社会的比重が高まった学校教育であり、効率性・組織性・系統性などで特徴付けられ、社会的な目標に向けて社会の負担で行われるものであった。この二つの過程に滲入する資本は、必ずしも労働力の生産だけを目的としているわけではない。むしろ特定の教育そのものを目的とするのでなく、新たな市場を開拓して、最終消費としての「教育」を心地よく消費する「顧客」を創出することを目的とする。これに呼応し、商品選択の「主体」となる個人としての顧客は、主観的には自らの自然な要求として、客観的には文化的に創出された欲望として、その「教育」を消費するとともに、「教育」市場への依存を一方的に深める。そこで、このような資本の「教育」への進出は、社会が自らを存立させるために維持してきた二つの教育をともに失っていくプロセスになる。いいかえれば、人々は個人となって資本の「教育サービス」を購入すると同時に、その「教育」に依存せざるをえないというイデオロギーをも購入することになって、教育を含む社会の固有の自存文化を一掃するのである(4)。

こうした資本の活動は、労働力の再生産の基盤となる社会自体を危機に陥れることになる。「顧客」を求める資本の都合に応じるだけの教育消費の中では、社会の維持・発展を多かれ少なかれ意図した教育の契機が失われ、市場関係以外の社会的関係が衰退する過程を阻むことはできない(5)。

すでに生産現場では、生産工程が多様化し生産現場が分散化して、労働者の人間関係が希薄となって、いわば空間的な分断が恒常化している。その上で、上記のように社会生活面でも生活意識の面でも分断が進行しているのである。しかも、「社会」の対極に「個人」が置かれ、両者の間に弁証法的関係が成り立つというわけでもない。「社会」の否定形として、「非社会的人間」が大量に発生し、時には普通の人間が突発的に「反社会的行動」をとり、さらには孤独に死んで身柄の引き取り手のないという「無縁死」までが現れることになる。それらの頻発に対応する新しいビジネスも繁盛することになるとはいえ、このような社会状態は資本主義自体にとっても好ましい状況ではない。

しかし、当然のことながら資本が直接に求めるのは労働力の再生産であって、社会自体の再生産を資本が担うことはなく、また資本にその意識もありえない。自らを維持・持続しようとする社会自身から見れば、このような資本の活動は「不生産的」ともいえる。

もちろんここでは、大衆文化や大衆教育の消費自体を道徳的観点で断罪しているわけではない。新しい文化が拓かれるときには、その文化が大衆から需要されるについてそれなりの根拠があると考えられる。しかし、それが資本の目論見で営まれるときに、社会ではいかなる結果が生まれるか、それを論理的に見て行かなければならないのである。

このように首尾一貫性を欠く資本の生活過程への滲入という事態は、歴史的には大衆社会状況の出現以後に発生したものである。しかし、これは産業の種類や資本形態の段階的展開の中で考察されるべきことというよりも、純粋資本主義の概念的展開における資本と労働者の生活過程との関係の問題として検討されてよいであろう。

以上のように、市場原理のもとにある「教育」の姿を、労働力の「価値」を高めることを目的にした場合と、資本の提供する「教育」が最終的に消費される場合とに分けて考察した[6]。資本主義の展開としては、いずれも労働者の生活過程に位置し、ほんらいその過程は資本の流通過程から離れるはずであった。そのため、ここでは資本が自らその枠を越える展開を見ることとなったのである。

ところで、「教育価値」の越権がもたらす二律背反に対処するための弁証論として、「あるがまま―あるべき」などの二世界論を持ち込むには及ばない。原論そのものへのアプローチがなお求められているのではないか。

この資本の展開の結果として描かれる社会の全体像を冷静に振り返ってみると、実は、これらの過程における資本の非自立性が明らかになる。すなわち、資本の労働者の生活過程への滲入は、資本が労働者の生活過程に依存していることを意味するのである。その一方で労働者は、自らの生活過程で労働力能の向上を強制させられながらも、対象との直接的な相互交渉・関連の結果として、一定の枠内であるが自らの能力を高めることによって現実生活を充実させることもできる。また「教育」を含む文化の消費にあたっては、資本の目論見で送り出された新しい文化に対して、否定的・消極的選択とはいえ主体として対峙し、その中で文化受容・創造の力能を高めることもできる。労働者の場合は、いずれの過程においても資本に依存しないで済むという、むしろ資本の力を余計なものと考えるという、自立性を準備し得るのである。

こうして、いわゆる「教育価値」が包摂し得ない固有の教育領域がなお存立する可能性が浮かび上がる。すなわち、「教育価値」から離れて、学ぶことそれ自体が目的となると同時に人間としての種々の能力の開花が保障される、またそれらを促すことが社会的に有用な営為として認知される、などの可能性が示唆されるのである。

「価値」から見える「教育」を論じきることは、資本の力だけでは処理しきれない他の領域をも浮かび上がらせる。そしてそれだけでなく、その方法を徹底することができるならば、資本と労働力との弁証法への新たな視点となり、資本主義自身の行方を見通すことにもなるはずである。

第五節　おわりに

現在の教育に関する諸現象の背後にある原因が、選択可能な国家政策の思惑の内や個別資本の手の内のみにあるようには思えない。その根本原因を経済学に、それも現状分析だけなく経済原論に求めるのはごく自然であり、それなりに正当な理由があるはずである。

ところが経済原論は、「人間は物ではない」という規定・制約で成り立つ。実情は全く顛倒し、原論の資本主義にはないはずの「価値をもつ教育」が大手を振って流通しているのである。このような事態について、段階論を踏まえた現状分析だけではなお十分に説明しえないというなら、次のような問いに立ち返らざるを得ないであろう。すなわち、資本は自らの規定・制約をいかに外して教育に臨むのか、またそれによって教育にいかなる事態が生じるか。当然のことながら、これらの問いは、原論の規定そのものへの問いを伴うことになった。

もちろん、ここに記した私の例示だけでは、とうてい資本の自立的運動の中にある「教育の価値」とその限界とを解明したことにはならない。また、市場化や資本の論理に対峙して社会自身の存立に関わる教育を描くのは別作業となる。

宇野理論に関しても、その成立の歴史的必然性を言いえてこそ、その可能性も明らかにしうるはずだ、という観点に立ち、思い切った解釈を試みた。それは、今日的課題への取り組みに宇野理論が有効に果たしうる道を模索するためであった。この仮説の妥当性には様々な評価があり得るが、本論の目標とするところは理解していただきたい。

注

（1）「自立」に関して、もう一点検討すべきことがある。原理論の体系の展開が、「この全体系の展開の内に与えられる諸規定以外には、そしてかかる諸規定に対応する法律的イデオロギー以外には、何らの政治的な、権力的な、あるいはまた宗教その他のイデオロギーによって規制せられることなく達成せられる」と述べられる部分である（一三九頁）。この場合の「法律的イデオロギー」は、一定の内実をともなった実定法でなく、商品経済なり資本主義なりに普遍的に妥当しうるものとして想定されている。しかし、今日の資本主義の現況を捉える場合には、これを再吟味しなければならない。

（2）教育問題を離れた場面で「制約」が外される例を挙げるなら、安価な労働力を、外国から差別待遇を前提としながらあるいは「不法就労」扱いで移入したり、児童労働に見られるように年齢枠を外したり、短期間雇用・時間雇用など細切れに雇ったり、派遣事業や偽装請負などでピンハネをしたりなどが常態となっている。

(3) 原理論では、「すべての生産物が資本によって生産される、純粋の資本主義社会が想定され」るのであるが、労働者の生活過程・生活領域においては、資本による生産の「純粋化が進行しながらもなお到達しきれない過程」「無限進行の過程」と想定されなければならない。

(4) とりわけ文化的規制の弱い日本においては、上記の過程が「純粋に」進行しやすい。特に消費拡大を図る資本の要求に基づく「教育」の力が大きい。そのマーケティングの手法は、対象者の背後から出現し巧みに主体性を装って対象者を操作するというものであり、そしてその「刷り込み」の対象者は判断力の熟していない子どもたちにまで及んでいる。その影響力は不用心な小社会集団にとっては破壊的である。この事態については、日本社会特有の個別的制約の問題として処理すべきか、逆に西欧社会が特有の個別的制約をもっているとみるべきか、一考に値する。

(5) このような問題に対処するための安易な弥縫策が、国家によるイデオロギー統合のための文化政策・教育政策であり、典型的には道徳立国論であるが、これは現状分析において考察さるべきものである。

(6) 社会的に見れば、この分裂自体は、学ぶ側にとっても学習を指導する側にとっても、すなわち教育に関わる者にとって、「不幸」を表現する。教育の主動因がいずれも内発的なものでなく、外部からのものであって、しかもそれらによって「義務」と「享楽」とに引き裂かれるのである。

第四章　理論と実践――社会主義の原理を、人間「労働」と人間「生活」のこととして――

北畠清仁

第一節　「宇野理論」との出会い

もう四半世紀前のことになるが、一九八〇年代後半は僕にとってひとつの転機だったように思う。戦後日本労働運動の主導であった総評が連合に吸収される動きがあり、また国鉄分割民営化の動きの中で、僕は自治労の連合への吸収に抗する力を得たいと、鹿児島から神戸まで、自治労内労組を訪ね歩いて東京まで辿り着いた。鹿児島では僕の所属する労働組合（鹿児島県職員労組）の力を借りて、国鉄闘争県民会議結成に動き、工場閉鎖全員解雇の民間労組を「支援する会」を結成し、裁判闘争にかかわりを持った。そのような動きの中で自治労内「左派」が自治労の連合加盟にゴーサインを出し、「支援する会」の裁判闘争が敗北していく渦中にいた。僕の手元にあった一冊、『現代社会とマルクス』（鎌倉孝夫著、河出書房新社、一九八四年）を広げたのはその頃だったのだろうか。

鎌倉先生の著書は、以前からいくつか買い求めてはいたが、鹿児島の先達から「宇野理論が入っていますよ（＝読まないほうがよい）」との教示を受けており散逸していた。その本だけが身近なところに残っていたものだ。程なく鎌倉先生を労働講座にお招きし、学習会で『資本論』の講義をお願いしたように思う。それまで「社会主義の実践とは、……自然の法則にしたがって、人工衛星をとばすように、資本主義そのもののもつ運動法則に適応し、これを利用して、社会主義社会実現の方向に行動することである。」（『マルクス伝』向坂逸郎著）との先達に依拠していた僕にとって、『現代社会とマルクス』は、新しい発見だった。そこから僕が学び得たものは、唯物史観と『資本論』の論理との関係――「唯物史観の方法による資本主義の解明と、『資本論』の論理との間には、実は方法上の転換があった。」――ということだった。

僕は高校時代、「過疎地の村への道に橋を架ける」夢を持ち、大学で土木工学を学ぶ道を選択したが、やがて「大学とは何か」「研究とは何か」「技術とは何か」というテーマが目の前に現れ、水俣病など公害問題解決の道に関心が向くようになった。「当然」辿るべき道として、マルクスの文献を手にするようになっていた。ちなみに僕ら戦後生まれの「団塊の世代」の大学教養部時代は、上記「マルクス伝」が教材に使用される時代だった。「労働者は労働を売っているのではなく、労働力を売っている」、そのことをマルクスの小冊子「賃労働と資本」から学んだ時は、「アッ」という驚きを覚えた。「自然であれ社会であれ、全てのものは変化し、発展する」、そのような弁証法的世界観の社会への適用とされる「史的唯物論（＝唯物史観）」は、僕の胸に刻み込まれていった。

深刻な公害問題、貧困、そのような社会問題の解決は、社会主義への道を辿ること、巨大技術から生み出される公害問題解決への指針は、「近代的生産の社会的性質を実際に承認すること、いいかえれば、生産方法、取得方法、および交換方法を生産手段の社会的性格に調和させること。」（エンゲルス『空想より科学へ』）が教えられた。そして難解な『資本論』の精髄は、

「この転形過程のあらゆる利益を横領し独占する大資本家の数の不断の減少とともに、窮乏、抑圧、隷従、堕落、搾取の度が増大するのであるが、また、たえず膨張しつつ資本主義的生産過程そのものの機構によって訓練され結集され組織される労働者階級の反抗も、増大する。資本独占は、それとともに、かつそれのもとで開花した生産様式の桎梏となる。生産手段の集中と労働の社会化とは、それらの資本主義的外被とは調和しえなくなる一点に到達する。外被は爆破される。資本主義的私有の最期を告げる鐘が鳴る。収奪者が収奪される。」（マルクス『資本論』）

というものであった。僕はそのことに納得していた。

何かしら壁にぶち当たった時には、旅をし、人を訪ね、新しい文献を探るようになるものだ。「国鉄分割民営化」「総評労働運動解体」の動きを目の前で見た僕が、「読まないほうがよい」と教示されていた多分「宇野理論」の文献のひとつ、『現代社会とマルクス』を読み耽ったのはそのような時のものであったのかもしれない。

――「資本家的生産関係の下ではもともと本来の意味での生産の社会化、資本家的生産関係の枠を突破するような生産力の発展は達成しうるものではない」「『資本論』は、三巻全体を通して資本主義経済の一般的法則を論理

的に展開したものである。したがって、第一巻だけでその内容が判断されてはならないし、第一巻第二四章第七節の展開をもって、『資本論』の論理全体が集約されているものととらえてはならない。」――

それは僕にとっては新鮮な問題提起だった。またレーニンのよる『資本論』の理解について、―「資本主義から社会主義への転化の必然性―歴史的発展法則―と、この「反復性と規則性」として現われる法則（『資本論』の論理*）とはどう関わるのか。レーニンはこの重大な問題を残した」―と指摘されていた（＊カッコは引用者）。そしてマルクス経済学が「歴史的・論理的」と言われることについて、「資本主義の歴史的限界を論理的に示すことは資本主義の現実的崩壊を示すということではない。論理は、発展限度を示すことによって歴史性を示すだけであり、歴史的たることの現実の証明は実践によるほかない」と論じつつ、『資本論』の論理と社会主義実践の関係について、説明されていた。

「資本主義の発展・純化の過程をとらえて理論を形成しながら、同時に理論的展開のうちに資本主義の矛盾とその発展の限界を確定する―このことが可能であるからこそ、『資本論』の論理が、社会主義イデオロギーの科学的根拠たりうるのであり、社会主義実践にゆるぎない確信を与えるのである。実践は、理論的に確証した資本主義の歴史性を、事実において実証することになる。」（『現代社会とマルクス』）。

「三段階論」として片付けられていた宇野理論の提起を僕が初めて学んだような気になったのはその頃だったろうか。

「元来、資本主義社会の「経済的運動法則」なるものは、客観的なる、個々の個人にとっては何ともいたし難い法則としてあらわれるものであるが、しかしそれ自身は個々の個人の目的活動の客観的成果にほかならない。したがってまたこの法則の科学的認識は、一方ではこの目的活動の社会的統一を可能ならしめるとともに、他方では理論的に可能性を与えられる社会主義を実践的には歴史的に必然的なるものとするのである。目的活動の社会的統一化は、資本主義的経済法則の基礎をなす労働力の商品化という、近代的な自己疎外を止揚せずにはおかない。かくして社会主義は、経済学のこの原理論的成果にその科学的根拠を一般的に与えられるのである。」（『経済学方法論』宇野弘蔵著）

「実践的活動によってはじめて社会主義は「歴史的に必然」となる」（『現代社会とマルクス』あとがき）―そうだったのか、そういうことか。「賃労働と資本」の研究会で

「アッ」という驚きを覚えた時から二〇年近くを経てのことだったが、僕は別な驚きと感動を覚えた。鎌倉先生の「社会主義の原理を、人間「労働」と人間「生活」自体の中で確認し、これを基準とすることにこそ、人間の再興と社会主義の再生の根拠がある。」との問題提起も心に残った。しかし本当の僕自身の転機はその後のことだった。

第二節　石橋撤去をめぐって

二〇年前、一九九三年の鹿児島地方気象台の年降水量は4022ミリを記録し、七月の降水量は一千ミリを超えた。八月六日の一五時から一七時にかけては時間雨量九〇ミリに達し、人口五〇万の鹿児島市の中央部を流れる甲突川が溢れ、激流の流れがテレビ画面に映し出された。「未曾有の豪雨」と呼ばれるこの八・六水害が、一七〇年前藩政期から甲突川に架けられていた石橋群（六石橋）のうち、二つの石橋を流失させた。その後の災害復旧事業において、石橋全てを取り壊し移設することが水害直後に決まった。都市部に藩政期からの石橋群が現存するという全国にないその石橋群を全て撤去するという暴挙に、彷彿とした市民運動が起こった。

僕自身は八・六水害が起きた一九九三年の三月まで、その甲突川を管理する県鹿児島土木事務所に勤務していた。その折、「水害が起きれば（石橋が撤去できるのに…）」という多分議会筋からの話を耳にしていた。四月に種子島事務所に移動になり、八・六水害での鹿児島市の惨状をテレビ画像で見ることとなった。僕は「石橋撤去」が利権がらみのものであることを知りつつ、いったんは石橋保存を断念した。ところが、翌一九九四年の一月、「石橋現地保存」を求める市民運動をテレビの画像で知ることとなった。最初に撤去される工事前の石橋、玉江橋の上に座り込んだ知人の女性の姿を見て、僕は何もしないでやり過ごそうとしていた自分自身が恥ずかしくなった。

『自治研かごしま』に掲載された「石橋現地保存を断念」とする社会党県議団の記事が僕を動かすこととなった。僕は「分水路設置で石橋現地保存は可能」とする論考を『自治研かごしま』に投稿し、その要旨を八・六水害の翌一九九四年九月の自治研集会で発表することで、市民運動の表に立ち得ない自分自身の言い訳にするつもりでいた。「それだけしかできない……」それが僕の正直な気持だった。九月自治研集会の直前、友人から「報道に連絡していいか」と言われた。僕はそれが何を意味するかを直覚し、「いいとも悪いとも言えない」と答えた。

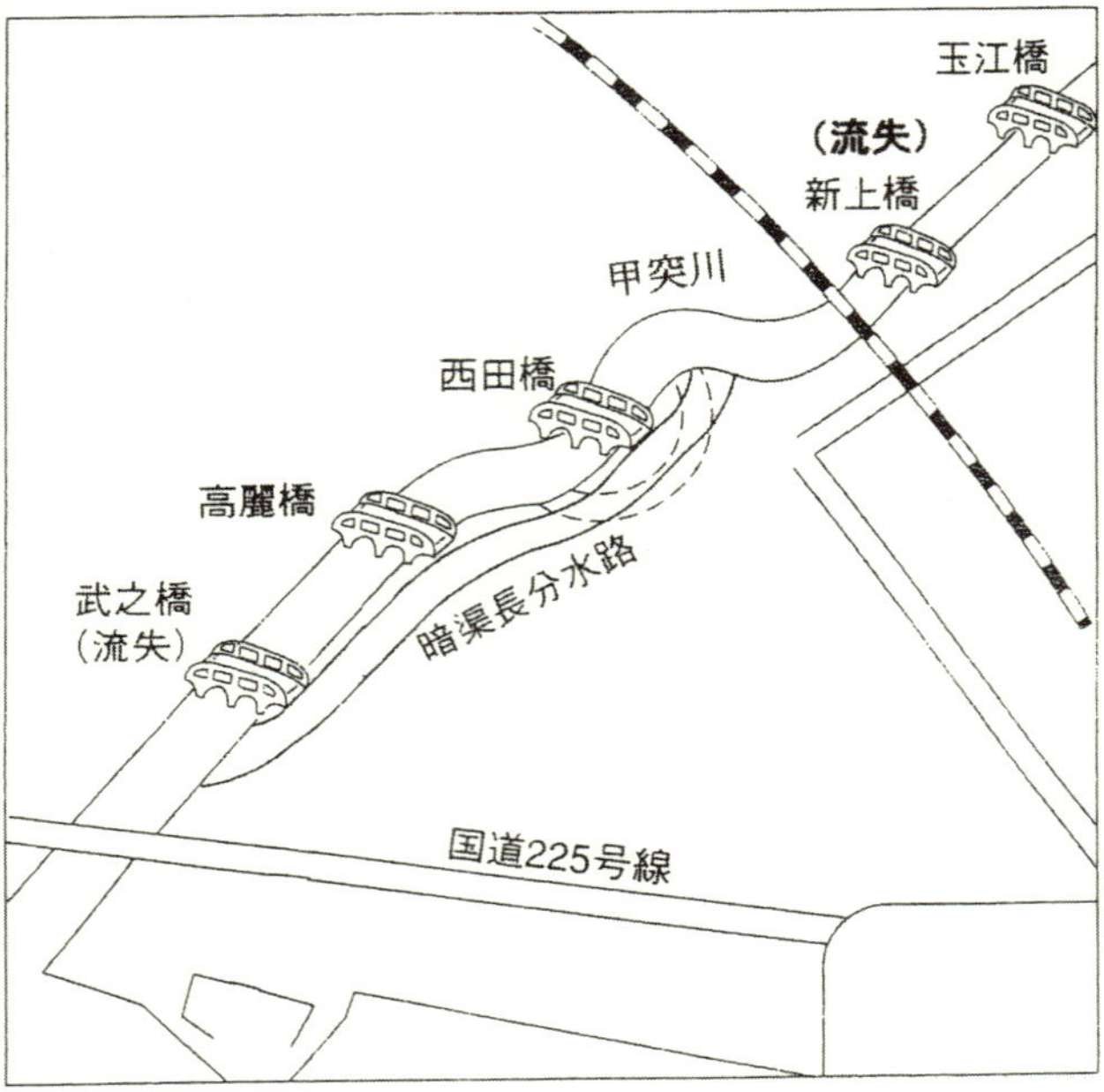

甲突川河床掘削に疑問

県職員が代替案

自治研集会

鹿児島県が河川激甚災害対策特別緊急事業（激特）を導入して進めている鹿児島市・甲突川の改修工事に対し、県の土木部職員が二日、「河床を掘り下げても で再び河口部分が埋まる恐れがあり、計画流量が流せなくなる」とするリポートを発表、県の計画は治水上必ずしも万全な対策ではないとの考えを示した。代替

職員は県の「安全な甲突川をめざして」などの冊子をもとにリポートを作成。この中で、河床を掘り下げても河口部は潮の出入りと沿岸流が運ぶ土砂がたい積

暗きょ分水路の設置を提案。高さ四メートル、幅十メートルの暗きょ二つで毎秒約二百トン、さらに石橋を残した場合の現在の流下量毎秒四百トンと合わせて六百トンが確保でき

る。これは河床掘削で改修した場合、土砂で〇・五メートル埋まったときの洪水制御量毎秒六百トンに匹敵するとしている。

職員の試算によれば、この分水路設置にかかる事業費は約二百億円とみられる。

職員はこのリポートについて「議論を重ねた上で、河床掘削しかないと結論付けたのならよいが、県の工法は一つの選択肢でしかなく納得がいかない。暗きょ

自治研集会では、僕の周りに報道陣が詰めかけた。僕の発表後も執拗に僕への質問を繰り返し、「私も石橋は頑張ります」との言葉を残して走り去った女性報道記者のことが忘れられない。その夜知人の新聞記者から、「明日の紙面の見出しをこれにしたい」とのファックスが届いた。僕は思わず、「なかったことにしてくれ」と電話で懇願した。「事実は曲げられない」、それがその記者の返事だった。

翌日、翌々日からの新聞・テレビ報道、県土木部当局・人事当局からの尋問、一週間後の県の反論報道と続いた二週間は、「とにかく職場に出る」ことだけだった。その後も県土木部から呼び出しを受けての尋問もあったが、同僚の土木技師からの呼び出しと叱責はことさらきつかった。「お前のやっていることは僕らの背中から鉄砲を撃つことだ」と。県の反論に対する僕の再反論が建設省担当部局の目にすることとなり、それに対する資料作成に夜遅くまで残業をしている同僚からも厳しい叱責の言葉があった。種子島の職場の同僚からもいい反応はなかった。

僕自身選挙事務局の中枢を担い、県議会に送り出した県会議員は、僕に電話ひとつ寄こすことなく、県土木部の見解を了として収めた。長年親しんできた社会党の友人も、最後の場面で市民運動に背を向けた。

このような時、種子島の貸家に塞ぎ込んでいた僕にひと

包みの封書が届いた。雑誌の中に挟まれていた紙に次のような言葉が記載されていた。

―「新聞で拝読　鹿児島に人有りの感を深くいたしました　圧力に負けず御健闘お祈り申し上げます　児玉正志」―

嵐の中にも光はあった。児玉さんにはその後一度だけお目にかかる機会があったが、その後亡くなった。

新聞・テレビ報道に関しては、僕の主張を実に丹念に追いかけ説明してくれていた。「マスコミの中にも、心ある記者は必ずいる……。」それは石橋問題にめぐり合った当時からの僕の変わらぬ気持だ。


思いがけない石橋撤去をめぐるこのような出来事は、僕にそれまでの人生に猛反省を強いることとなった。「住民自治を担う自治体労働者」との自治労運動のスローガンは労働組合運動に携わることの拠り所だった。しかしそれは言葉だけの、極めて観念的なものだった。

石橋撤去という事態に遭遇し、住民の前に立ちはだかる行政、鋼よりも硬く厚い権力者の壁に接して初めて自分自身の置かれているところを知った。たとえ上から押し付けられたものであっても、自分の与えられた持ち場のひとつひとつについて、真剣に考えて仕事をしてきたのだろうか。いくら利権がらみの、土木事業に係るものであっても、そのひとつひとつが地域の住民生活に係わるものであり、地域の自然と文化に係わるものではないか、と。

その後はひとつひとつの問題、上から与えられた問題でも、住民苦情でも、住民のところに足を運び、住民の話を聞き、地域を、山の谷を、川べりを、海岸を歩き回り、自分自身が感じ納得したことを自分の仕事とするようになった。もちろん何億という予算消化が与えられた職務であるのだから、前任者からの引き継ぎとしての、上から与えられた計画、実施途上の事業を変更し、ストップさせなければならないこともある。「こともある」どころか、ほとんどがそうなのだ。住民の苦情、抗議に、「僕の力ではここまでしかできない」とお詫びする、そして計画を変更、ストップさせるための道筋として、「要望書をつくってください」とお願いする、「要望書」の下書きをつくり、それを自分で受ける、「要望書」の内容を自分で調査し、住民からの団体交渉を受けることになる。冷や汗ものの自作自演だが、住民要求を実のあるものにする道筋を作っていくとそうなってしまうのだ。「最近やたら要望書が多い」、そのような僕が赴任した職場の長の「つぶやき」がはじまる。人事異動で上司が替わり、新しく赴任した上司から、僕の計画をことごとく止められる羽目になる。行き詰まったとところからの打開策は、地域をまわり、地域の声を拾い集めて少しずつ事の次第を表に出してゆくことだ。地域の人達と「〇〇を考える会」をつくってのセミナー、シンポジウム、記者会見等、問題の一大宣伝だ。

そのような中、毎年のように県土木部当局・人事当局から呼び出しを受け、「ルール違反」「組織的でない」との叱責を受け続ける。職場の若い同僚からの、「仕事をしてください」との叱責―職場にいないと思ったら、テレビ画像に映った、石橋取り壊しに反対する住民の会に出席しての事業者（鹿児島市）への抗議の発言―はきつかった。

でも言い訳はできない。僕の与えられた職務の大半については、押してはいけない印鑑を押し続けてきたのだから。そのことで地域の人たちが苦しい思いをしていることを知りつつ…。

同僚の中で孤立するそのようなきつい日々にも、心に残る意外な出来事がいくつかあった。二〇〇五年春、奄美赴任三年を経て内地への異動発令前、県大島支庁長から呼び出しを受けた。「住用村の人達から『北畠さんを奄美に残してください』との嘆願署名が来ている、あなたの意向を知りたい」と。「すばらしいですよ」と傍らの女性から声をかけられた。千を超える署名が集まっていることを別の場所で聞かされた。

六年前の定年退職直前の二〇〇八年春、職場の廊下で同僚から言葉を掛けられた。「北畠さんのことについていい話は聞こえてこなかった。でも身近に接してみて、ずいぶん違っていると感じた。よく頑張ってこられましたね」と。この人は同僚と言っても建築技師だった。その同僚に返す言葉はなかった。

住民の声を拾い集めて住民説明会用に作った資料を切り刻み、薄っぺらな資料に整理することを強いた本課の若い土木技師が、別れ際に言った。「北畠さんの仕事は歴史に残りますよ」と。僕は一瞬自分の耳を疑った。

以前の僕の日々の生活の拠り所は、「反合理化闘争を通じての組織づくり」だったと言えるのだろうか。労働組合運動を通じて仲間は増えたたし、そのことが未来に繋がるものと僕は信じ切っていた。石橋問題との出会いとともに、僕の日々の拠り所は、地域の住民に寄り添い、住民とともに地域のひとつひとつの問題を考える、世論として提出する、そのようなものになった。意識してそうなったのではなく、自然にそうなってしまったのだ。県土木技師としての職務は、公共事業執行、土木事業執行が至上課題であったのだから、県のルールを無視する「行き過ぎた」行動、住民に寄り添う僕の姿勢に対し、同僚の反感、当局の圧力は当然とも言えるものだった。「過疎地の村への道に橋を架ける」僕の土木技師としての夢は終った。しかし未だ終わってはいないのかもしれない。

ひとつの転機であった一九八〇年代は、「危機管理」が大きな声で叫び出された時代であった。それが国、自治体の「公共事業推進」の合言葉となった。豪雨による度重なる「自然災害」は「危機管理」下のものとして、「産業基盤の確立」としては基本的にその役割を終えた公共事業推進のプロパガンダ的事由とされた。そうした中、鹿児島県が計画、推進する公共事業は、多くの住民にとって寝耳に水のことだった。──「危険だから河川事業を、砂防事業を、安全のための都市計画事業推進を」──、そのような説明が、県と住民との軋轢を生み、長引く紛争につながった。県、行政は、「利便」と「安全・安心」を求める住民を「事業推進」の盾として取り込むのが常であり、それに異議を唱える住民は孤立させられた。川辺川ダム問題、諫早湾締切問題、八ッ場ダム問題は、全国に津々浦々に広がっている問題だった。

一九九三年に起こった鹿児島の八・六水害をきっかけとした石橋撤去をめぐる紛争は、このような時代背景があってのことだった。日本の官僚支配体制の末端にいた僕の経験は単なるもがきだったのかもしれない。僕は「官僚」という言葉を石橋撤去という事態に遭遇するまでは知らなかった。

福島原発に遭遇した福島の子供の口から「官僚」という言葉が出たのに僕はびっくりした。「僕たち大人になれるの（ガンで死ぬのではないの）」という、子供たちの政府への直接交渉の場での報道を見ての時のことだった。

第三節　「三・一一」をめぐって

原発をめぐっては、「三・一一」を抜きにしては何も語れない。

テレビ画像で津波に飲み込まれていく避難者をリアルタイムで見たとき、僕はもう災害というものに口を開くことができないのではないかと思った。親しくしている河川工学者からは、「明治以来の近代技術のあり方が問われている」とのメッセージが寄せられた。その通りなのだが…。

鹿児島の川内原発に関わっている人たちから受ける雰囲気は一変した。全国からのインターネットの情報が毎日矢のように入るようになっていた。騒然とした数か月の中で、ともかく東北の現地に足を運びたいと思った。当初は知人がいる、東京に近い茨城に行くことを目論んだ。福島を避けたのは旅費のこともあったが、本音は放射能を浴びるのが怖かったからだ。だが出かける直前に若い頃自治労運動で親しくしていた福島の友人から、「元気です。お待ちしています」とのメッセージが届いた。東京から夜行バスで福島を目指し、二〇一一年六月二〇〜二二日の三日間、福島の被災地を回った。持って行った鹿児島大学橋爪先生手製の放射線測定器の値は、県都福島市が鹿児島市（屋外）の四倍を示した。飯舘村は福島市の六倍（鹿児島市の二四倍）。浪江町の二〇キロ圏立ち入り禁止区域のバリケード地点では福島市の一〇倍（鹿児島市の四〇倍）、計器が思いっきり振れるのを見た。浪江町から飯舘村へと車を走らせ、放射性物質が浪江町から福島市までの川筋谷筋に沿って流れ、飯舘村の丘陵地を駆け上がったことを感じることができた。

東京でマスクをしている人はわずかだった。福島市でもマスクをしないで歩いている人が少なくなかった。マスクをした若いお母さんが、子供にもマスクをさせて乳母車を押しているのを写真に収めようとカメラを向けたが拒絶された。僕にはそのことがかなりのショックだった。

東北大震災と福島原発事故については、新聞など報道関係、文献、インターネット等の情報をとても追いかけ切れない。

「現在生じている事態は、単なる技術的な欠陥や組織的な不備に起因し、それゆえそのレベルの手直しで解決可能な瑕疵によるものと見るべきではない。津波の大きさに対する予測を誤ったことや、非常用電源配置のミス、あるいは廃炉にともなう経済的損失をおそれて海水注入を躊躇し事態を悪化させたといったことだけが問題なのではない。むしろ本質的な問題は、政権党（自民党）の有力政治家とエリート官僚のイニシアティブにより、札束の力で地元の反対を押しつぶし地域社会の共同性を破壊してまで、遮二無二原発建設を推進してきたこと自体にある」（『福島の原発事故をめぐって』山本義孝著、みすず書房、二〇一一年）。

「三・一一」からあまり間を置かずに手に取った文献だが、東大全共闘運動をくぐり抜けた山本義孝氏の著書に学ぶことは多い。「三・一一」後初期の頃は、東日本大震災・福島原発事故そのものの原因、戦後日本の科学技術政策の在り方に目が向いていた。

「三・一一」後、大手建設業K社の学友の話を聞いたことがある。「福島原発事故では自衛隊の活躍が脚光を浴びているが、活躍しているのは我がK社」というものだ。事故処理、「復興」、公共事業産業の「活躍」にどのような意味あるのか、僕自身が関わっていた地方自治体での公共事業の在り方にも改めて思いを馳せざるを得ない。数千万～数億円の土木工事の発注に印鑑を押し続けるのが僕の主な仕事だった。

若い頃は本課での開発工事の審査の業務もあった。調整池の設置など基準通りの設計がなされているかどうかの審査だった。一九八六年の集中豪雨で鹿児島市を中心にシラス崖が崩れ、多くのお年寄りが亡くなった。同僚と災害現場を回った僕は、崖の縁に排水路が設置されていないことに気がついた。崖崩れは明らかに崖の縁から大量の水が流れ落ちたことによるものだ。これは僕のせいではないか、そのようなことが頭をよぎった。そのことを誰にも話せなかった。

別のこともある。

―もう十年ほど前、二〇〇四年のことだったろうか、鹿児島県奄美で新たな採石場許認可のことが問題になっていた。採石場許可申請地の山の麓には一〇〇戸近い集落があり、地元住民からは「許可を出さないよう」申し出がされていた。県が許可した直後に採石業者の発破で山が崩れ、当時河川砂防係にいた僕にも「現地を見てくれ」との要請があった。僕は現地に行き、崩れた箇所の周りを歩き、発破で大きく穴が開いたところを現場にいた業者の作業員と建設機械を動かして崩れた岩や石で塞ぐ作業をした。採石場作業許可担当部署でない僕がそのような作業にかかることは本来あり得ないことなのだが、誰もそのことを疑問に思わず、「北畠さんはよく（危険箇所なのに）平気でされますね」とびっくりしていたようだった。緊急の応急作業が終わったところで、関係部署の打ち合わせ会議が開かれ、県アドバイザーとしての大学教授が、「危険だから現地に立ち入らないように」「住民を避難させるように」とのコメントがあった。よく覚えてはいないが、僕自身「応急工事はしたので避難は必要ない」「発破で崩れたのだから（エネルギーは開放されていて）危険はない」とコメントしたのかどうか。結局大学教授の提言が生かされ、現地住民は数カ月の苦しい避難生活を強いられ、県が数千万円（五千万～一億円規模のものだったかどうか）の代執行による工事をした後、避難生活が解除された。―

担当部署の職員からは、「北畠さんのお蔭で助かった」と感謝されたが、代執行工事の担当部署からはいつの間にか外されてしまっていた。

「基準」通りの設計審査を続けた結果としての災害、被災後の不用な「災害復旧」工事と無用な避難生活、これが『構造災』（松本三和夫著、岩波書店）というものか。

八・六水害石橋撤去後の県、同僚との軋轢を経験して後、僕には多分、「組織のルール」などどうでもよくなってていた。福島原発事故で二〇キロ圏外の葛尾村が独自の判断で全村避難したことの報道は心に響いた。

「三・一一」は、日本資本主義が高度成長の道を走り終え、若者に仕事がなく、悲惨な事件が相次ぎ混迷を深める今日の時代の事である。

福島原発事故後の数多ある文献の中で、僕を惹きつけているもののひとつに、『原発を止める人々』（小熊英二著、文芸春秋、二〇一三年九月刊）がある。

小熊氏の主張はこうだ。

―多くの世論調査によると、原発を「今すぐゼロ」と答える人は一五パーセント前後に過ぎないのに、「再稼働反対」は五割から六割ある。これはある意味で矛盾であり、「再稼働反対」とは「今すぐゼロ」と同じことであるのに、「今すぐゼロ」よりはるかに多い。「徐々にゼロ」と希望していながら、「再稼働反対」という人々が多いのだ。

つまり少なからぬ人々は、こう考えているということだ。「あのような事故があった以上、将来原発をゼロにする方針を明確にするならともかく、なしくずしに再稼働することは反対だ」。そして「もう止まっていて、それで問題ないのなら、このまま止めていてほしい」。

こうした民意が過半数に定着する程度には、原発事故の衝撃、福島の状況、その後明るみに出た利権構造、反省の様子がみえない原子力業界の姿勢などは、深い影響を日本社会にあたえた。世論の多数は、一時的なブームとして、「非現実的な夢」としての脱原発を志向しているとはいえないのではないか。

今政治を転換させる政治勢力を僕らは持ち合わせていない。しかし最近、僕らの前にある壁は、僕自身経験した「住民の前にたちはだかる行政、鋼よりも硬く厚い権力者の壁」とばかりとは言えないのではないか、脱原発運動を担う、政党、労組等に所属の組織人と市民との間にある壁こそが問題なのではないかと感じるようになってきている。石橋撤去で孤立し、一人からの運動を迫られた僕自身が再度の方向転換を迫られていると思うことだ。

第四節　鹿児島の脱原発運動、川内原発をめぐって

二〇一一年九月二日、福島原発事故に伴い、「一〇〇ミリシーベルト／ｈを超さなければ、全く健康に影響を及ぼしません。」との断言で日本を騒然とさせた山下俊一教授の【朝日がん大賞】受賞式が鹿児島で行われた。このニュースをキャッチした女性が夜に昼を継いでチラシをつくり、『ガン征圧全国大会』会場で配布した。それがきっかけとなって「子どもを放射能から守る会かごしま」（以降「守る会」）の活動がはじまった。この会が問題にしたのは、「子どもたちの学校給食の産地」と「汚染ガレキ処理」の問題だった。翌二〇一二年、「汚染ガレキ処理」が鹿児島に持ち込まれようとした折、「守る会」の中心メンバー、女性二人が、瓦礫処理についての市町村首長への説明会に「訴状」を配ろうと、会場に体当たりでの突入を試みた。僕はその場の小ぜりあいの中にいた。それが元で（「過激すぎる」と）「守る会」は頓挫した。

「守る会」の活動を通じて、関東東北からの避難者、避難家族との出会いがあった。彼の地にお父さんを残して子どもと鹿児島に、西日本に避難して来られた母子との出会い、父子との出会いもあった。「守る会」の定例会を終えて後、住居に送り届けてからなお深夜まで避難者のお話を聞く日が続いた。最近でも唯の昼食会のつもりが、何時間も涙を流されながらのお話を聞く機会もあった。遠隔地のお父さんと母子が行き来している家族はまだしも……だ。家族と離縁し、預金も底をつく状態になってギリギリの状態にある母子父子が身近にいる。「支援体制づくり」は追いつかず、行政支援がなく、川内原発を抱える鹿児島に見切りをつけ、岡山など新天地をめざす母子もいる。かっての、国鉄闘争をはじめ、工場閉鎖全員解雇下の、困難ではあっても敵が明らかであり、支援体制を敷いていた時の状態ではないのだ。鹿児島には「一一三一一疫学調査」という、原発事故時に東北宮城にいた大人と子ども、遠隔地鹿児島にいた大人と子どもとの診療比較を手掛ける医師がいる。遠く宮城から、事故時にタクシーと新幹線を乗り継いで避難してきた母子がその活動を支える中心メンバーだ。福島県内居住者からの診療を求める人々はむしろ少ないという。原発事故被災者の分断は深刻だ。それでも……。

全国津々浦々での、無数の小さな運動が途切れることはあるまい。鹿児島では毎年の「三・一一集会」、毎週金曜日の集会とデモ、新エネルギーを求めるとりくみ、被災地との交流イベント等々が途切れることはない。インター

ネットで伝えられてくる全国津々浦々の闘いは熾烈であり、お母さん、主婦の頑張りは驚くばかりだ。

それが日本のエネルギー政策転換への力になり得るものかどうか。保守王国鹿児島、原発立地を含む、札束で住民をひっぱたいてきた保守王国鹿児島である。本土の最果ての地南大隅での原発最終処分場立地のくすぶりも消えていない。小熊氏の、「世論の多数は、一時的なブームとして、「非現実的な夢」としての脱原発を志向しているとはいえないのではないか。」との提起が鹿児島の地で言えるものかどうか。

九州電力の「やらせ問題」はあったが、鹿児島では現在稼働停止中の川内原発一、二号機が、全国最先端を切って再稼働と言われる。世界最大級一五九万キロワットの三号機増設計画も死んではいない。

僕らは「三・一一」以前に川内原発増設阻止の闘いを組んでいた。このことを記しておかなければならない。

鹿児島における世界最大級一五九万キロワット川内原発三号機増設阻止の闘いを担ってきたのは、「反原発・かごしまネット」の仲間達であり、その中核は石橋運動を共に担った知人・友人達だった。

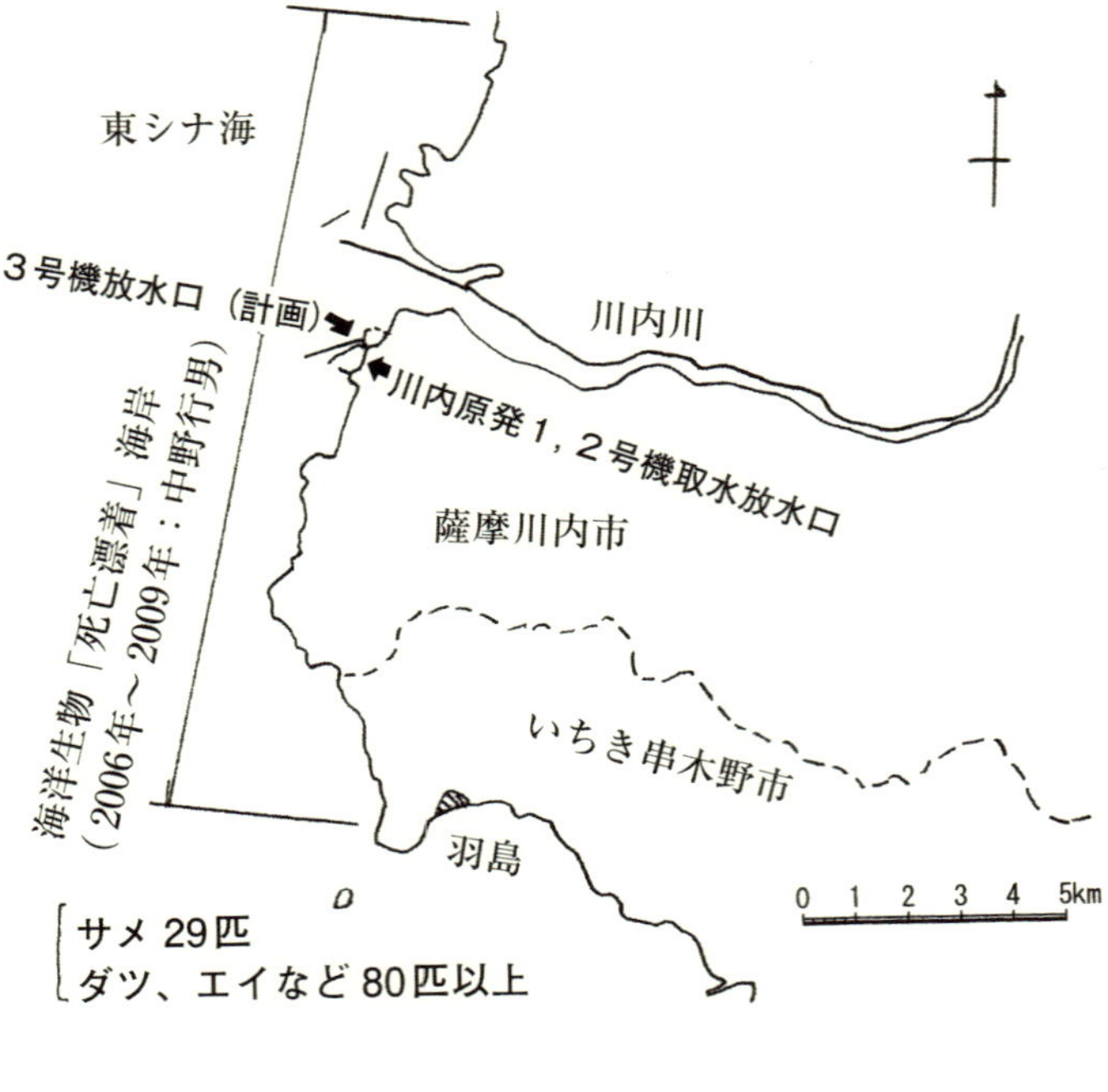

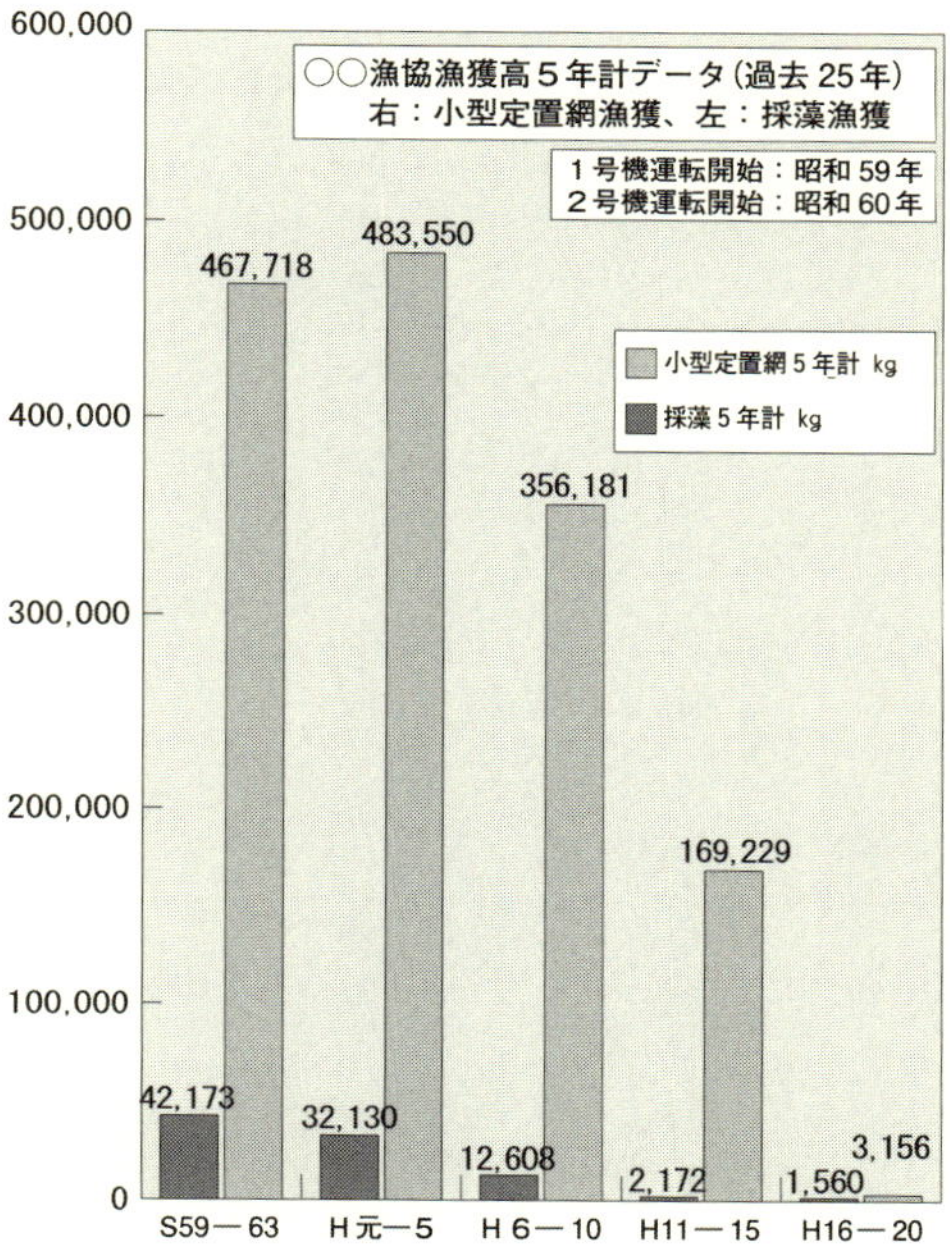

ネットの仲間達は、これまで言われてきた「重大事故の発生」「放射性廃棄物処理」の問題ばかりではなく、鹿児島川内の地で運転されていた川内原発一、二号機から出される温排水の影響、低線量放射線の影響をも問題視していた。毎月欠かさない原発近隣海岸での海水温測定、毎年の桜花びら調査が行われていた。運転中の原発から出される放水量は一三三トンであり、増設三号機から出されるもの（計画）は一〇七トン、その量は川内原発立地点に注ぎ込む九州第二の大河、川内川の豊水流量一〇三トンに匹敵する。三号機増設で川内川の二倍の量の温排水が川内原発から出されることになるのだ。（前頁の下図参照）

川内原発立地点に現れている温排水の影響は顕著であり、近隣海岸に流れ着く海生生物の「死亡漂着」は夥しい。（二〇〇九年でサメの「死亡漂着」は二九匹、ダツ、エイなど八〇匹を超える。ウミガメ、クジラなども「死亡漂着」―サメの「死亡漂着」は、国際学会でも報告がないという。二九三ページに写真）

九州電力は「温排水の影響は二キロ内外」という。しかし近隣漁協の被害は深刻だ（近隣漁協の漁獲高は五分の一～一〇分の一に激減、「（海藻は）ワカメ→ヒジキ→テングサ→フノリの順で消えていった」と地元の漁師さんは言う）。地元漁民の声は小さく、県や地元市長のところには届けられていない。（上図参照）

県は、行政当局は、「地球温暖化が原因」「漁獲高減の状況は他の漁協の漁獲高と比較して著しくなく、（漁獲高減の原因は）特定できない」との姿勢だ。僕は原発近隣漁協に通い、漁獲高の記録作業を始めていた。その漁協は川内原発から南一〇数キロに位置し、人口三万のいちき串木野市に属する。海岸線二〇キロのその漁業の町いちき串木野では、ビキニ環礁の水爆実験の時にはマグロを積んだ漁船が被爆し、大量のマグロが土の中に埋められたという。六〇年近く前のことだ。

一方、川内原発の地元薩摩川内市では、医療費が全国平均に比較して飛び抜けて高いという報告―三十五~四十四歳で全国平均の二・五倍（フライデー二〇一〇年六月十八日掲載記事）―があり、川内原発から放出される放射能の影響が懸念されはじめていた。三十五~四十四歳という年齢の人たちは、ちょうど川内原発一、二号機が稼働を始めた頃子供だった人たちだ。

川内原発再稼働に向けての足音が近づく。僕らは鹿児島の地で一万人集会を準備している。また川内原発活断層研究会を立ち上げて川内原発立地点での、「十二・五万年前」の陥没構造の存在、新たに発見した地層の滑り（活断層の存在）を公開質問状で問題提起しており、ギリギリまで九電とやりとりを続ける。原発再稼働を規制委員会任せでいいのか、というのが僕らの問題意識だ。

第五節　明日へ――とりあえずのまとめ

この小稿の表題は編著者がつけたものである。「実践を、政治的な組織的活動と理解」（宇野『「資本論」と社会主義』）する立場からは、僕は何もやっていない。

市民運動を共に進める仲間と「東電福島原発事故から2年、東日本の子どもたちはどうなっているのか、世の中はどうなっていくのか、―語る会」（略称「―語る会」）を準備した。呼びかけ人は県域を越えて子どもたちの診療を続けている医師青山先生と、鹿児島大学大学院司法政策研究科の伊藤先生だ。

一年かけて組織人（政党、労組等）のところの知友を訪ね歩いた。「組織に諮りたい」との返事に愕然とした。「僕はあなたに考えていただきたいのですよ。あなた自身のお考えを聞きたいのですよ」と思いながら、めげずに歩き続けた。

「―語る会」の主意は、

「原発や社会、みんなをとりまくもの、ありのままを、あるがままに、語っていきましょう。」

であり、スローガンは、

「当たり前のことが、当たり前になる世の中に―。」だ。

主意とスローガンは僕自身が準備したものではない。「―語る会」のメンバーが自主的に整理してくれたものだ。この会にどれだけの、どのようなメンバーを結集することができるか、今後どうなるかわからない。

石橋撤去から続いている「まちづくり県民会議」の会報「まちづくり八・六ニュース」は、僕が編集人になって五年を超える。「―語る会」と「まちづくり八・六ニュース」は、明日へつながる道と思いたい。

僕自身、この本の編著者鎌倉先生の問題提起を忘れてしまっているわけではない。

「社会主義の基本原理は何よりも経済原則の法則的実現をなくすこと＝法則性の廃棄にある。そしてその実現は、労働力商品化の廃絶による労働生産過程における労働者の主体性実現を基軸にした、社会存立に不可欠な経済原則の意識的、計画的実現にある」（鎌倉『現代社会とマルクス』）。

混迷を深める現代資本主義社会にあって、「社会主義」は今なお世界の先に見据えるものとして希望の光である。否、目の前の、現実の課題を一歩一歩踏みしめるものとしてある。

「脱原発」に取り組む、お母さん、お父さん、研究者、技術者、労組活動家、政党人、文化人、報道人、そして普通の市民の粘り強い闘いは続く。「―語る会」をひとつの足場として、僕らもその戦列を離れず、関わっていきたい。

石橋撤去へのコメントに県の同僚からは非難の声以外のものを見出すことはできなかった。しかし僕は今なお、「住民自治を担う自治体労働者」としての同僚への希望を失くしてしまっているのではない。


（二〇一四年一月二八日）

2008年１月25日　アカウミガメ

2009年３月11日　サメ

あとがき

この本の執筆者は、鎌倉孝夫主催の研究会のメンバーであるが、その会で取り上げられ、研究素材になったものは、『資本論』『資本論』草稿、その他マルクスの著書を別にして、以下のような古典的な近代思想家のものであった。ホッブス『リヴァイアサン』、モンテスキュー『法の精神』、ロック『市民政府論』、ルソー『社会契約論』、スミス『道徳感情論』『法学講義』、カント『プロレゴメーナ』『人倫の形而上学』『実践理性批判』『純粋理性批判』、ヘーゲル『法哲学』『小論理学』『精神現象学』等。これらは教養にとって意味があっても、経済学あるいは宇野理論の理解や深化にとっては回り道のようにみえるが、宇野が三段階論を開き、原理論の対象設定を純粋資本主義に限定したときに、逆にその他の領域の次元と位置とがどのように再場所化されるべきなのかが問われたのであり、それらの著書はその大いなる素材となったのである。

そこから二点だけ指摘しておきたい。観念論の立場から世界を二人で占領してしまうような理論の核を持っているカントとヘーゲル。宇野理論は、この世界の双分に介入する別の理論の核を有しているように思われる。例えばヘーゲルの「現実的なものは理性的であり、理性的なものは現実的である」という命題は、普遍的な概念が、具体的なものと対立せず、自ら具体的なものに受肉することを意味する。ヘーゲルからすれば、例えば人間の概念は具体的な人間に受肉するのだが、しかし現実に存在する病人あるいは狂人などは人間の概念に相応しいものとされず、彼の「現実的なもの」＝「理性的なもの」からは排除される。それは存在するが存在しないのである。それに対してカントの物自体論は、「現実的なもの」＝現象とは別の存在を認めるが、理論的認識の彼岸とされる。これは、言い換えると、原理と原理の貫徹しない外的なものとの対比となる。この二つの議論は、宇野理論解釈において、一方は資本主義の歴史過程をそのまま内面化すると称して、歴史に原理の自己貫徹を主張する解釈、他方では原理とは別に、不純な歴史過程を把握すると主張する解釈にその本質を見出していたのである。これに対して宇野理論は、私たちの理解からすれば、歴史の発展段階を原理の自己貫徹する鏡像とみたのでも、原理外的な不純像とみたのでもなく、諸資本形態の中心化において原理に歪みをもたらす方向性を原理自体が指示するとした。つまり原理をその歪曲像との関係として特定の次元に場所化したのである。

もう一点。上の著作の列挙から推察できるように、研究の重点の一つが、近代国家論の性格をめぐるものであった。ロックからヘーゲルへの市民社会の扱いにみられる変化は、資本主義の進展に対応したものだが、あるいはスミスとヘーゲルとの間の差異は先進国と後進国の、やはり資本主義の進展に対応したものだが、彼ら近代思想家において、「市民社会」の自立性の獲得と平行して国家の役割の消極化がみられる。この消極化が極点まで進めば、国家そのものが捨象されてしまうであろう。とすれば、純粋資本主義の純化傾向のいわば裏側にこうした動向が同伴したのであり、また原理論を前提にすれば、いわば国家の存在根拠を問うという課題が発現したといえるのである。というのは原理論だけは、国家が何ら積極的な役割をしない世界だからであり、これを裏から言えば、国家が積極的働きをしているとすれば、原理論からすればその特有の次元の形成と意義が問われることになるからである。近代思想家は、資本主義の形成期にそれぞれの仕方でいわば国家の存在証明に、国家の消極化という形で素材を提供するものとみなせたのである。そして先の原理とその歪曲像との関係からすれば、歪曲像には必ず国家が特有のあり方でその存立をえているといえる。国家の存立とその役割の積極化は、いわば「病人」の徴候でもあったわけである。

　例えば次のような、原理論には直接含めることは出来ないと思われる『資本論』の記述がある。「ブルジョワ意識はマニュファクチュア的な分業、つまり労働者を一生一つの細分業務に固定し、部分労働者達の資本の下への従属を、労働生産力を増大させることになる労働組織として賛美しているが、この同じブルジョワ意識はそれゆえ同様に社会的生産過程に対するあらゆる意識的な社会統制と規制とを、犯すべからざる財産権、自由さらには個別資本家の自律的な『独創性』に対する侵害として、声高に非難するのである」（第一巻第4編第12章）。何か現在の市場原理主義＝新自由主義にぴったりのような内容ではないか。しかしそれもまた次元差を無視しては適用を誤るだろう。それが資本主義原理への復帰や逆流のようにみえても、資本の主体性に基づく運動によって固有の社会を展開するのとは違っている。資本主義の理念である「それ自身に利子を生むものとしての資本」の現実化（「擬制資本化」）が、株式や土地ばかりでなく、家屋取得の借金返済金のようなところまで及び、さらにそれが崩壊しているような現在の状況は、歪みの程度にも深刻なものがあり、さらに自由主義の建前とはまったく違って、原理とは別の次元に属する国家を利用した暴力・強制・収奪を自己に内在させたものであり、まさに「病人」としての資本主義と資本主義国家の様相を呈しているのである。「病人」の現状分析は、原理上の理念が現実化した以上、もはや資本形態のそれ以上の進展がありえないものとして、絶えず「資本化」の進展とその崩壊を繰り返しながら、「病人」の行く末、すなわち資本の主体性の「死」の徴候を呈するものとして分析される。ここにこの本の眼目の一つがある。

　現在の危機の時代に、筆者達の長い研究会の小さな歴史と内容とが、何かシンクロしたようで、この本の出版が出来たことを意義深いものと感じる。社会評論社に感謝する。

（中村健二）

〈追記〉

　本書の諸論稿は、三年前に完成していたが、「3・11」の衝撃をふまえ、それ自体の分析、その後の情勢、政策、実践に関して加筆した。「3・11」は、私たちが提示した論理と実践を検証するまたとない機会と思ったからである。なお情勢は流動的であるが、私たちが築いてきた論理と実践の提起は、十分生かしうるし、生かさなければならない、と考えている。〝新自由主義と国家〟——ここに分析の焦点がある。現体制保守勢力の体制維持策は、排外主義的ナショナリズムを伴う、理屈なしの暴力的統制——全くの欺瞞的な自由・民主主義の価値観を普遍的とする体制肯定イデオロギーと、国家に対する批判を封じる愛国心の強制による国民統合以外にありえなくなっている。このことは、安倍政権が進めている戦時体制確立において、現に示されている。（なお「アベノミクス」に関しては、『長周新聞』一四年一月一日から連載中の「資本主義体制・国家への幻想を棄てよう」を参照して下さい。）

　資本主義に対する一切の幻想を棄てよう。認識を鍛え、体制変革の方向を明確にしよう。

（二〇一四年二月、鎌倉孝夫）

108, 250, 252, 256
＊『経済原論』岩波書店、上 1950年刊、下 1952年刊（著作集第一巻） 41, 42, 48, 208
＊『経済原論』岩波全書 1964年刊（著作集第二巻） 50, 57, 61, 62, 67, 68, 71, 72, 105, 107, 112, 225, 257, 267, 268, 272
＊『資本論と社会主義』岩波書店 1958年刊（著作集第十巻） 89, 113, 118, 227-229, 236, 238, 248, 254, 255, 259, 262, 291
＊『マルクス経済学の諸問題』岩波書店 1969年刊（著作集第四巻） 216
＊『資本論入門』講談社学術文庫 1968年刊（著作集第六巻） 227
＊『社会科学の根本問題』青木書店 1966年刊 232 242
＊「資本主義の組織化と民主主義」『世界』（1946、5）岩波書店（著作集第八巻） 248, 252
＊『社会科学と弁証法』岩波書店 1976年刊 242
梅本克己
＊『社会科学と弁証法』同上 238-242
宇沢弘文 170

W.
ウエーバー、M.（Weber） 106

Y.
山本義隆
＊『福島の原発事故をめぐって』みすず書房 2011年刊 286, 288

Z.
神野直彦
＊『分かち合いの経済学』岩波新書 2010年刊 28, 32

（窮乏化） 164-168
（物神性） 164-168, 168-196
（擬制資本） 187-191
松本三和夫
＊『構造災』岩波書店 288

O.
小熊英二
＊『原発を止める人々』文芸春秋 213, 288
オバマ、B.（Obama） 18, 134, 135
大島堅一
＊『再生可能エネルギーの政治経済学』東洋経済新報社 2010年刊 14, 32
大内力 101, 111, 247, 249, 253
＊『大内力経済学体系第一巻　経済学方法論』東大出版会（1980） 37, 90, 91, 93
オーウェン、R.（Owen） 70

R.
リカード、D.（Ricardo） 121, 160, 229, 233, 234
ルソー、J. J.（Rousseau） 220, 222

S.
スミス、A.（Smith） 40, 41, 121, 140, 170, 229, 231, 233, 258
スピノザ、B. D.（Spinoza） 240
スターリン、J.（Stalin） 46
鈴木鴻一郎 210

T.
侘美光彦
＊『大恐慌型大不況』講談社 1998年刊 126
戸原四郎 90
友寄英隆 137

U.
宇野弘蔵 205-210, 212, 216, 223, 225-233, 236, 239, 244, 247, 251, 257
＊『経済学方法論』東大出版会 1962年刊（宇野弘蔵著作集第九巻　岩波書店）
36-38, 40, 49, 52, 53, 55, 80, 89, 93, 105, 111, 138, 139, 249, 258, 259, 261, 263, 280
＊『経済政策論』弘文堂 1971年刊（著作集第七巻） 37, 39, 41, 83, 84, 90, 105, 106,

加藤栄一　37
*『20世紀資本主義Ⅱ』東大出版会 1995年刊　82,85,100-101,112
*『現代資本主義と福祉国家』ミネルヴァ書房2006年刊　244-253
カウフマン、I, I.（Kaufmann）　42
カウツキー、K.（Kautsky）　54
ケインズ、J, M.（Keynes）　196,229
児玉正志　283
小出裕章
*『原発のウソ』扶桑社 2011年刊　14,32

L.
レーニン、V, I.（Lenin）　46,255,280
*『帝国主義論』（1917）　122,126,132

M.
マルサス、T, R.（Malthus）　229
マルクス、K.（Marx）　210,222,228-236,237,240,257
*『経済学哲学草稿』（1844）　16
*『ヘーゲル法哲学批判序説』（1843）　133
*『共産党宣言』（1848）　119-122
*『賃労働と資本』（1848）　279
*『経済学批判要綱』（1857）　210
*『資本論』（1867,1885,1894）　204-206,210,226,228,229,232-236,237,242,243
（第二版後書き）　42
（取得法則）　47
（第一巻1-4章）　57-59
（第二巻）　52-62
（第三巻）　62-68
（実体論）　72-73
（経済法則）　73-77
（資本の理念、利子生み資本）　65,77,78-80,183-186
（資本規定）　139-142
（剰余価値生産）　140-142
（労働日）　143-146
（機械）　147-155
（蓄積法則）　155-157
（恐慌）　158-163

ヒットラー、A.（Hitler） 48
ホジスキン、T.（Hodgiskin） 47

I.
伊藤誠
*『マルクス理論の再構築』社会評論社 2003年 41,42,57
石橋克彦
*「原発震災―破滅を避けるために」『科学』（1997,10）岩波書店 13,32
岩井克人 27
岩田弘 217

K.
カント、I.（Kant） 57,220,221,222,232,240,255,259,260
鎌倉孝夫 205-236,240
*「アメリカの核管理下の平和利用」『進歩と改革』（2011,11） 15
*「研究者の社会的責任」『社会主義』（2011,10） 16
*『資本主義の国家破綻』長周新聞社 2011年 19,24,30
*『株価至上主義経済』お茶の水書房 2005年 22,79,215
*「理念としての〈それ自身に利子を生むものとしての資本〉」『宇野理論の現在と論点』社会評論社 2010年 30,57,78
*『国家論のプロブレマティク』社会評論社 1991年 31,33,125,132,220,222-225
*「20世紀マルクス経済学の科学性」『マルクス理論の再構築』社会評論社 2003年 42,56
*『資本論体系の方法』日本評論社 1971年 62,207-210,228
*『資本主義の経済理論』有斐閣 1996年 68,93,100,106,111,112,118,121,122,130,205,212-214,225-226,236
*「原理論における階級論」『資本論とマルクス主義』河出書房新社 1971年 68,210-212
*『現代社会とマルクス』河出書房新社 1984年 90,91,221-222,230-233,253,278,279,280,293
*「共産党宣言に関する二つの論点」『経済と社会』時潮社 1998年 119,120
*『資本論で読む金融・経済危機』時潮社 2009年 134,137
*『経済学方法論序説』弘文堂 1974年 215-220,222-223
*『経済学説と現代』現代評論社 1979年 228-230
*『信用理論の形成と展開』有斐閣 1990年 233-236
片桐幸雄
*「国際通貨の何が問題か」『経済理論学会 年報35集』 132

人名・参考文献索引

A.

アルテュセール、L.（Althusser） 237

＊『資本論を読む』ちくま学芸文庫 1997年刊 237

アリストテレス.（Aristoteles） 259

B.

馬場宏二「世界体制論と段階論」『20世紀資本主義Ⅱ』東大出版会 1995年刊 83, 84, 86, 87-90

ベルンシュタイン、E.（Bernstein） 54

C.

チャンドラー、A, D.（Chandlar） 86

E.

エンゲルス、F.（Engels） 46, 62, 138, 235

＊『空想より科学へ』（1883） 46, 279

＊『反デューリング論』（1878） 138

F.

フォイエルバッハ、L.（Feuerbach） 228, 240

フォード、H.（Ford） 86

降旗節雄 40, 57

＊『マルクス理論の再構築』社会評論社 2003年刊 41, 42

G.

ゴフマン、J, W.（Gofman）

＊『人間と放射能』（1981）明石書店 2011年刊 13, 32

H.

ヘーゲル、G, W.（Hegel） 220, 222, 237, 239, 240, 243

ヒルファディング、R.（Hilferding）

＊『金融資本論』（1910） 66

廣松渉 171, 237

鎌倉孝夫（かまくら・たかお）
1934年生まれ
埼玉大学・東日本国際大学名誉教授　経済学博士
[主な著作]『資本論体系の方法』日本評論社（1970年）、『スタグフレーション』河出書房新社（1980年）、『国家論のプロブレマティク』社会評論社（1991年）、『資本主義の経済理論』有斐閣（1996年）『「資本論」、『株価至上主義の経済』御茶の水書房（2005年）、『「資本論」で読む金融・経済危機』時潮社（2009年）、『資本主義の国家破綻』長周新聞社（2011年）

渡辺好庸（わたなべ・よしのぶ）
1951年生まれ
埼玉大学経済学部卒業　社会科学研究者、ＮＰＯ法人役員、会社役員
[著書]『やめられない日本の原発』社会科学研究所（1989年）、『検証・南兵庫大震災』論創社（1995年）　[編著書]『天皇学事初め』論創社（1990年）『現代と朝鮮・上』緑風出版（1993年）[主要論文]「純粋資本主義想定と原理論」『閃光』創刊号（1972年）、「商品形態論の生成」『唯物論』第25号（1983年）、「『足と靴』の問題性と福祉拡充運動」福岡県立大学生涯福祉研究センター研究報告叢書 Vol.27（2006年）

中村健三（なかむら・けんぞう）
1951年生まれ
横浜市立大学商学部卒業
[著書]『「廣松哲学」の解剖』（鎌倉孝夫との共著）社会評論社（1999年）

谷田道治（たにだ・みちはる）
1952年生まれ
教育大学文学部哲学科卒業　高等学校教員
[著書]『解体する社会科とその行方』（1992年）

北畠清仁（きたばたけ・きよひと）
1947年生まれ
九州大学大学院工学研究科終了　月刊『まちづくり８・６ニュース』編集人（まちづくり県民会議発行）
[著書]『かごしま西田橋』（共著）南方新社（1995年）
[論文]「甲突川の治水システムと岩永三五郎（２）」土木学会土木史研究 No.20（2000年）

『資本論』を超える資本論――危機・理論・主体

2014年３月25日　初版第１刷発行

編著者：鎌倉孝夫

装　幀：桑谷速人

発行人：松田健二

発行所：株式会社 社会評論社

東京都文京区本郷2-3-10　☎03(3814)3861　FAX 03(3818)2808

http://www.shahyo.com/

製　版：スマイル企画

印刷・製本：ミツワ